高等院校金融学类系列教材

国际金融理论与应用

主　编　王智新

副主编　李丽红　刘艳艳

科学出版社

北　京

内 容 简 介

本书主要介绍国际收支基础、国际收支理论、外汇与汇率理论、汇率决定理论、国际资本流动理论、外汇市场和外汇交易、外汇交易业务、外汇风险及其防范、国际货币体系、国际金融机构、国际金融市场、国际金融创新理论与风险管理。本书注重实用性、简洁性和有效性，通过案例和数据等，尽可能将复杂高深的理论问题简单化，加深读者对相关基础知识的理解。

本书既可以作为普通高等院校国际经济、国际贸易、国际金融等财经类专业的教学用书，又可以作为金融实务部门员工培训用书及社会财经爱好者的自学用书。

图书在版编目(CIP)数据

国际金融理论与应用/王智新主编. —北京：科学出版社，2025.4
高等院校金融学类系列教材
ISBN 978-7-03-067666-5

Ⅰ.①国… Ⅱ.①王… Ⅲ.①国际金融学–高等学校–教材 Ⅳ.①F831

中国版本图书馆 CIP 数据核字（2020）第 269783 号

责任编辑：纪晓芬 / 责任校对：赵丽杰
责任印制：吕春珉 / 封面设计：东方人华平面设计部

科 学 出 版 社 出版
北京东黄城根北街 16 号
邮政编码：100717
http://www.sciencep.com

三河市中晟雅豪印务有限公司印刷
科学出版社发行　各地新华书店经销

＊

2025 年 4 月第 一 版　　开本：787×1092　1/16
2025 年 4 月第一次印刷　　印张：13 3/4
字数：325 000

定价：49.00 元

（如有印装质量问题，我社负责调换）

销售部电话 010-62136230　编辑部电话 010-62135397-2021（HF02）

前　言

国际金融学是研究国际货币运动规律的科学，它不仅是金融学专业的主干课程，还是经济类专业的必修课程。通过学习本课程，学生能明确国际金融的基本概念和基本理论，初步掌握国际金融的基本业务，为学好其他国际经济方面的业务课程打下坚实的基础。

本书坚持马克思主义经济学的普遍原理，坚持理论联系实际，侧重于介绍开放条件下国际金融的基本知识、基本理论与现实应用。

本书由河北大学王智新担任主编；河北大学李丽红、齐鲁工业大学刘艳艳担任副主编；河南开封科技传媒学院昝鑫、于杨、马兰、陈俊颖、巩丽然、朱丽雯，哈尔滨商业大学张金萍参与编写。具体编写分工如下：王智新编写第一章，李丽红编写第二章，刘艳艳编写第三章和第四章，昝鑫编写第五章，于杨编写第六章，马兰编写第七章，陈俊颖编写第八章和第十二章，张金萍编写第九章，巩丽然编写第十章，朱丽雯编写第十一章。主编与副主编商定全书的编写提纲，并负责对全书各章进行修改，全书最后由主编总纂定稿。

在编写本书的过程中，编者得到了科学出版社的大力支持，借鉴和参考了许多已有教材和著作，在此一并致谢。

尽管尽了最大努力，但由于编者水平有限，加之时间仓促，书中难免存在不足之处，恳请广大读者批评指正。

目　　录

第一章　国际收支基础

📖 **学习目标**

- 掌握国际收支平衡表的编制方法和构成。
- 了解国际收支不平衡的成因。
- 掌握国际收支调节政策。

📚 **关键词**

国际收支　国际收支平衡表　国际收支调节政策　国际储备

⚙️ **案例导入**

2021 年访韩外国游客或跌破百万，为 1984 年有统计以来首次

韩国联合通讯社 2022 年 1 月 4 日报道，据韩国观光公社（旅游发展局）4 日发布的数据，2021 年 1～11 月韩国接待外国游客同比减少 64.3%，为 87.7 万人次，这可能是自 1984 年开始相关统计以来访韩外国游客首次跌破百万。同期出境的韩国人同比减少 74.2%，为 108.3 万人次。

据报道，访韩外国游客 1984 年为 129.7 万人次，此后不断增加，举办汉城奥运会的 1988 年超过 200 万人次，2002 年突破千万大关，2019 年为 1 750.3 万人次，创下历史新高。

（资料来源：界面新闻，2022. 韩国：2021 年访韩外国游客或跌破百万，为 1984 年有统计以来首次[EB/OL].（2022-01-04）[2022-01-13]. https://new.qq.com/omn/20220104/20220104A01J4000.html.）

在开放经济条件下，国际收支较为全面地反映了一国与其他国家之间的国际经济交往和国际金融活动，是一国国民经济的重要组成部分。国际收支的平衡与否不仅会对一国货币汇率、对外经济关系与政策产生直接的影响，还与国内经济政策的制定和调整密切相关。基于上述判断，本章着重说明国际收支平衡表的概念及其相关内容，介绍国际收支调节及国际储备。

第一节　国际收支概述

一、国际收支概念及特征

1. 国际收支概念的演变

国际收支的概念最早出现于 17 世纪初。根据当时的实际经济情况，国际收支只是被简单地解释为一个国家的对外贸易差额。在这以后的很长一段时期，社会上一直通行这种观点。19 世纪末 20 世纪初，随着资本主义国际经济交易的内容、范畴不断扩大，

特别是国际资本流动的重要性与日俱增，原来的概念显然已不再适用。所以 20 世纪 30 年代国际金本位制度崩溃后，国际经济交易多数是用外汇进行的，国际收支的含义扩展为一国的外汇收支，这就是目前所称的狭义的国际收支。第二次世界大战以后，国际收支的概念又有了新的发展，它包括一个国家一定时期内的全部经济交易，即不但把涉及外汇收支而且也把不涉及外汇收支的各项经济交易都包括在内，这就是目前所称的广义的国际收支。现在世界上大多数国家使用广义的国际收支概念。

2. 国际收支的含义及特征

国际货币基金组织（International Monetary Fund，IMF）正是从广义的角度来界定国际收支的含义的：国际收支是指在一定时期内，一国居民对其他国家的居民所进行的全部经济交易的系统记录。它包括：第一，一个国家与其他国家之间商品、劳务和收入的记录；第二，该国货币性黄金、特别提款权、债务的变化；第三，无偿转移。对于这个概念应从以下三个方面加以把握。

1）国际收支是一个流量概念。当人们提及国际收支时，总是需要指明它是属于哪一段时期的。这里的时期可以是 1 年，也可以是 1 个月或 1 个季度，完全根据分析的需要和资料来源的可能来确定。各国通常以 1 年为报告期。

2）国际收支所反映的内容是以货币记录的经济交易。经济交易是指经济价值从一个经济单位向另一个经济单位的转移。根据转移的内容与方向，经济交易可以划分为五类：第一，商品、劳务与商品、劳务间的交换，即物物交换；第二，金融资产与商品、劳务的交换，即商品与劳务的买卖；第三，金融资产之间的交换；第四，无偿的、单向的商品、劳务的转移；第五，无偿的、单向的金融资产的转移等。

3）一国国际收支所记载的经济交易必须是该国居民与非居民之间发生的。这里的居民是指在本地居住 1 年以上的政府、个人、企业和事业单位，在本地居住 1 年以上的外国企业、跨国公司视为本国居民；非居民是指外国政府、外国企业、外国非营利团体等在本国的代表机构，以及不在本国的个人和企业。一个国家的外交使节、驻外军事人员，尽管在另一个国家居住 1 年以上，但仍是本国居民，或居住国的非居民；至于一些国际性机构，如联合国、国际货币基金组织等是任何国家的非居民。

二、国际收支与国际借贷

在解读国际收支的概念时，通常要注意国际收支与国际借贷的联系和区别。

在现实世界中，国家之间进行的各种经济交易，如商品、劳务、资本的输出输入，多半会产生国际债权债务关系。输出国获得一定的对外债权，输入国则负有一定的对外债务。国际上的这种债权债务关系称为国际借贷。显然，国际借贷是一个静态的概念，它具有在某一时点上产生（如商品输入时）和在某一时点上消失（如支付商品价款时）的特点。因此，国际借贷是指一个国家或地区在一定时点上的对外债权债务的综合情况，它是一个存量概念。国际收支则表示一个国家或地区在某一特定时期内的对外货币收支的综合情况，它是一个流量概念。另外，国际借贷和国际收支两者所包含的范围也不一样，在国际经济交易中，如赠予、侨汇等无偿转移，都属于不发生国际借贷关系的交易，因而不包括在国际借贷中，但一定包括在国际收支中。

但是，一个国家之所以会发生国际收支问题，是因为国际上的债权债务关系须在一定时期内结算清偿。由此可见，国际借贷是产生国际收支的原因，有国际借贷必然会有国际收支，两者又是密切联系的。

第二节　国际收支平衡表

一、国际收支平衡表的概念

国际收支平衡表（balance of payment）是系统地记录一定时期内（1 年、半年、1个季度或 1 个月）一个国家的各种国际收支项目及其金额的一种统计表。它是按照复式记账原理编制的。根据复式记账法，记入贷方项目的有货物和服务的出口、收益收入、接受的货物和资金的无偿援助、金融负债的增加和金融资产的减少；记入借方项目的有货物和服务的进口、收益支出、对外提供的货物和资金无偿援助、金融资产的增加和金融负债的减少。

国际货币基金组织于 1948 年首次颁布了《国际收支手册》（*Balance of Payments Manual*）第一版，又先后于 1950 年、1961 年、1977 年、1993 年和 2008 年修改了手册，不断地补充了新的内容。第六版手册名称首次修改为《国际收支和国际投资头寸手册》（*Balance of Payments and International Investment Position Manual*），于 2008 年 11 月通过。最新版本为第七版。

复式记账法要求同一笔经济交易同时记入借方和贷方，借方总额与贷方总额最终必然相等。因此，从国际收支平衡表上看，国际收支全部项目的借方总额与贷方总额必然相等，净差额为零。然而，这仅是形式上的平衡，是会计意义上的账面平衡，并不代表国际收支均衡。要考察国际收支平衡与否，往往考察的是局部差额，如贸易账户差额、经常账户差额、资本账户差额、综合账户差额等。差额为贷方余额（用"＋"表示）表示国际收支出现顺差，差额为借方余额（用"－"表示）表示国际收支出现逆差。

二、国际收支平衡表的构成

国际收支平衡表包括的内容比较广泛，下面以我国国际收支平衡表为例说明国际收支平衡表的构成。我国的国际收支平衡表是在国际货币基金组织《国际收支和国际投资头寸手册》（第六版）基础上编制而成的，包括经常账户、资本和金融账户、净误差与遗漏三大项。

1. 经常账户

经常账户记录实际资源的流动，包括货物和服务、初次收入、二次收入三项。经常账户顺差说明实际资源向国外净转移，逆差反映实际资源向国内净转移。

1）货物和服务。①货物，指经济所有权在我国居民与非居民之间发生转移的货物交易。货物账户数据主要来源于海关进出口统计，但与海关统计存在以下主要区别：一是国际收支中的货物只记录所有权发生了转移的货物（如一般贸易、进料加工贸易等贸易方式的货物），所有权未发生转移的货物（如来料加工或出料加工贸易）不纳入货物统计，而纳入服务贸易统计；二是计价方面，国际收支统计要求进出口货值均按离岸价格记录，海关出口货值为离岸价格，但进口货值为到岸价格，因此国际收支统计从海关进口货值中调出国际运保费支出，并纳入服务贸易统计；三是补充部分进出口退运等数据；四是补充了海关未统计的转手买卖下的货物净出口数据。②服务，包括加工服务，维护和维修服务，运输、旅行、建设、保险和养老金服务，金融服务，知识产权使用费，电信、计算机和信息服务，其他商业服务，个人、文化和娱乐服务以及别处未提及的政府服务。

2）初次收入。初次收入指由于提供劳务、金融资产和出租自然资源而获得的回报，包括雇员报酬、投资收益和其他初次收入三部分。①雇员报酬，指根据企业与雇员的雇佣关系，因雇员在生产过程中的劳务投入而获得的酬金回报。②投资收益，指因金融资产投资而获得的利润、股息（红利）、再投资收益和利息等，但金融资产投资的资本利得或损失不是投资收益，而是金融账户统计范畴。③其他初次收入，指将自然资源让渡给另一主体使用而获得的租金收入，以及跨境产品和生产的征税和补贴。

3）二次收入。二次收入指居民与非居民之间的经常转移，包括现金和实物。

2. 资本账户和金融账户

资本账户与金融账户顺差表明资本净流入，反之则表明资本净流出。

1）资本账户包括资本转移和非生产、非金融资产交易。资本转移是指涉及固定资产所有权的变更及债权债务的减免等导致交易一方或双方资产存量发生变化的转移项目，主要包括固定资产转移、债务减免、移民转移和投资捐赠等。非生产、非金融资产交易是指不是生产出来的有形资产（土地和地下资源）和无形资产（专利、版权、商标和经销权等）的收买与放弃。

2）金融账户包括直接投资、证券投资、其他投资和储备资产四项。直接投资是指投资者以寻求获取在本国以外运行企业的有效发言权为目的的投资，包括在国外新建企业、利润再投资和超过一定比率（一般为10%）的股权投资。证券投资包括股本证券和债务证券两大类证券投资形式。其他投资是指除直接投资和证券投资外的所有金融交易，分为贸易信贷、贷款、货币和存款、其他资产负债四项。储备资产是指中央银行拥有的对外资产，包括外汇、货币黄金、特别提款权和在国际货币基金组织的储备头寸。贷方余额反映储备资产减少，借方余额反映储备资产增加。需要注意的是，通常所说的"资本项目可兑换"中的资本项目实际上是指这里的金融账户。因为在以前的国际收支账户分类中，资本项目相当于现在的金融账户，由于习惯，在很多场合还是沿用资本项目这一名称。

3. 净误差与遗漏

净误差与遗漏是基于会计上的需要，在国际收支平衡表中借贷双方出现不平衡时，设置的用以抵消统计偏差的项目。国际收支平衡表采用复式记账法，但由于统计资料来源和时点不同等，造成借贷不相等。如果借方总额大于贷方总额，其差额记入此项目的贷方，反之则记入借方。

三、国际收支平衡表的分析

1. 分析国际收支平衡表的意义

国际收支平衡表是重要的经济分析工具。它既是编表国又是非编表国进行经济分析的工具。对于编表国来说，它可以利用国际收支平衡表逐项分析国际收入的来源与国际支出的去向，掌握本国国际收支的运动规律，还可以制定对策使国际收支状况朝着有利于本国经济发展的方向变化；对于非编表国来说，它也具有重要的意义与作用。这是因为当今各国在经济、政治等各方面的联系日益密切，一国的对外交往及反映这些交往全貌的国际收支状况，都对本国经济的运转具有重要影响，一国为保障自己对外经济交往顺利发展，必须了解外国的经济实力与对外经济政策的动向和世界经济的发展趋势，以便制定正确的对外经济政策。通过对国际收支平衡表的分析，有助于了解他国的经济实力，预测编表国的国际收支、货币汇率和对外经济政策的动向，以及世界经济与世界贸易的发展趋势。

2. 国际收支平衡表的分析方法

国际收支平衡表的分析方法包括静态分析法、动态分析法和比较分析法。

（1）静态分析法

静态分析法是指对某国在某一时期（1 年、1 个季度或 1 个月）的国际收支平衡表进行分析的方法。具体来说是计算和分析国际收支平衡表中的各个项目及其差额；分析各个项目的差额形成的原因及对国际收支总差额的影响，从而找出国际收支总差额形成的原因。需要指出的是：在分析各个项目的差额形成的原因时，还应结合其他有关资料进行综合研究，这是因为各个项目的差额形成的原因是多方面的，只利用单一资料不能全面掌握和认识其实际情况。我国国际收支差额主要构成如表 1-1 所示。

表 1-1　我国国际收支差额主要构成

项目		2014 年	2015 年	2016 年	2017 年	2018 年	2019 年	2020 年	2021 年
经常账户差额	金额/亿美元	2 360	2 930	1 913	1 887	241	1 029	2 488	3 173
	与GDP之比/%	2.3	2.6	1.7	1.5	0.2	0.7	1.7	1.8
非储备性质的金融账户差额	金额/亿美元	−514	−4 345	−4 161	1 095	1 727	73	−611	382
	与GDP之比/%	−0.5	−3.9	−3.7	0.9	1.2	−0.1	−0.4	0.2

资料来源：国家外汇管理局国际收支分析小组，2022. 2021 年中国国际收支报告[EB/OL]．（2022-03-25）[2022-07-06]. http://www.safe.gov.cn/safe/2022/0325/20772.html.

注：GDP 即 gross domestic product（国内生产总值）。

（2）动态分析法

动态分析法是指对某国若干连续时期的国际收支平衡表进行分析的方法。动态分析法的必要性在于，一国某一时期的国际收支往往是同以前的发展过程相联系的。因此，在分析一国的国际收支时，需要将静态分析法和动态分析法结合起来。对各个项目及其差额，以及总差额的分析，都要坚持这个原则。

（3）比较分析法

国际收支平衡表的分析方法既包括对一国若干连续时期的国际收支平衡表进行的动态分析，又包括对不同国家相同时期的国际收支平衡表进行的比较分析。比较分析较为困难，因为各国的国际收支平衡表在项目的分类与局部差额的统计上不尽相同而难于比较。利用国际货币基金组织的资料有助于克服这一困难，因为它公布的若干主要指标都是经过重新整理后编制的，统计口径一致，具有可比性。但是，这些资料较为粗略。

不难理解，动态分析法和比较分析法都是以静态分析法为基础的。

第三节　国际收支调节

一、国际收支的平衡与失衡

国际收支平衡表是按照会计学的借方与贷方相互平衡的复式记账法编制的，因而借方总额与贷方总额是相等的，其差额必为零。但这是人为形成的、账面上的平衡，并非真实的平衡。那么，如何判断一国的国际收支是否平衡呢？

西方经济学家按照交易的性质，把国际收支平衡表的各个项目划分为两种类型。一种是自主性交易（autonomous transactions）或称事前交易（ex-ante transactions），它是经济实体或个人出自某种经济动机和目的，独立自主地进行的。自主性交易具有自发性，因而交易的结果必然是不平衡的，不是借方大于贷方，就是贷方大于借方。这会使外汇市场出现供求不平衡和汇率的波动，从而带来一系列的经济影响。一国货币当局如果不愿意接受这样的结果，就要运用另一种交易来弥补自主性交易不平衡所造成的外汇供求缺口。另一种是调节性交易（accommodating transactions）或称事后交易（ex-post transactions），它是在自主性交易收支不平衡之后进行的弥补性交易（compensatory transactions）。一般而言，自主性交易所产生的借方金额和贷方金额如果相等或基本相等，表明该国的国际收支平衡或基本平衡；如果不相等，表明该国的国际收支不平衡或失衡。一些著作中所说的线上项目（items above the line）实际是指自主性交易项目，而线下项目（items below the line）则是指调节性交易项目。

究竟哪些项目属于自主性交易，哪些项目属于调节性交易呢？人们普遍认为，经常账户和资本与金融账户中的长期资本项目属于自主性交易，而储备资产项目则属于调节性交易。对于资本与金融账户中的短期资本项目，看法就完全不同了：从一国货币当局角度看，短期资本流动是为弥补自主性交易收支不平衡，而向国外借贷或采取某种经济政策作用的结果，因而属于调节性交易；从短期资本交易的主体角度看，它是出自为追逐利润等而自主地进行交易的，因而属于自主性交易。由于区分短期资本交易的性质在技术上较为困难，也就没有一个统一的衡量国际收支是否平衡的标准。人们往往根据所要分析的问题而采用不同的差额，如经常账户差额、基本账户差额（basic balance，即经常账户差额与长期资本项目差额之和）和总差额等。其中，总差额把全部短期资本都看成自主性交易项目。鉴于 IMF 和我国都采用总差额，我们可以把全部短期资本都看成自主性交易。

二、国际收支不平衡的成因

1. 经济周期

西方国家经济受资本主义基本矛盾——生产社会化与资本主义生产资料私人占有制之间的矛盾所制约，会呈危机—萧条—复苏—高涨的周期性变化。在再生产周期的各个阶段，生产、人均收入和社会需求的消长，会使一国的国际收支发生不平衡。由于生产与资本国际化的发展，主要西方国家经济周期阶段的更替会影响其他国家经济，致使各国发生国际收支不平衡。这种由经济周期阶段的更替而造成的国际收支不平衡，称为周期性不平衡（cyclical disequilibrium）。

2. 国民收入

一国国民收入的变化，可能是由于经济周期阶段的更替，也可能是由于经济增长率变化所致。一国国民收入的增减会对其国际收支产生影响：国民收入增加，贸易支出和非贸易支出都会增加；国民收入减少，则贸易支出与非贸易支出都会减少。由此产生的国际收支不平衡，称为收入性不平衡（income disequilibrium）。

3. 经济结构

各国由于地理环境、自然资源、劳动力数量、技术水平等经济条件不同，从而形成各自不同的经济结构。经济结构的合理性、应变力如何直接影响着一国国际收支能否达到平衡。一般来说，一国的国际收支状况往往取决于其贸易收支状况。当世界市场的需求发生变化时，如果一国输出商品的结构能随之调整，该国的贸易收支将不会受到影响；相反，如果该国不能按照世界市场需求的变化来调整自己输出商品的结构，该国的贸易收支和国际收支将不平衡。由此产生的国际收支不平衡，称为结构性不平衡（structural disequilibrium）。

4. 偶发性因素

除以上各种经济因素外，政局动荡和自然灾害等偶发性因素，也会导致贸易收支的不平衡和巨额资本的国际流动，从而使一国的国际收支不平衡。由偶发性因素造成的国际收支不平衡，称为偶发性不平衡（accidental disequilibrium）。

5. 货币价值

在一定的汇率水平下，一国的物价与商品成本高于其他国家，必然会对其出口不利而有利于进口，从而使其贸易收支和国际收支发生逆差。由货币对内在价值的高低所导致的国际收支不平衡，称为货币性不平衡（monetary disequilibrium）。

上述是引起国际收支不平衡的几个基本因素。至于当今对有关国家国际收支有重要影响的国际游资（international hot money）在国际的流动，乃是在上述因素影响下而发生的。国际游资是指那些没有固定的投资领域，以追逐高额短期利润而在各市场之间频繁移动的短期资本。这一定义至少从以下四个方面界定了它的内容。①从期限上看，国际游资首先是指短期资本，故人们也形象地称它为"热钱"。但是，国际短期资本并不一定就是国际游资。②从动机上看，国际游资追求的是短期高额利润，而非长期利润。③从活动范围上看，国际游资并无固定投资领域，可在各金融市场上迅速移动，甚至可以在黄金市场、房地产市场、艺术品市场及其他投机性较强的市场上频繁转移。④国际游资特指在国际金融市场上流动的短期资本，而不是国内游资。

就上述各个因素来说，前四种主要与经常项目（尤其是贸易差额）有关，第五种与资本项目（资本流动）关系密切；结构性不平衡和收入性不平衡具有长期、持久的性质，因而被称为持久性不平衡（secular disequilibrium）；其他因素所引起的国际收支不平衡，仅具有临时性，因而被称为临时性不平衡（temporary disequilibrium）。

三、国际收支不平衡的影响

1. 国际收支逆差的影响

一国的国际收支出现逆差，一般会引起本国货币汇率下浮，逆差严重时则会使本国货币汇率急剧跌落。该国货币当局如果不愿意接受这样的后果，就要对外汇市场进行干预，即抛售外汇和买进本国货币。这一方面会消耗外汇储备，甚至会造成外汇储备的枯竭，从而严重削弱其对外支付能力；另一方面则会形成国内的货币紧缩形势，促使利率水平上升，影响本国经济的增长，从而导致失业增加和国民收入增长率相对与绝对下降。从国际收支逆差形成的具体原因来说，如果是贸易收支逆差所致，将会造成国内失业增加；如果是资本流出大于资本流入所致，则会造成国内资金紧张，从而影响经济增长。

2. 国际收支顺差的影响

一国的国际收支出现顺差，固然可以增加其外汇储备，增强其对外支付能力，但也会产生如下不利影响：第一，一般会使本国货币汇率上升，而不利于其出口贸易的发展，从而加重国内的失业问题；第二，将使本国货币供应量增长，而加重通货膨胀；第三，将加剧国际摩擦，因为一国的国际收支产生顺差，意味着有关国家国际收支产生逆差。国际收支顺差如果是由于出口过多所形成的贸易收支顺差，则意味着可供国内使用的资源减少，因而不利于本国经济的发展。

一般来说，一国的国际收支越是不平衡，其不利影响也就越大。虽然国际收支逆差和顺差都会产生不利影响，但相比之下，逆差所产生的影响更为严重，因为它会造成国内经济的萎缩、失业的大量增加和外汇储备的枯竭，因而对逆差采取调节措施要更为紧迫。对顺差的调节虽然不如逆差紧迫，但从长期来看也还是需要调节的。

四、国际收支调节政策

1. 外汇缓冲政策

外汇缓冲政策是指一国政府为对付国际收支不平衡，把其黄金外汇储备作为缓冲体（buffer），通过中央银行在外汇市场上买卖外汇，来消除国际收支不平衡所形成的外汇供求缺口，从而使收支不平衡所产生的影响仅限于外汇储备的增减，而不致造成汇率的急剧变动和进一步影响本国的经济。外汇缓冲政策的优点是简便易行，但它也有局限性，即它不适于对付长期、巨额的国际收支赤字，因为一国的外汇储备的数量总是有限的。

这时，如果完全依靠外汇缓冲政策，将导致该国的外汇储备枯竭；如果该国为填补外汇储备的不足，而向国外借款，又会积累大量外债。

2. 财政货币政策

1）财政政策。在国际收支出现赤字的情况下，一国政府宜实行紧缩性财政政策，抑制公共支出和私人支出，从而抑制总需求和物价上涨。总需求和物价上涨受到抑制，有利于改善贸易收支和国际收支。反之，在国际收支出现盈余的情况下，政府则宜实行扩张性财政政策，以扩大总需求，从而有利于消除贸易收支和国际收支的盈余。需要指出，一国实行什么样的财政政策一般主要取决于国内经济的需要。

2）货币政策。它是西方国家普遍、频繁采用的调节国际收支的政策措施。调节国际收支的货币政策主要是贴现政策（discount policy）和改变存款准备金比率（rate of reserve requirement）的政策。货币政策通过影响金融市场利率来影响资本的流入和流出的规模，同时影响国内投资、消费需求和贸易收支，从而影响国际收支。

一定的财政、货币政策有助于扭转国际收支失衡，但它也有明显的局限性，即它往往同国内经济目标发生冲突：为消除国际收支赤字，而实行紧缩性财政政策，会导致经济增长放慢甚至出现负增长，以及失业率上升；为消除国际收支盈余，而实行扩张性财政政策，又会促进通货膨胀的发展和物价上涨的加快。因此，通过调整财政货币政策而实现国际收支的平衡，必然是以牺牲国内经济目标为代价的。

3. 汇率政策

汇率政策是在固定汇率制度下，一国通过汇率的调整来实现国际收支平衡的政策措施：当国际收支出现严重逆差时，实行货币法定贬值（devaluation），以改善国际收支；当国际收支出现巨额顺差时，则在他国压力下实行货币法定升值（revaluation），以减少和消除国际收支顺差。实行货币贬值，唯有在一定的出口商品国内供给弹性与国外需求弹性存在的条件下，才会产生改善贸易收支与国际收支的效果。另外，货币贬值一般会加剧国内通货膨胀与物价上涨，因而只有结合紧缩性财政、货币政策来实行货币贬值，才能起到既改善国际收支，又不加剧国内通货膨胀的作用。

4. 直接管制

直接管制（direct control）指政府通过发布行政命令，对国际经济交易进行行政干预，以求达到国际收支平衡的政策措施。直接管制包括外汇管制（foreign exchange control）和贸易管制。直接管制通常能直接、迅速改善国际收支的效果，能按照本国的不同需要，对进出口贸易和资本流动区别对待。但是，它并不能真正解决国际收支平衡问题，只是将显性国际收支赤字变为隐性国际收支赤字；一旦取消管制，国际收支赤字就会重新出现。此外，实行直接管制政策，既为国际经济组织所反对，又会引起他国的反抗和报复。因此，各国在运用这项政策措施时都较为谨慎。

当一国国际收支不平衡时，须针对形成的原因采取相应的政策措施。例如，如果国际收支不平衡是由季节性变化等暂时性原因形成的，可运用外汇缓冲政策；如果国际收支不平衡是由国内通货膨胀加剧而形成的货币性不平衡，可运用货币贬值的汇率政策；

如果国际收支不平衡是由国内总需求大于总供给而形成的收入性不平衡，可运用紧缩性财政政策；如果国际收支不平衡是由经济结构性原因引起的，可进行经济结构调整并采取直接管制措施。

上述政策措施和政策选择的原则都不能在根本上消除当前各国在国际收支方面的不平衡状况，各国出台的政策措施也只能是部分地和阶段性地解决国际收支不平衡的问题。

第四节 国 际 储 备

一、国际储备的含义和资产形式

1. 国际储备的含义

国际储备是指各国政府为了弥补国际收支赤字和保持本国货币的汇率稳定而持有的国际上普遍接受的一切资产，也称国家储备。若一国的国际收支总额出现赤字，其国际储备额就会减少；若一国的国际收支总额出现黑字，其国际储备额就会增加。

2. 国际储备的资产形式

国际储备的资产形式有多种，原则上只要是国际上可以接受的任何资产均可。不过，国际储备的资产形式通常为三种：货币性黄金、外汇和特别提款权（special drawing rights，SDR）。

1）货币性黄金。货币性黄金作为最终支付手段和世界货币，是通行的国际储备。在金本位和金汇兑本位货币体系时期，只有黄金和能兑换为黄金的货币才能成为国际储备，所以黄金储备历来是各国国际储备中最重要的部分。自 20 世纪 70 年代中期世界货币体系变革为信用本位体系后，虽然黄金通常已不再用作国际支付手段，但许多国家的国际储备中仍保留一定数量的黄金储备，以备不时之需。

2）外汇。用作国际储备的外汇称为储备货币，它应当是能自由兑换为各国货币的"硬通货"。第一次世界大战前，作为储备货币的货币主要是英镑，因为英镑与黄金等同使用。第二次世界大战前，储备货币主要是美元和英镑，因为它们能有条件地兑换为黄金。第二次世界大战后布雷顿森林体系时期，储备货币则为美元独霸，因为布雷顿森林体系是以美元为中心的国际货币体系（international monetary system）。20 世纪 70 年代布雷顿森林体系崩溃后，虽然发生了美元危机，但由于美国在世界经济与国际贸易中的超强地位，美元仍是主要的储备货币，但已不再是唯一的储备货币。在现行的信用本位的世界货币体系时代，外汇储备多样化，储备货币除美元外，还有欧元、日元、英镑和瑞士法郎等，但仍以美元为主，并且一国的国际储备中的外汇储备额通常也以美元表示。目前，在世界各国的国际储备资产中，主要部分是外汇储备而非黄金储备。因此，一国外汇储备的多少代表了其国际储备的多少。

3）特别提款权。特别提款权是由国际货币基金组织于 1970 年 1 月创造和开始使用的。它是用作国际清算的一种信用资产，只能由各国中央银行持有。它本身不具有绝对的货币价值，而是由国际金融组织成员集体创设的国际清算工具，不受任何一国货币波动的影响，所以被认为是一种比较稳定的储备资产。它的主要作用，一方面是增加了成员方的国际储备资产，以满足不断增长的国际支付的需要；另一方面因其特殊的计价方法，其汇率与任何一国的货币相比都要稳定得多，从而减少了使用国的汇率风险。但是，特别提款权作为成员方的国际储备的一部分，仅由其中央银行持有，用于向其他成员方和基金组织购买外汇，赎回本币或偿还贷款，而不能像美元等外汇储备那样用于商业银行和非金融机构的金融交易，如干预外汇市场，也不能直接用于贸易的或非贸易的支付。因此，特别提款权是一种特殊的国际储备资产。

2022 年 5 月 11 日，国际货币基金组织执董会完成了五年一次的特别提款权（SDR）定值审查。这是 2016 年人民币成为 SDR 篮子货币以来的首次审查。执董会一致决定，维持现有 SDR 篮子货币构成不变，即仍由美元、欧元、人民币、日元和英镑构成，并将人民币权重由 10.92%上调至 12.28%（升幅 1.36%），将美元权重由 41.73%上调至 43.38%，同时将欧元、日元和英镑权重分别由 30.93%、8.33%和 8.09%下调至 29.31%、7.59%和 7.44%，人民币权重仍保持第三位。执董会决定，新的 SDR 货币篮子在 2022 年 8 月 1 日正生效，并于 2027 年开展下一次 SDR 定值审查。

二、国际储备的作用

在现代国际经济和金融交往中，国际储备具有如下四个重要作用。

1. 保持国际支付能力

在各种各样的国际有形贸易和无形贸易及资本转移过程中，时刻都伴随着大量的货币支付。但是，用作国际支付手段的不能是本国的货币，而必须是国际上普遍接受的通用资产，即国际储备资产。所以，任何国家的中央银行均必须持有一定规模的国际储备资产，以满足随时发生的国际支付的需要。

2. 支持本国货币的汇率稳定

国际储备中的外汇储备是干预外汇市场的主要市场工具。如果本币汇率升值过快而不利于出口，则可用抛出本币、增加外汇储备的方法来遏止本币的升值；反之，如果本币汇率贬值过快而影响本国的金融稳定，则可用抛出外汇、购买本币的方法来遏止本币的贬值。因此，保持一定规模的外汇储备，有助于稳定本国货币的汇率。

3. 为国际贷款提供信用保证

对一个国家而言，其国际储备的规模大小代表了其国际还款能力的高低。若它的国际储备规模较大，它的国际还款能力就较强，向国外借贷就较容易；若它的国际储备规模很小，它的国际还款能力就弱，向国外借款就不容易。

4. 争取国际竞争的优势

在现代市场经济竞争上，资产雄厚与否对竞争力强弱有直接影响。资产雄厚的竞争者，在经济竞争中竞争力就强。一国的国际储备实际上就是该国所掌握的国际资产。因此，一个国家持有一定规模的国际储备，就具备了一定的国际竞争实力，能在激烈的竞争中立于不败之地。

三、国际储备的管理

对于一个国家来说，并非国际储备越多越好。过多的国际储备会造成资金浪费，提高储备成本。如何确定国际储备的适度量是一个较难把握的问题，这就需要加强国际储备的管理。一国的国际储备的管理包括两个方面：一方面是对国际储备水平的管理，以求得适度的储备水平；另一方面是对国际储备结构的管理，以求得合理的储备结构。

1. 国际储备水平的管理

国际储备水平是一国在一个时点上持有的国际储备额同一些经济指标的对比关系。这些对比指标包括国民生产总值（gross national product，GNP）、国际收支总差额、外债总额、进口额度等。确定一国对国际储备的需要量十分复杂，应当将该国持有国际储备的成本、对外贸易状况、借用国外资金的能力、各种因素对国际收支的冲击、经济调整的强度与速度、对外贸和外汇的管制程度、汇率制度与外汇政策、本国货币的国际地位等诸多因素综合起来考虑，而单从某个因素考虑是片面的。例如，IMF 曾采用几项客观标志来反映一国国际储备不足和对国际储备需求量增加的情况。一是持续实行高利率政策。这表明，该国抑制资本外流和吸引外资内流，以增加储备和满足对储备的需要。二是对国际经济交易加强限制。这主要是由于储备不足，而加强对国际贸易与资本国际流动的限制。三是实施以增加储备为目标的经济政策，如奖励出口和限制进口、紧缩银根的政策等。四是汇率的持续性不稳定。五是储备增加的结构变化，如果一国储备的增加，主要来自向国外借款，则表明该国储备不足。一般来说，最适度的储备量，是既能满足调节国际收支平衡的需要，又使储备总成本最小的储备量。IMF 和世界银行以 3 个月的进口额来估算确定国际储备额，可以作为适度储备的参考。

2. 国际储备结构的管理

一国持有的国际储备，除了在水平上要适度，在结构上也要合理，以确保流动性（liquidity，也称变现性）、收益性和安全性。合理的国际储备结构是指国际储备资产最佳的分布格局，即使黄金储备、外汇储备、普通提款权和特别提款权之间，以及外汇储备的各种储备货币之间保持适当的比例关系。

思考与练习

简答题

1. 如何理解国际收支的含义？
2. 什么是国际收支平衡表？它是如何构成的？
3. 如何判断一国国际收支是否失衡？
4. 试分析不同的国际收支调节政策的适用范围与效果。

第二章 国际收支理论

📖 学习目标

- 掌握弹性论的假设前提、马歇尔-勒纳条件、J曲线效应、贬值对贸易条件的影响及理论缺陷。
- 掌握乘数论和吸收论的基本思想、政策主张及理论缺陷。
- 掌握货币论的理论分析、政策主张及理论缺陷。

📚 关键词

弹性论　马歇尔-勒纳条件　J曲线效应　贸易条件　乘数论　吸收论　货币论

❀ 案例导入

2020 年中国国际收支保持基本平衡 经常账户顺差 2 989 亿美元

中国国家外汇管理局（以下简称外汇局）2021 年 2 月 19 日公布的数据显示，2020 年，我国经常账户顺差 20 437 亿元，按美元计值为 2 989 亿美元，其中，货物贸易顺差 36 611 亿元，服务贸易逆差 10 040 亿元。

外汇局副局长、新闻发言人王春英表示，2020 年，我国经常账户顺差值与同期 GDP 之比为 2%，继续处于合理区间，跨境资金双向平稳流动，国际收支保持基本平衡，并具有以下三大特点。

1）货物贸易保持较高顺差。2020 年，国际收支口径的货物贸易顺差为 5 338 亿美元。分季度看，货物贸易顺差则呈现出先降后升的走势。

2）服务贸易逆差收窄。2020 年，服务贸易逆差为 1 453 亿美元，同比下降 44%。其中，旅行逆差为 1 162 亿美元，同比下降 47%，主要是在新冠疫情影响下，跨境出行受限，旅行收支大幅萎缩。

3）直接投资延续较高顺差，证券投资双向交易活跃。2020 年，直接投资顺差为 1 034 亿美元，同比增长 78%，其中对外直接投资 1 096 亿美元，同比增长 12%，境内主体对外投资保持理性有序；来华直接投资 2 130 亿美元，同比增长 37%，表明境外投资者看好我国经济长期发展潜力。证券投资项下双向流动更加活跃，对外证券投资和来华证券投资均表现为增长。

王春英称，总体来看，我国正在加快构建以国内大循环为主体、国内国际双循环相互促进的新发展格局，积极促进内需和外需、进口和出口、引进外资和对外投资协调发展，有利于我国国际收支保持基本平衡。

（资料来源：夏宾, 2021. 2020 年中国国际收支保持基本平衡 经常账户顺差 2 989 亿美元[EB/OL].（2021-02-19）

[2022-01-13]. https://www.chinanews.com.cn/cj/2021/02-19/9414765.shtml.）

第一节 弹 性 论

弹性论（elasticity approach）主要是由英国经济学家琼·罗宾逊（Joan Robinson）和美国经济学家阿巴·帕塔亚·勒纳（Abba Ptachya Lerner）在艾尔弗雷德·马歇尔（Alfred Marshall）微观经济学和局部均衡分析方法基础上发展起来的，它主要研究货币贬值取得成功的条件及其对贸易收支和贸易条件的影响。因为其主要围绕进出口商品的供求弹性而展开理论分析，所以被称为弹性论。

一、假设前提

弹性论是基于以下几个假设前提而展开分析的。

1）充分就业和收入不变。

2）将贸易收支等同于国际收支，不考虑劳务进出口和国际资本流动，只考虑汇率变动对进出口商品的影响。

3）进出口商品供给弹性无穷大，即进出口商品以供给方货币表示的价格在本币贬值后保持不变，进出口商品数量仅取决于进出口需求弹性。

4）假定汇率贬值前贸易收支处于平衡状态。

二、关于弹性的基本概念

价格的变动会引起需求和供给数量的变动。需求量变动率和价格变动率之比称为需求对价格的弹性，简称需求弹性。供给量变动率和价格变动率之比，称为供给对价格的弹性，简称供给弹性。在进出口方面，共有以下四个弹性。

1）进口商品的需求弹性（E_M），其公式为

$$E_M = \frac{进口商品的需求量变动率}{进口商品价格变动率} \qquad (2.1)$$

2）出口商品的需求弹性（E_X），其公式为

$$E_X = \frac{出口商品的需求量变动率}{出口商品价格变动率} \qquad (2.2)$$

3）进口商品的供给弹性（S_M），其公式为

$$S_M = \frac{进口商品的供给量变动率}{进口商品价格变动率} \qquad (2.3)$$

4）出口商品的供给弹性（S_X），其公式为

$$S_X = \frac{出口商品的供给量变动率}{出口商品价格变动率} \qquad (2.4)$$

综上可见，弹性实质上就是一种比例关系，反映的是供求对价格变动的反应灵敏程度。

三、马歇尔-勒纳条件

本币贬值会引起出口商品外币价格下降和进口商品本币价格上升，从而会引起出口

商品和进口商品需求量的变动，最终引起贸易收支变动。贸易收支额的变化最终取决于两个因素：一是由贬值引起的进出口商品的单位价格变化，二是由进出口单价变动引起的进出口数量的变动。那么，在什么样的情况下，贬值才能改善贸易收支呢？基于弹性论的几个前提假设（尤其是进出口商品的供给弹性无限大的假设），马歇尔和勒纳指出，本币贬值后，只有出口商品的需求弹性的绝对值和进口商品的需求弹性的绝对值之和大于1，贸易收支才能改善，即贬值取得成功的必要条件是

$$|E_X| + |E_M| > 1 \qquad (2.5)$$

该条件被称为马歇尔-勒纳条件。

四、贬值的时滞反应——J曲线效应

在现实经济生活中，当汇率变化时，进出口的实际变动情况还取决于供给对价格的反应程度。即使在马歇尔-勒纳条件成立的情况下，贬值也不会马上改善贸易收支，相反，本币贬值后的初始阶段，贸易收支反而可能会恶化，原因如下。

1）在贬值之前签订的贸易合同仍需按原来的数量和价格执行。贬值后，凡以外币定价的进口，折合成本币后的支付将增加；凡以本币定价的出口，折合成外币后的收入将减少。换言之，贬值前已签订但在贬值之后执行的贸易合同，出口数量增加的影响不足以冲抵出口外币价格的下降的影响，进口数量减少的影响不足以冲抵进口价格上升的影响。

2）即使在贬值后签订的贸易合同，出口增长仍然要受到认识、政策、资源、生产周期等的影响。至于进口方面，在心理预期的作用下，进口商有可能会认为现在的贬值是将来进一步贬值的前奏，从而加速订货。

短期内，基于上述原因，贬值之后有可能使贸易收支恶化；一段时间后，待出口供给（这是主要的）和进口需求作出了相应的调整后，贸易收支才会逐渐改善。出口供给的调整通常需要半年到1年的时间。整个过程用曲线描述出来，形如字母"J"。故在马歇尔-勒纳条件成立的情况下，贬值对贸易收支的时滞效应被称为J曲线效应，如图2-1所示。

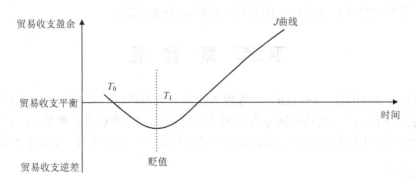

图2-1 J曲线效应

图2-1中，T_0时刻实施本币贬值后，贸易收支先恶化，经过一段时间的调整，到T_1时刻后才开始改善。

五、贬值对贸易条件的影响

贸易条件（T）又称交换比价，是指出口商品的单位价格指数（P_X）与进口商品的单位价格指数（P_M）之间的比例，用公式表示为

$$T = \frac{P_X}{P_M} \tag{2.6}$$

这里，进出口商品的价格应是用同种货币衡量的。当 T 上升时，表明该国出口相同数量的商品可以换回的进口商品增加，称为一国贸易条件改善；当 T 下降时，表明该国出口相同数量的商品可以换回的进口商品减少，称为一国贸易条件恶化。贸易条件恶化意味着一国实际资源将会流失。

贬值带来相对价格的变化，其究竟是改善还是恶化贸易条件，取决于进出口商品的供求弹性。当 $S_X S_M > E_X E_M$ 时，贸易条件恶化；当 $S_X S_M < E_X E_M$ 时，贸易条件改善；当 $S_X S_M = E_X E_M$ 时，贸易条件不变。

实际上，贬值对贸易条件的影响在不同国家是不同的。通常贬值不能改善一国贸易条件，相反会使之恶化。

六、理论缺陷

弹性论的理论分析是建立在一系列假设前提的基础上的，这些假设难免会与实际情况不符，从而使弹性论存在着自身无法克服的缺陷，主要有以下四个。

1）假设货币贬值前贸易收支处于平衡状态，这一假设不符合实际情况。这是因为，货币贬值的目的不在于创造贸易收支顺差，而是为了消除已有的逆差，但是，既然贸易收支已经平衡，那么还有什么必要进行货币贬值呢？这是弹性论无法回答的问题。

2）假定充分就业、收入不变而价格可变。与马歇尔-勒纳条件中供给弹性无穷大的假定相互矛盾。

3）它将国际收支等同于贸易收支，未考虑贬值对资本项目收支状况的影响。

4）它建立在局部均衡分析法的基础上，仅局限于分析汇率变化对进口市场的影响，而忽视了对社会总支出和总收入的影响，因而是不全面的。

第二节　乘　数　论

乘数论（multiplier approach）又称收入论或收入分析法，它所分析的是在汇率和价格不变的条件下，收入变动在国际收支调节中的作用。它的基本思想是，进口支出是国民收入的函数，自主性支出的变动通过乘数效应引起国民收入变动，从而影响进口支出。

一、理论分析

根据约翰·梅纳德·凯恩斯（John Maynard Keynes）的乘数原理，一国国民收入会因自主性支出变动而发生多倍的变动。引入进出口贸易后，凯恩斯主义的国民收入决定模型就变为

$$Y = \frac{1}{1-c+m}(C_0+I+G+X-M_0) \qquad (2.7)$$

式中，Y 表示国民收入；c 表示边际消费倾向；m 表示边际进口倾向；C_0 表示自主性消费；I 表示投资；G 表示政府支出；X 表示出口；M_0 表示自主性进口。等式的右边表示总需求，它是乘数和自主性支出之积。自主性支出部分 $(C_0+I+G+X-M_0)$ 的变动，通过乘数 $\left(\dfrac{1}{1-c+m}>1\right)$ 的作用，会带来国民收入的多倍变动。

由于进口随国民收入的增减而增减，贸易差额也就受国民收入的影响。不考虑国际资本流动，国际收支差额（B）就等于贸易收支差额，即

$$B = X-(M_0+mY) = X-M_0-\frac{m}{1-c+m}(C_0+I+G+X-M_0) \qquad (2.8)$$

二、政策主张

根据理论分析可以看出，一国可以通过需求管理政策来调节国际收支。当一国国际收支出现逆差时，当局可以实施紧缩性财政、货币政策，降低国民收入，以减少进口支出，改善国际收支；当国国际收支出现顺差时，当局则可以实施扩张性财政、货币政策，提高国民收入，以增加进口支出，减少国际收支顺差。这种通过收入变动来调整国际收支的效果，取决于本国边际进口倾向（m）的大小，亦即取决于进口需求收入弹性和开放程度的高低，因为边际进口倾向（$\Delta M/\Delta Y$）为进口需求收入弹性（$\Delta M/M \cdot Y/\Delta Y$）与开放程度（$M/Y$）之积。这表明，一国开放程度越大，进口需求收入弹性越大，一定规模的紧缩政策所带来的国际收支改善程度就越大。

三、理论缺陷

乘数论阐述了对外贸易与国民收入之间的关系，以及各国经济通过进出口途径相互影响的原理，这在一定程度上对我们理解现实经济状况有一定的启发意义。但这一理论没有考虑货币量和价格的变动，也没有考虑国际资本流动，将国际收支等同于贸易收支。因此，它关于收入对国际收支的影响分析是不全面的。

第三节 吸 收 论

吸收论（absorption approach）又称支出分析法，是由当时在国际货币基金组织工作的西德尼·斯图尔特·亚历山大（Sidney Stuart Alexander）于 1952 年提出的。它从凯恩斯的国民收入方程式入手，着重考察总收入与总支出对国际收支的影响，并在此基础上，提出国际收支调节的相应政策主张。

一、理论分析

按照凯恩斯的宏观经济学理论，在开放经济条件下，国民收入的均衡方程式为

$$Y = C+I+G+(X-M) \qquad (2.9)$$

式中，Y 表示国民收入；C 表示消费支出；I 表示投资支出；G 表示政府支出；X 表示出

口；M 表示进口。

式（2.9）经移项整理后，得

$$X-M=Y-(C+I+G) \tag{2.10}$$

用 B 代表经常账户差额，则有

$$B=X-M \tag{2.11}$$

用 A 代表本国居民的总支出（又称为国内总吸收，即国民收入中被国内吸收的部分），则有

$$A=C+I+G \tag{2.12}$$

可得

$$B=Y-A \tag{2.13}$$

式（2.13）表明，当国民收入大于总吸收时，国际收支为顺差；当国民收入小于总吸收时，国际收支为逆差；当国民收入等于总吸收时，国际收支为平衡。

二、政策主张

根据理论分析，吸收论所主张的国际收支调节政策无非就是改变总收入与总吸收（总支出）的政策，即支出增减政策和支出转换政策。国际收支逆差表明一国的总需求超过总供给，即总吸收超过总收入。这时，就应当运用紧缩性财政、货币政策来减少对进口商品的过度需求，以纠正国际收支逆差。但紧缩性财政、货币政策在减少进口需求的同时，也会减少对非贸易商品的需求，从而降低总收入，因此，还必须采用支出转换政策（主要是货币贬值政策），将部分进口需求转向本国替代品，从而使国际收入增加。这样，使贸易商品的供求相等，非贸易商品的供求也相等，需求减少的同时收入增加，就整个经济而言，总吸收等于总收入，从而同时达到内部均衡和外部平衡。

吸收论特别重视从宏观经济的整体角度来考察贬值对国际收支的影响。它认为，贬值要起到改善国际收支的作用，必须有闲置资源存在。只有当闲置资源存在时，贬值后，闲置资源流入出口品生产部门，出口才能扩大。另外，出口扩大会引起国民收入和国内吸收同时增加，只有当边际吸收倾向小于1，即吸收的增长小于收入的增长，贬值才能最终改善国际收支。例如，出口扩大时，出口部门的投资和消费会增长，收入也会增长。通过"乘数"作用，又会引起整个社会投资、消费和收入多倍地增长。边际吸收倾向是指在每增加的单位收入中，吸收所占的百分比。只有当这个百分比小于1时，整个社会增加的总收入才会大于总吸收，国际收支才能改善。

综上分析，我们可以对吸收论进行以下几点归纳。

1）吸收论是从总收入与总吸收（总支出或总需求）的相对关系中来考察国际收支失衡的原因，并提出国际收支的调节政策的，而不是从相对价格关系出发，这是它与弹性论的重大差别。就理论基础和分析方法而言，吸收论是建立在凯恩斯的宏观理论基础之上的，采用的是一般均衡分析方法；而弹性论则是建立在马歇尔等的微观经济学基础之上的，采用的是局部均衡分析方法。

2）就货币贬值的效应来讲，吸收论是从贬值对国民收入和国内总吸收的影响中来考察贬值对国际收支的影响的，而弹性论则是从价格与需求的相对关系中来考察贬值对国际收支的影响的。

3）吸收论含有强烈的政策搭配取向。当国际收支产生逆差时，在采用货币贬值的同时，若国内存在闲置资源（衰退和非充分就业时），应采用扩张性财政、货币政策来增加收入（扩大生产和出口）；若国内各项资源已达充分就业，经济处于膨胀时，应采用紧缩性财政、货币政策来减少吸收（需求），从而使内部经济和外部经济同时达到平衡。

三、理论缺陷

吸收论的理论缺陷表现在以下四个方面。

1）没有考虑本币贬值后相对价格变动在国际收支调整中的作用。

2）以单一国家为分析模型，没有考虑贸易伙伴国进出口对一国进出口、收入及价格的影响。

3）仍以贸易项目为研究对象，没有考虑国际资本流动，缺乏全面性。

4）假定生产要素的转移机制可以顺畅进行，脱离实际太远。

第四节 货 币 论

货币论（monetary approach）又称货币分析法，是随着货币主义的兴起而产生的，强调货币在国际收支调节中的作用，认为国际收支失衡是一种货币现象，是一国货币市场供求失衡的反映。货币论的代表人物主要有罗伯特·芒德尔（Robert Mundell）、哈里·约翰逊（Harry Johnson）和雅各布·弗伦克尔（Jacob Frenkel）。

一、基本假设

货币论的理论分析是建立在以下三个基本假设的基础上的。

1）在充分就业均衡状态下，一国货币需求是收入、价格和利率等变量的稳定函数，在长期内货币需求是稳定的。

2）贸易商品的价格和货币资金的价格——利率主要是外生的，是由世界市场决定的，从长期来看，一国的价格水平和利率水平接近世界市场水平。

3）从长期来看，货币需求是稳定的，货币供给不影响实物产量。

二、理论分析

基于上述各项假设，货币论的基本理论可以表达为

$$\mathrm{MS=MD} \tag{2.14}$$

式中，MS 表示名义货币供应量；MD 表示名义货币需求量。从长期看，可以假定货币供应与货币需求相等，其公式为

$$\mathrm{MD}=Pf(Y,i) \tag{2.15}$$

式中，P 表示本国价格水平；f 表示函数关系；Y 表示国民收入；i 表示利率；$Pf(Y,i)$ 表示对名义货币的需求；$f(Y,i)$ 表示对实际货币存量（余额）的需求。

$$\mathrm{MS}=m(D+R) \tag{2.16}$$

式中，m 表示货币乘数；D 和 R 分别表示国内与国外的货币供应基数。若令 $m=1$，则有

$$\mathrm{MS}=D+R \tag{2.17}$$

$$MD = D + R \qquad (2.18)$$
$$R = MD - D \qquad (2.19)$$

式（2.14）~式（2.19）就是货币论的基本方程式。该方程式表明以下两个内容。

1）国际收支逆差实际上是一国国内的名义货币供应量（MS）超过了名义货币需求量（MD）。由于货币供应量不影响实物产量，在价格不变的情况下，多余的货币就要寻求出路。对个人和企业而言，就会增加货币支付，以重新调整其实际余额；对整个国家而言，实际货币余额调整便表现为货币外流，即国际收支逆差。反之，当一国名义货币供应量小于名义货币需求量时，在价格不变的情况下，货币供应的缺口就要寻找来源。对个人和企业而言，就要减少货币支出，以使实际货币余额维持在所期望的水平；对整个国家而言，减少支出维持实际货币余额的过程便表现为货币内流，即国际收支顺差。

2）国际收支问题实际上反映的是由稳定的货币需求量对名义货币供应量的一个调整过程，当人们持有的货币量等于由实际经济变量决定的货币需求量时，国际收支就达到了平衡。

三、政策主张

货币论的政策主张归纳起来有以下几点。

1）所有国际收支不平衡在本质上都是货币因素造成的，因此，收支失衡均可由国内货币政策解决。

2）国内货币政策主要是指货币供应政策。因为货币需求是收入、利率的稳定函数，而货币供应则在很大程度上可由政府操纵，因此，扩张性货币政策（使 D 增加）可以减少国际收支顺差，而紧缩性货币政策（使 D 减少）可以减少国际收支逆差。

四、理论缺陷

货币论的理论缺陷表现在以下三个方面。

1）它过分强调货币因素而忽视实际因素对国际收支失衡的影响。

2）它没有考虑非货币金融资产的存在，因此货币市场不平衡反映的只是商品市场的不平衡。

3）理论假设不完全符合实际情况。

思考与练习

简答题

1. 描述弹性论下的 J 曲线效应。
2. 简述乘数论的基本内容。
3. 简述吸收论关于货币贬值的分析。
4. 简述货币论的基本内容。

第三章　外汇与汇率理论

📖 学习目标

- 理解外汇的概念、特点、常用货币符号及简称。
- 掌握汇率的含义、标价方法、种类。
- 掌握汇率变动的经济影响。

📚 关键词

外汇　动态外汇　静态外汇　汇率　汇率变动

🔅 案例导入

如何兑换缅甸货币

缅甸是共建"一带一路"倡议的重要国家，是"一带一路"倡议框架下"中国—中南半岛经济走廊"和"孟中印缅经济走廊"的交会点，是实现我国与东南亚、南亚地区互联互通的重要枢纽，是我国同周边国家和睦相处、互利共赢的典范，是我国和平发展的重要依托力量。我国与缅甸山水相连，世代比邻而居。当前中缅在共建"一带一路"倡议下的务实合作不断深化，两国设施联通不断加强，贸易畅通显著提升，资金融通取得突破，民心相通佳话频传。

2019年1月，缅甸中央银行宣布增加人民币为官方结算货币，两国边贸支付和结算更为便利。中缅两国双边经贸合作不断深化，我国长期保持缅甸第一大贸易伙伴和最重要投资来源国地位。中国国家主席习近平2020年的首访选择了缅甸，这是中国国家主席时隔19年后再度访缅，又恰逢中缅建交70周年。访问期间，中缅发表了《中华人民共和国和缅甸联邦共和国联合声明》，将加强共建"一带一路"合作，推动中缅经济走廊从概念规划转入实质建设阶段，着力推进皎漂经济特区、中缅边境经济合作区、仰光新城三端支撑和公路铁路、电力能源等互联互通骨架建设。

缅甸的货币称为缅元，我国的货币称为人民币，美国的货币称为美元，不同国家外汇管制程度不同，货币的国际地位和自由兑换程度也有很大差异。美元是完全自由兑换货币，在世界范围内有普遍可接受性，是世界货币的一种。人民币在国际范围内的影响和地位逐步提高，被许多国家作为官方结算货币和国际储备资产，并在2015年加入了特别提款权的计值篮子，人民币在经常项目下可自由兑换，但是在资本项目下的兑换仍受限制。因为缅甸尚未完全解除外汇管制，所以缅元的兑换受限制较多，如果我国的游客想去缅甸旅游，可以兑换美元去缅甸使用或直接携带人民币到缅甸兑换缅元，因为缅甸金融体系不发达，现金使用率较高。另外，在缅甸也可以用支持银联的ATM（automatic teller machine，自动柜员机）。

（资料来源：孙敬鑫，2020. 中缅共建"一带一路"的新契机[EB/OL].（2020-04-26）[2021-07-26].
http://www.chinatoday.com.cn/zw2018/bktg/202004/t20200426_800202146.html.）

第一节　外　汇

一、外汇的渊源

当商品交易跨越国界时就涉及货币的兑换,如进口商需要用本币换成外汇用于向国外的出口商支付货款或清偿债务,国际汇兑由此产生,清偿由进出口贸易引起的债权债务是国际汇兑产生的主要原因。外汇交易从《犹太法典》时期在外邦人经常出入的寺庙外设摊的"兑换商"到 19 世纪 50 年代美国外汇交易先锋亚历山大 •布朗父子(Alexander Brown & Sons)公司的外汇交易再到 1973 年布雷顿森林体系崩溃,市场进入全面的浮动汇率时代。英国金融债券媒体 Learn Bonds 的数据显示,2020 年,全球外汇市场的每日成交量达 6.6 万亿美元,过去十年里,每日外汇交易量增长了 40%,外汇市场交易规模远超全球股市、期货等其他金融商品市场。外汇交易的目的也逐渐多元化,从最初满足商品进出口的简单货币兑换扩展到流动性管理的外汇掉期和风险管理的对冲外汇投资组合等。

例如,我国汽车出口商向法国出口,法国进口商对其支付 100 万欧元。这笔资金可以存放于我国出口商在法国某银行的账户上,那么我国商人就拥有了一笔以欧元表示的外汇存款。如果同时我国一家香水进口商从法国进口香水,需要支付 100 万欧元,这家进口商就需要寻找用人民币兑换成欧元的机会,其可以用一定数量的人民币向本国汽车出口商购买 100 万欧元,同时要求法国银行将欧元支付给法国香水出口商,从而完成债务清偿。这样,我国出口商也就将原有的外汇债权转换成本币,用于国内的消费或投资,这个转换过程就是外汇交易。在现代发达的银行体系下,进出口商之间的外汇买卖往往是通过有外汇业务的银行进行的。通过银行代理外汇的买卖和债权债务的清偿,可以使国际汇兑更加方便和迅速。

二、外汇的界定

外汇是相对于本币而言的,外汇包括动态外汇和静态外汇。

1. 动态外汇

动态外汇是指为了清偿跨国的债权债务关系需要把一国货币兑换为另一国货币的实践过程。

2. 静态外汇

静态外汇是指为了清偿跨国的债权债务关系进行的汇兑活动所使用的手段和工具。可见,静态外汇的概念是从动态的汇兑行为中衍生出来的。

如果不特别指出,本书中提到的外汇是指静态外汇的概念,即指国际汇兑的手段或工具。

静态外汇的概念又有广义和狭义之分。

（1）广义外汇

广义的外汇是指一切以外币表示的国外资产，各国外汇管理法令中的外汇属于广义的外汇范畴。国际货币基金组织从外汇的储备资产职能的角度定义外汇：外汇是货币行政当局（中央银行、货币管理机构、外汇平准基金及财政部）以银行存款、财政部库券、长短期政府证券等形式保有的在国际收支逆差时可以使用的债权。根据 2008 年 8 月 1 日国务院第 20 次常务会议修订通过的《中华人民共和国外汇管理条例》第三条，我国对外汇的界定如下："本条例所称外汇，是指下列以外币表示的可以用作国际清偿的支付手段和资产：（一）外币现钞，包括纸币、铸币；（二）外币支付凭证或者支付工具，包括票据、银行存款凭证、银行卡等；（三）外币有价证券，包括债券、股票等；（四）特别提款权；（五）其他外汇资产。"

所以广义的外汇主要包括以下范畴。

① 外币现钞，即外国货币，包括纸币和铸币，它是外汇资产中最基本也是最狭义的形式，不能直接用于国际支付。由于外汇必须具有可兑换性，并不是所有国家发行的货币对于其他国家而言都能称为外汇，外汇主要是指发达国家的货币，如美元、欧元等。

② 外币支付凭证，主要指票据（外币汇票、本票和支票）、银行存款凭证、银行卡等，可以直接用于国际支付，流动性强。

③ 外币有价证券，指可兑换为外币的有价证券，如政府债券、公司债券、股票等，可以为持有者带来债息、股息等收入，也可以在二级市场上流通转让兑换成外币或者外币支付凭证，是各国政府储备资产的重要组成部分。

④ 其他外汇资产，主要包括在国外的各种投资和收益，各种外汇收款及利息；国际货币基金组织的储备资产和特别提款权，国际结算中发生的各项外汇应收款项，国际金融市场借款、国际金融组织借款、同业拆入及国际结算中对外应付汇款。

（2）狭义外汇

狭义的外汇是指以外币表示的国际结算的支付手段，可见狭义的外汇主要包括在国外通汇银行的活期存款，以及索取这些存款的外汇票据和外币支付凭证，如汇票、本票、支票、外币信用卡等，因为当今外汇的转移主要通过在商业银行账户上的资金划拨来完成，所以国外通汇银行的活期存款是狭义外汇的主体，通常国际结算中说的外汇即是狭义的外汇，狭义的外汇是最主要的国际支付手段。相对应地，暂时存放在国内的外币现钞、外币有价证券和黄金等因为不能直接用于国际结算，所以不属于狭义外汇的范畴。

三、外汇的特点

外汇的一般形式是以外币表示的国际资产，外汇的基本形式是本国在外国通汇银行的活期存款，外汇的基本职能是充当国际结算的支付手段，外汇的本质特点是可以自由兑换。

外汇作为用以清偿国际债权债务关系的支付手段，必须具备以下特点。

① 外汇是以外币表示的资产。任何以本国货币表示的信用工具、支付手段、有价证券等对本国人来说都不是外汇。例如，美元资产是国际支付中常用的外汇资产，但它是针对美国以外的其他国家而言的。

② 外汇必须是可以自由兑换成其他外币或以外币表示的金融资产。如果某种资产

在国家间的自由兑换受到限制，则不能称其为外汇。例如，有些国家的货币管理当局实行外汇管制，禁止本币在境内外自由兑换成其他国家的货币，外币资产兑换成该国货币资产也受到限制，那么以这种货币标明面值的各种支付工具就不具备自由兑换性，就不能称为外汇。

③ 外汇必须是在国外能够得到补偿的债权。例如，空头支票和遭到拒付的汇票不能称为外汇。

四、常用货币名称及代码或符号

常用货币名称及代码或符号如表 3-1 所示。

表 3-1　常用货币名称及代码或符号

货币名称	货币代码或符号	货币名称	货币代码或符号
人民币	CNY	俄罗斯卢布	RUB
日元	JPY	韩元	KRW
英镑	GBP	美元	USD
瑞士法郎	CHF	欧元	EUR
加拿大元	CAD	澳大利亚元	AUD
港币	HKD	马来西亚林吉特	MYR
卢森堡法郎	LUF	菲律宾比索	PHP
印度尼西亚盾	IDR	新加坡元	SGD
新西兰元	NZD	泰铢	THB

第二节　汇　率

一、汇率的含义

汇率又称外汇行市或汇价，是不同货币之间兑换的比率或比价，也可以说是以一种货币表示另一种货币的价格。外汇是可以自由兑换、自由买卖的资产，我们可以把汇率看成外汇这种"特殊商品"的"特殊价格"。汇率具有双向表示的特点，不同货币之间可以相互表示对方的价格。在国际贸易和非贸易往来中，各国之间的国际结算都需要规定一个国家的货币对其他国家货币的汇率，其中最重要的是对美元等关键货币的汇率。

二、汇率的标价方法

汇率表示两种货币之间的比价，根据用本币还是外币作为基准，可分为直接标价法和间接标价法两种标价方法。20 世纪五六十年代以后，西方各国跨国银行又普遍采用了美元标价法。

1. 直接标价法

直接标价法是以一定单位（1、100、1000 等）的外币为基准，折合为若干本币表示汇率的一种方法。一般外币的金额不变，本币的金额发生变化，以反映外币币值的变化。

例如，2021 年 4 月 26 日，中国银行外汇牌价 100 欧元＝784.72 元人民币就是直接标价法。在直接标价法下，右侧汇率数字越大，说明单位外币能兑换更多本币，外币升值、本币贬值；反之，右侧汇率数字越小，说明单位外币能兑换更少本币，外币贬值、本币升值。

目前世界上大多数国家采取直接标价法，包括我国。

2. 间接标价法

间接标价法是以一定单位（1、100、1 000 等）的本币为基准，折合为若干外币表示汇率的一种方法。例如，某日英国伦敦外汇市场的汇率报价为 1 £ ＝1.304 0$就是间接标价法。一般本币的金额不变，外币的金额发生变化，以反映本币币值的变化。在间接标价法下，右侧汇率数字越大，说明单位本币能兑换更多外币，本币升值、外币贬值；反之，右侧汇率数字越小，说明单位本币能兑换更少外币，本币贬值、外币升值。

世界上采用间接标价法的国家主要是英国、美国等。英国是资本主义发展最早的国家，英镑曾经是世界贸易计价结算的中心货币，因此长期以来伦敦外汇市场上的英镑采用间接标价法。第二次世界大战后，美国经济实力迅速扩大，美元逐渐成为各国国际储备和国际结算的关键货币，为了便于计价结算，从 1978 年 9 月 1 日开始，纽约外汇市场也改为采用间接标价法，以美元为标准公布美元与其他货币之间的汇率，但美元对英镑、欧元仍然沿用直接标价法。

3. 美元标价法

美元标价法又称纽约标价法，是指在纽约国际金融市场上，除对英镑、欧元用直接标价法外，对其他外币采用间接标价法的标价方法。美元标价法由美国于 1978 年 9 月 1 日制定并执行，目前是国际金融市场上通行的标价法。

美元标价法的目的是简化报价并广泛地比较各种货币的汇率。美元标价法是指以一定单位的美元折成若干数量的各国货币来表示各国货币汇率的方法。例如，某日瑞士苏黎世某银行面对其他银行的询价，报出的各种货币汇价为

$$USD 1＝EUR 0.718 7$$
$$USD 1＝CHF 0.960 7$$
$$USD 1＝CAD 1.019 6$$

在习惯上，人们将各种标价法下数量固定不变的货币叫作基准货币，把数量变化的货币叫作标价货币。在直接标价法下，基准货币为外币，标价货币为本币；在间接标价法下，基准货币为本币，标价货币为外币；在美元标价法下，基准货币是美元，标价货币是其他各国货币（但当美元遇上欧元、英镑等同样采用间接标价法的货币时，美元作为标价货币）。直接标价法、间接标价法和美元标价法三种标价方法仅仅是形式不同。包括本书在内的许多论著在进行汇率分析时，如果不特别说明，美元标价法常常使用直接标价法，即外汇汇率值的上升表示本币贬值。

综上，直接标价法和间接标价法都是针对本币和外币之间的关系而言的。对于某个国家或某个外汇市场而言，本币以外的其他各种货币之间的比价无法用直接标价法或间接标价法来判断。美元标价法与其他两种基本的标价法并不矛盾，银行汇价挂牌时，标

出两种货币的比价，先确定哪种货币是本币，哪种货币是外币，然后确定标价方法是哪种标价方法。例如，在中国外汇市场上，人民币是本币，其他国家的货币是外币，采用的是100单位外币等于多少人民币的标价方法，自然属于直接标价法；那么在伦敦外汇市场上英镑是本币，其他国家的货币是外币，采用的是1单位英镑等于多少外币的标价方法，自然属于间接标价法。

三、汇率的种类

汇率的种类繁多，从不同的角度可以划分成不同的种类。

1. 按制定汇率的方法划分

（1）基本汇率

各国在制定汇率时必须选择某国货币作为主要对比对象，通常选择一种国际经济交易中常使用、在外汇储备中所占的比重大的可自由兑换的货币作为主要对象，这种货币称为关键货币。本国货币与关键货币的汇率是基本汇率（basic rate）。一般美元是国际支付中使用较多的货币，各国都把美元当作制定汇率的关键货币，常把对美元的汇率作为基本汇率。

（2）套算汇率

套算汇率又称交叉汇率（cross rate），是指各国按照对美元的基本汇率套算出的直接反映其他货币之间价值比率的汇率。

2. 按银行买卖外汇划分

（1）买入汇率

买入汇率（buying rate）又称买入价，对应的是卖出汇率（卖出价），是外汇银行向同业或者客户买进外汇时所使用的汇率，即银行收取外币时支付的价格。因为其客户主要是出口商，所以买入汇率又称出口汇率。在直接标价法下，外币折合成本国货币数额较少的那个汇率为买入汇率。在间接标价法下，本国货币买入数额较多的那个汇率为买入汇率。

（2）卖出汇率

卖出汇率（selling rate）又称卖出价，是指银行卖出外汇时使用的汇率。采用直接标价法时，银行报出的外币的两个本币价格中，后一个数字（即外币折合本币数较多的那个汇率）是卖出汇率；采用间接标价法时，本币的两个外币价格中，前一个较小的外币数字是银行愿意以一单位的本币付出的外币数，即卖出价。

买入汇率和卖出汇率都是站在银行（而不是客户）的角度来定的；另外，这些价格都是外汇（而不是本币）的买卖价格。买入汇率和卖出汇率的差价代表银行承担风险的报酬，一般为1%～5%。银行同业之间买卖外汇时使用的买入汇率和卖出汇率也称同业买卖汇率，实际上就是外汇市场买卖价。

（3）中间汇率

中间汇率（medial rate）又称中间价，亦称外汇买卖中间价，是指买入汇率与卖出汇率的算术平均数。一般来说，中间汇率不能用作实际交易，它只是汇率行情的显示。

国际货币基金组织所公布的各国汇率表均采用中间汇率，报纸、新闻、广播公布汇率时也常采用中间汇率，用作经济参考指标。中间汇率的计算公式为

中间汇率＝（买入汇率＋卖出汇率）/2

（4）现钞汇率

现钞汇率（banknote rate）是指银行买卖外币现钞所使用的汇率。现钞是具体的、实在的外国纸币、硬币。我国规定，外币现钞买入汇率要低于现汇买入汇率，外币现钞卖出汇率则与现汇卖出汇率一致。因为与买入现汇相比，银行买入现钞后要承担更高的成本费用，在银行买入现钞以后，因为外币现钞不能在我国流通使用，需要把现钞运往国外，所以它不仅不能立即获得存款和利息，还须支付费用保管现钞。只有现钞积累到足够数量，银行才能把这些外币现钞运送到国外，存在国外的银行里。只有到此时，银行才能获得在国外银行的外汇存款并开始获得利息。银行收兑外币现钞需要支付的具体费用包括现钞管理费、运输费、保险费、包装费等。这些费用就反映在现钞买入汇率低于现汇买入汇率的差额中。中国银行外汇牌价（部分）如表 3-2 所示。

表 3-2 中国银行外汇牌价

货币名称	现汇买入价	现钞买入价	现汇卖出价	现钞卖出价	中行折算价	发布日期	发布时间
阿联酋迪拉姆	193.53	191.94	194.89	198.42	193.85	2023/12/1	9:51:06
澳大利亚元	470.98	470.5	474.14	475.51	470.96	2023/12/1	9:51:06
巴西里亚尔		139.14		157.98	145.05	2023/12/1	9:51:06
加拿大元	525.04	524.5	528.56	530.09	525.58	2023/12/1	9:51:06
瑞士法郎	812.94	812.29	818.66	820.94	814.81	2023/12/1	9:51:06
丹麦克朗	103.92	103.73	104.76	105.26	103.99	2023/12/1	9:51:06
欧元	775.46	769.61	780.89	782.91	775.86	2023/12/1	9:51:06
英镑	899.66	898.74	905.69	908.31	899.96	2023/12/1	9:51:06
港币	91.13	91.11	91.47	91.47	91.02	2023/12/1	9:51:06
印尼卢比	0.045 8	0.044 4	0.046 3	0.047 9	0.046	2023/12/1	9:51:06
印度卢比		8.046 7		9.073 9	8.567 1	2023/12/1	9:51:06
日元	4.811 3	4.811 2	4.843 5	4.845 4	4.811 6	2023/12/1	9:51:06
韩国元	0.546 6	0.542 9	0.551	0.559 7	0.549 9	2023/12/1	9:51:06
澳门元	88.5	87.72	88.86	89.77	88.75	2023/12/1	9:51:06

资料来源：中国银行，2023. 中国银行外汇牌价[EB/OL].（2023-12-01）[2023-12-01]. https://www.boc.cn/sourcedb/whpj.

举例说明，不管是在直接标价法还是在间接标价法中都会给出两个价格，小数在前，大数在后，如表 3-2 中我国外汇市场上的现汇买入价和现汇卖出价，100 欧元＝775.46～780.89 元人民币，意味着客户和银行的欧元交易，前者 775.46 是买入价，即银行从客户那里买入欧元的价格，银行可以用 775.46 元人民币买入 100 欧元；780.89 是卖出价，即银行卖出欧元给客户的价格，银行卖出 100 欧元给客户，会从客户那里收取 780.89 元人民币。

在间接标价法中，因为本币和外币的位置正好相反，所以买入价、卖出价的位置和直接标价法下是相反的。例如，在纽约外汇市场上，1 美元＝1.983 5～1.983 8 英镑，前者 1.983 5 是卖出价，即银行卖出英镑给客户的价格（卖给客户 1.983 5 英镑收取 1 美元），后者 1.983 8 是买入价（银行用 1 美元可以从客户那里买入 1.983 8 英镑），即银行从客

户那里买入英镑的价格。

总之，不管买入汇率、卖出汇率是在哪个标价法下，银行都是基于利润最大化的原则把外汇看作一种"商品"贱买贵卖，从中赚取买卖价差。

3. 按外汇买卖交割时间不同划分

交割是指买卖双方履行交易契约，进行钱货两清的授受行为。汇率按外汇买卖交割时间不同可划分为即期汇率（spot rate / spot exchange rate）和远期汇率（forward exchange rate）。

（1）即期汇率

即期汇率又称现汇汇率，是指即期外汇买卖的汇率，即外汇买卖成交后，买卖双方在两个营业日内进行交割所使用的汇率。一般在外汇市场上挂牌的汇率，除特别标明远期汇率外，均指即期汇率。

（2）远期汇率

远期汇率又称期汇汇率，是远期外汇买卖所使用的汇率。远期外汇买卖是指外汇买卖双方成交后并不立即进行交割，而是到约定的日期再进行交割的外汇交易。远期汇率到了交割日期，由协议双方按预订的汇率、金额进行交割，不受汇率变动的影响。远期外汇买卖是一种预约性交易，是由于外汇购买者对外汇资金需求的时间不同，以及为了避免外汇风险而引进的。

远期汇率是一种契约性汇率，而不是到期的市场即期汇率。远期汇率是以即期汇率为基础的，用即期汇率的升水（premium）、贴水（discount）、平价（par）表示。升水是指某种货币的远期汇率高于即期汇率；贴水是指某种货币的远期汇率低于即期汇率；平价是指远期汇率正好等于即期汇率。需要注意的是，升水和贴水都是相对而言的，一种货币的升水同时意味着另一种货币的贴水。

4. 按外汇资金性质和用途不同划分

（1）贸易汇率

贸易汇率（commercial rate）是指用于进出口贸易及其从属费用收支的汇率。

（2）金融汇率

金融汇率（financial rate）是指用于国际资金流动、国际旅游业及其他国际间非贸易性收支的计算和结汇时所使用的汇率，一般来说，金融汇率的买卖价差要低于贸易汇率的买卖价差。

5. 按交易的性质划分

（1）单一汇率

单一汇率（single rate）是指一国仅有一种汇率。在该国，所有的国际贸易活动中都使用这种汇率。

（2）复汇率

复汇率（multiple rate）又称多种汇率。它是指一国货币当局规定两种及以上的对外汇率，不同的国际贸易活动使用不同的汇率。例如，分别对经常项目的贸易和非贸易交易、贸易中的出口和进口、不同种类的贸易和非贸易规定不同的汇率。复汇率是外汇管制的产物。

6. 按外汇管制情况划分

（1）官方汇率

官方汇率（official rate）又称法定汇率，是指一国外汇管理当局规定并予以公布的汇率。在外汇管制严格的国家，一切外汇收入必须按官方汇率结售给指定银行，所需外汇必须向国家指定银行购买。官方汇率一般比较稳定，但普遍具有高估本币的情况。

（2）市场汇率

市场汇率（market rate）是指由外汇市场供求关系决定的汇率，它随市场的外汇供求关系而自由浮动。市场汇率的高低取决于外汇的实际供求状况。

实施外汇管制，汇率是通过市场机制形成的，就会存在单一的市场汇率；彻底全面的外汇管制则只有官方汇率；部分管制、部分放开，则是官方汇率与市场汇率并存。至于以哪种汇率为主，则要视"管制"与"放开"孰为主导。通常，只有在以管制为主的情况下才有并存的局面；如果市场已经为主，管制也就难以维持了。我国在1994年外汇改革之前，有几年就是以官方汇率为主，以外汇调剂市场的汇率为辅。

此外，汇率按货币比例变动情况可分为固定汇率（fixed exchange rate）和浮动汇率（floating exchange rate）；按外汇市场的交易时间可分为开盘汇率（opening rate）和收盘汇率（closing rate）；按汇率买卖对象可分为银行间汇率（inter-bank rate）和商业汇率（commercial rate）；按汇率水平可分为最高汇率（high rate）和最低汇率（low rate）。

四、人民币汇率

人民币汇率一般是指人民币兑换外币的报价，即1元人民币或100元人民币兑换成多少外币，人民币汇率上升即人民币升值。

从1953年我国建立统一的外汇体系开始，人民币汇率制度几经演变，特别是改革开放之后，人民币汇率经历了从固定汇率到双重汇率再到有管理的浮动汇率制度。回顾几十年来人民币汇率改革的演变轨迹，此期间虽有曲折和反复，但始终坚守市场化的改革方向，人民币汇率的市场化程度和双向浮动的弹性显著加强。以1994年汇率改革、2005年"7·21"汇率改革和2015年"8·11"汇率改革这三次重要的汇率制度改革为时间节点，我们可以将人民币汇率制度的演变历程分为四个阶段。

在1994年以前，人民币汇率一直由国家外汇管理局制定并公布，1994年1月1日人民币官方汇率与外汇调剂市场汇率并轨以后，实施以市场供求为基础的、单一的、有管理的浮动汇率制，中国人民银行根据前一日银行间外汇市场形成的价格，公布人民币兑美元等主要货币的汇率，各银行以此为依据，在中国人民银行规定的浮动幅度内自行挂牌。

2005年7月21日，中国汇率法律制度完成了一次历史性的跨越，这是自1994年以来首次制度层面的重大改革。至此，我国的人民币汇率法律制度由原来钉住美元汇率制转变为有管理的浮动汇率制，具体来说是由市场供求关系决定的、参考一篮子货币进行调节的、有管理的浮动汇率制。人民币汇率法律制度变迁，直接决定了外汇管理法制改革的历程。

2015年"8·11"汇率改革的主要内容：中国人民银行宣布调整人民币兑美元汇率

中间价报价机制，做市商参考上日银行间外汇市场收盘汇率，向中国外汇交易中心提供中间价报价，使人民币兑美元中间价机制进一步市场化，更加真实地反映了当期外汇市场的供求关系。影响：双向浮动弹性明显增强，不再单边升值；人民币中间价形成的规则性、透明度和市场化水平显著提升；人民币汇率不再钉住单一美元，而是选择若干种主要货币，赋予相应的权重，组成一个货币篮子。同时，以市场供求为基础，参考一篮子货币计算人民币多边汇率指数的变化，维护人民币汇率在合理且均衡水平上的基本稳定。但参考一篮子货币不等于钉住一篮子货币，它还需要将市场供求关系作为另一个重要依据，据此形成有管理的浮动汇率制；市场情绪趋向稳定和理性，人民币汇率贬值预期减弱，跨境资金流出压力逐步缓解。

第三节　汇率变动对经济的影响

一、对进出口贸易收支的影响

汇率变动会引起进出口商品价格的变化，从而影响到一国的进出口贸易。一国货币的对外贬值有利于该国增加出口，抑制进口；反之，如果一国货币对外升值，则有利于进口，而不利于出口。汇率变动对非贸易收支的影响如同其对贸易收支的影响。但是本币贬值不一定能改善贸易差额，如果本币贬值能够起到改善贸易差额的效果应符合马歇尔-勒纳条件，并且存在一定实质，即 J 曲线效应。

二、对国内物价水平的影响

1. 汇率变动会直接影响贸易品价格

1）外汇汇率变动会影响进口商品的价格及以进口商品为原材料的商品价格。例如，对于英国、日本这些食品、原材料主要依靠进口的国家，汇率变动会立即对消费品及原材料的国内价格产生影响，对进口依赖程度越大，影响就越深。汇率变动后还会对与进口商品相类似的国内商品价格产生影响。

2）外汇汇率变动也会影响一国出口商品国内价格的变动。如果本币贬值，则外币购买力提高，出口商品的外币价格下降，国外进口商就会增加对本国出口商品的需求。在出口商品供应数量不能相应增长及国内资源有限的情况下，出口商品的国内价格必然会上涨，并且上涨幅度较大，可能引发或加剧通货膨胀。尤其是在初级产品出口贸易中，这种影响更加明显。本币升值产生的作用正好相反，它会使出口商品和进口商品的国内价格下降，对出口起到限制作用，对进口起到扩大作用。由于进口商品价格较低，尽管会冲击到国内产业和市场，但是对总体的物价水平不会产生上涨压力。

2. 汇率变动会间接影响非贸易品价格

如果一国商品可以自由贸易，资源要素在部门间的转移不受限制，那么汇率变动会通过对贸易品价格的影响传导到对非贸易品的价格影响上。可以把非贸易品分为三类：Ⅰ类非贸易品，是指随价格变化随时可能转化为出口的国内商品；Ⅱ类非贸易品，是指随价格变化随时可以替代进口的国内商品；Ⅲ类非贸易品，是指完全不能进入国际市场或成为进口替代品的国内商品。以本币贬值为例，本币贬值导致贸易品价格提高，对三类非贸易品的影响如下。

1）Ⅰ类非贸易品：从国内市场转到国际市场，由非贸易品转为贸易品，导致国内非贸易品供给下降，需求增加，价格会上升。

2）Ⅱ类非贸易品：对进口商品中国内可替代的商品和原材料的需求增加，会导致Ⅱ类非贸易品的价格上升。

3）Ⅲ类非贸易品：随着贸易品和相关产品价格的上升，以及出口商利润的提高，Ⅲ类非贸易品生产商也要求向利润看齐，或者转移生产，或者提高销售价格，这种利润驱动会促使价格总水平上升。

可见，汇率与价格之间有着密切联系，纸币制度下，用物价指数计算的货币购买力是决定汇率的基础，而汇率变动反过来也会影响物价水平。在现实生活中，一国发生通货膨胀会导致本币购买力水平下降从而贬值，本币贬值又会带来物价上涨的压力，如果一国政府和货币当局不能有效控制，可能陷入"贬值→通货膨胀→贬值"的恶性循环中。

三、对非商品贸易的影响

1）对无形贸易的影响：本币汇率下降，外币购买力相对提高，本国的商品和劳务变得相对便宜，国外的商品和劳务变得相对昂贵，这有助于该国增加旅游收入和劳务收入，改善劳务收支，发生作用的前提是货币贬值国国内劳务价格不变或上涨相对缓慢。

2）对单方面转移的影响：以侨汇为例，如果货币贬值国国内价格不变或上涨缓慢，旅居国外的侨民只需汇回国内少于贬值前的外币，就可以维持国内亲属的生活所需，从而使侨汇收入减少。

四、对国际资本流动的影响

汇率变动对资本流动的影响表现为两个方面。

以本币贬值为例分析：一是本币对外贬值后，单位外币能折合更多的本币，这样就会促使外国资本流入增加，国内资本流出减少；二是如果出现本币对外价值将贬未贬、外汇汇率将升未升的情况，则会通过影响人们对汇率的预期，进而引起本国资本外逃。如果贬值后人们认为贬值的幅度还不够，汇率的进一步贬值将不可避免，即贬值引起汇率将进一步贬值的预期，人们就会将资金从本国转移到其他国家，以避免再遭损失。但如果人们认为贬值已使本国货币汇率处于均衡水平，原先因本币定值过高而外逃的资金就会抽回到国内。当然，贬值在一定情况下也会吸引外资的流入，因为在贬值不造成汇率不稳和金融危机的前提下，一定的外资在本币贬值后可购买更多的投入品和工厂。

以本币升值为例分析：本币汇率上升，其购买力增强，会使本国资本扩大对外投资。例如，20世纪80年代和90年代初，日元大幅度升值后，日本企业加快了向海外发展的速度，汽车行业首先决定扩大和提前实施在海外就地生产计划，家用电器、办公机械和机床行业也拼命向海外拓展。与此同时，本币汇率上升也会吸引外资的流入，因为本币的威望在提高。

可见，本币贬值或升值对资本流动的影响，取决于如何影响人们对该国货币今后变动趋势的预期。

五、对外汇储备的影响

（1）本币汇率变动会直接影响到本国外汇储备数额的增减

一般来讲，一国本币汇率稳定，外国投资者能够稳定地获得利息和红利收入，有利于国际资本的投入，从而有利于促进该国外汇储备的增长；反之，本币汇率不稳，则会引起资本外流，使该国外汇储备减少。同时，当一国由于本币汇率贬值使其出口额增加并大于进口额时，则该国外汇收入增加，外汇储备相对增加；反之，情况相反。

（2）储备货币的汇率变动影响一国外汇储备的实际价值

储备货币的汇率上升，会使该种储备货币的实际价值增加；储备货币的汇率下降，会使该种储备货币的实际价值减少。外汇储备实际是一种国际购买力的储备。因为当今的任何国际储备货币，无论是美元、德国马克还是英镑都不能与黄金兑换，只能与其他外汇兑换来实现自己的国际购买力。储备货币实际上仍是一种价值符号，它的实际价值只能由它在国际市场上的实际购买力来决定。如果外汇储备代表的实际价值随货币汇率的下跌而日益减少，就会使有该种储备货币的国家遭受损失，而储备货币发行国则会因该货币的贬值而减少债务负担，从中获得巨大利益。

当然，储备货币汇率下跌同样会危及发达国家，使发达国家的外汇储备也遭受损失，但是与不发达国家相比，发达国家遭受的损失相对要小，因为在各国的国际储备中，发达国家的黄金储备所占的比例比发展中国家所占的比例大，即发展中国家外汇储备所占的比例比发达国家所占的比例大。例如，20 世纪 80 年代末期，发达国家的黄金储备占整个黄金储备的比例是 84.8%，而发展中国家只占 15.2%；发达国家的外汇储备占其整个国际储备的比例则是 93%，而发展中国家外汇储备则要占其整个国际储备的 98%左右。

（3）汇率变动影响某些国际储备货币的地位与作用

一国选择储备货币总是要以储备货币汇率长期较为稳定为前提。如果某种储备货币的发行国国际收支长期恶化，货币不断贬值，汇率不断下跌，该储备货币的地位和作用就会不断被削弱，甚至会失去其储备货币的地位。例如，第二次世界大战以后，英国的经济与金融由于受到战争的影响而衰落，英镑不断贬值，汇率下跌，在国际支付中的使用量急剧缩减，英镑的国际储备货币的地位也因此大大被削弱。

六、对一国国内就业、国民收入及资源配置的影响

一国本币汇率下降、外汇汇率上升，有利于促进该国出口增加而抑制进口，这就使其出口产业和进口替代产业得以大力发展，从而拉动产出扩大和经济增长，国内就业机会也因此增加，国民收入也随之增加；反之，如果一国本币汇率上升，该国出口受阻，进口因汇率刺激而大量增加，造成该国出口产业和进口替代产业萎缩，则资源会从出口和进口替代部门转移到其他部门。

七、对世界经济的影响

小国的汇率变动只对其贸易伙伴国的经济产生轻微的影响，发达国家的自由兑换货币汇率的变动对国际经济产生比较大的甚至巨大的影响。

1）对国际贸易的影响。汇率不稳，加深了各国争夺销售市场的斗争，影响了国际

贸易的正常发展。某些发达国家汇率不稳，利用货币贬值扩大出口，争夺市场，引起其他国家采取报复性措施，或实行货币贬值，或采取保护性贸易措施，从而产生贸易战和货币战，破坏了国际贸易的正常发展，不利于国际经济走上良性循环。

2）对国际储备货币的影响。汇率不稳，影响了某些储备货币的地位和作用，促进了国际储备货币多元化的形成。某些储备货币国家的国际收支恶化，通货不断贬值，汇率不断下跌，影响了其储备货币的地位和作用。有些国家由于国际收支持续顺差，黄金外汇储备充裕，通货稳中趋升，因此其货币在国际结算领域中的地位和作用日益加强，逐渐成为主要储备货币。因此，汇率不稳促进了国际储备货币多元化的形成。

3）对国际金融市场的影响。汇率不稳，加剧了投资和国际金融市场的动荡，同时又促进了国际金融业务的不断创新。汇率不稳会引起外汇投机盛行，造成国际金融市场的动荡与混乱。例如，1993 年夏天，欧洲汇率机制危机就是由外汇投机造成的。与此同时，汇率不稳与动荡不安，加剧了国际贸易与金融的汇率风险，又进一步促进期货、期权、货币互换等金融衍生产品交易的出现，使国际金融业务形式与市场机制不断地创新。

思考与练习

简答题

1. 简述外汇的概念和特点。
2. 试述汇率的标价方法及种类。
3. 试述汇率变动对经济的影响。

第四章　汇率决定理论

📖 学习目标

● 理解汇率相关理论及分析方法。
● 掌握影响汇率的因素。

📚 关键词

国际借贷说　绝对购买力平价　相对购买力平价　弹性价格货币分析法　黏性价格货币分析法　资产组合分析法

⚙ 案例导入

美元汇率波动的影响因素及其溢出效应

　　2008 年 11 月，为应对美国次贷危机导致的经济衰退，美国联邦储备系统（以下简称美联储）宣布将购买国债和抵押贷款支持证券（mortgage-backed securities，MBS），标志着首轮量化宽松（quantitative easing，QE）政策的开始。在经济不景气的情况下推出 QE 可以向市场投放流动性，增加资本供应量，从而刺激内需，带动经济的发展。外汇市场对 QE 做出了激烈反应，美元指数大幅走弱。当第一轮 QE 宣布推出时，美元指数在 1 个月内走低 12%，而各非美货币走势趋强。由于许多国家持有占本国外汇储备比例很大的美国国债，此次超常规的 QE 导致美国国债收益率下降，从而使相应持债国家的外汇资产存在非常大的贬值风险。

　　随着美国经济形势改善，美国的失业率逐渐向正常水平靠拢，美联储自 2013 年 12 月后开始退出 QE，市场流动性逐步趋紧，这将推动美元升值。

　　2020 年新冠疫情暴发后，为拉动经济稳就业等，美联储又推出更大规模的 QE 政策，美联储资产负债规模再度大规模扩张，到 2022 年 3 月中旬已达到 9 万亿美元，相当于 2007 年 7 月美国次贷危机爆发前的 10 倍，造成大规模美元流动性过剩，溢出效应导致美元对人民币汇率持续贬值。截至 2021 年 11 月 1 日，美元对人民币中间价 6.405，较 QE 之前贬值 9.5%。随着疫情缓解，美国宣布从 2022 年 6 月开始推动缩表。

　　由于美元全球储备货币的地位，美国国内货币政策的溢出效应给其他国家的经济带来了风险。目前，已有相当多的国家采取战略性措施规避美元带来的风险。例如，通过货币互换协议绕开美元，直接采取双边货币进行结算。

　　可见，一国的货币政策引起货币供给的变化会对汇率产生较大影响，尤其是像美元这样的关键货币，美国货币政策引起美元汇率的波动影响的不仅仅是美国，其溢出效应不容忽视。

　　（资料来源：国家外汇管理局陕西省分局课题组，2022. 美元流动性过剩溢出效应的金融贸易影响：理论逻辑与现实解析[J]. 中国外汇（3）：10.）

汇率决定理论（exchange rate determination theory）是国际金融理论的核心内容之一，主要分析汇率受什么因素决定和影响。汇率决定理论随着经济形势和西方经济学理论的发展而演变，为一国货币当局制定汇率政策提供理论依据。汇率决定理论主要有金本位制下的铸币平价理论、国际借贷说、汇兑心理说、购买力平价理论、利率平价理论等。货币分析法又分为弹性价格货币分析法和黏性价格货币分析法。

第一节　汇率决定理论概述

一、汇率相关理论

1. 铸币平价理论

在金本位制下，各国均规定了本国金币的重量和成色，即含金量。两国间的货币比价要用各自的含金量来折算，两种货币的含金量之比称为铸币平价（mint parity）。铸币平价是决定两国货币汇率的基础。在金本位制下，汇率的波动不会漫无边际，其波动幅度受到黄金输送点（gold point）的限制。这是因为在金本位制下，国际结算可以有两种选择：黄金直接结算和汇票结算。黄金可以自由输出和输入，当汇率对一国不利时，该国就不用汇票结算，而是改用运输黄金的办法来结算，从而改变外汇的供求关系。黄金输送点是指两国间的铸币平价加减两国间的运金费用。其中，铸币平价加上运金费用为黄金输出点（gold export point），是汇率波动的上限；铸币平价减去运金费用为黄金输入点（gold import point）。

铸币平价是金本位制下决定两国货币汇率的基础。例如，在 1929 年大危机之前，英国规定 1 英镑金币的重量为 123.274 47 格令（grain），成色为 0.916 67，即 1 英镑的纯含金量为 113.002 0（123.274 47×0.916 67）格令；美国规定 1 美元的重量为 25.8 格令，成色为 0.900 0，则纯含金量为 23.22（25.8×0.900 0）格令。则

$$1英镑 = \frac{1英镑含金量}{1美元含金量} = \frac{113.002\ 0}{23.22} \approx 4.866\ 6（美元）$$

2. 国际借贷说

国际借贷说（theory of international indebtedness）出现和盛行于金本位制时期，理论渊源可追溯到 14 世纪，1861 年，英国学者乔治·戈申（George Goschen）较为完整地提出国际借贷说。该学说认为：汇率是由外汇市场上的供求关系决定的，而外汇供求又源于国际借贷。

（1）国际借贷说的理论要点

1）汇率的变动是由一国对其他国家的债权、债务来决定的。推理过程如下：一国的经常项目和资本项目差额构成一国的国际借贷差额。在一定时期内，如果一国国际收支中债权大于债务，即构成该国国际借贷出超，超过的数额即为该国对其他国家的净债权；如果一国国际收支中债务大于债权，则构成该国国际收支入超，超过的数额即为该国对其他国家的净债务。国际借贷的出超和入超是决定一国资金流入或流出的根本原

因，而资金的流入或流出则直接影响该国货币汇率的涨落。这是因为货币以一种商品形式在国际市场上流通，则其价格涨落必然受到供求法则的制约，而一国的货币在国际市场上的供求关系与该国的国际借贷息息相关。总之，汇率变动由外汇供求引起，而外汇供求的变动则源自国际借贷。所以，戈申认为国际借贷关系是决定一国汇率涨落的关键。

2）国际借贷发生的因素有商品的输入和输出，股票、债券的买卖，利润和捐赠的收付，资本交易等。为此，戈申将国际借贷分为两种类型：固定借贷，是指借贷关系已经形成，但未进入实际收付阶段的借贷；流动借贷，是指已进入实际收付阶段的借贷。他认为只有流动借贷的改变才能对外汇供求产生影响，原因在于固定借贷并不立即产生现金支付。此时，如果流动借贷不变，固定借贷发生变化而使国际借贷处于入超状态，入超的金额并不等于必须立即输送的现金，则汇率亦不至于马上上升。同样，如果由于固定借贷的变动而使国际借贷处于出超状态，出超的金额亦不等于立即收进的现金，则该国货币汇率也不至于下跌。例如，当固定借贷增加使一国处于国际借贷入超状态时，一般仍可借入短期资本以平衡国际借贷差额，防止本国货币外流。这样一来，债务的增加反而阻止了本币贬值。当固定借贷减少导致国际借贷出超时，理论上资金应该内流，但如果该国未及时收回其应得的债权金额，反而向债务国投资，则该国货币有可能会因此贬值。

（2）国际借贷说的评价

国际借贷说在金本位制下是成立的。此理论对汇率变动原因的解释（由外汇供求关系亦即流动借贷引发）做出了很大的贡献。事实证明，国际收支失衡是导致汇率变动的主要原因之一。但它只分析了汇率变动的原因之一，也无法解释在纸币流通制度下由通货数量增减而引起的汇率变动等问题。

3. 汇兑心理说

汇兑心理说（psychological theory of exchange）是法国学者艾伯特·阿夫塔利翁（Albert Aftalion）于 1927 年提出的。他认为人们之所以需要外币，是为了满足某种欲望，如支付、投资、投机等。这种主观欲望是使外国货币具有价值的基础。人们依据自己的主观欲望来判断外币价值的高低。根据边际效用理论，外汇供应增加，单位外币的边际效用递减，外汇汇率下降。在这种主观判断下，外汇供求相等时所达到的汇率，就是外汇市场上的实际汇率。

汇兑心理说以客观事实为基础，反映汇兑心理的变化，从存在决定意识这个角度来衡量，是无可非议的。在市场经济中，心理预期对市场预测特别是对外汇的预测确实具有一定的影响。但是，汇兑心理说的主观色彩比较浓厚，把边际效用看成汇率变动的主要依据，缺乏科学性。事实上，自 20 世纪 70 年代以来，在国际金融动荡时期，汇率变动不完全符合人们的心理预期，因而可以说这一理论带有相当程度的主观片面性。

4. 购买力平价理论

购买力平价理论（theory of purchasing power parity）是关于汇率决定的一种理论。最初由英国经济学家亨利·桑顿（Henry Thornton）在 1802 年提出，其后成为大卫·李嘉图（David Ricardo）古典经济理论的一个组成部分，最后由瑞典经济学家古斯塔夫·卡塞尔（Gustav Cassel）加以发展和充实，并在其 1922 年所著的《1914 年以后的货币与外汇》一书中做了详细论述。它已成为当今汇率理论中具有影响力的理论。

购买力平价理论认为不同货币之间的兑换比率是由不同货币各自在本国具有的购买力水平来决定的，汇率的变化则是由两国通货膨胀的差异决定的。

人们之所以愿意买进外币，是由于这种货币在该国对商品和劳务拥有购买力，而本国货币则对本国的商品和劳务具有购买力。因此，两国货币的汇率取决于两种货币在这两国的购买力之比。当两种货币都发生通货膨胀时，名义汇率将等于原先的汇率乘以两国通货膨胀率之商。虽然可能出现背离这个新的名义汇率的情况，但汇率的变动趋势始终是两国货币购买力之比。因此，将经过通货膨胀率调节后的两国货币的购买力之比计算出来的汇率看作两种货币之间新的平价。这一平价即购买力平价。这一理论提出了纸币的购买力同纸币所代表的价值之间存在着一定联系，并进而认为通货膨胀的变化影响了汇率的变化。但其理论基础是货币数量论，忽视了物价和汇率之间可能相互影响、互为因果的关系。

购买力平价又分为绝对购买力平价和相对购买力平价。

（1）绝对购买力平价

绝对购买力平价是指本国货币与外国货币之间的均衡汇率等于本国与外国货币购买力或物价水平之间的比率，计算公式为

$$R_a = \frac{P_a}{P_b} \quad 或 \quad P_a = P_b \times R_a \tag{4.1}$$

式中，R_a 表示本国货币兑换外国货币的汇率；P_a 表示本国物价指数；P_b 表示外国物价指数。

绝对购买力平价说明的是在某一时点上汇率的决定，决定的主要因素即为货币购买力或物价水平。

（2）相对购买力平价

相对购买力平价是指不同国家的货币购买力之间的相对变化，是汇率变动的决定因素。同汇率处于均衡的时期相比，当两国购买力比率发生变化，两国货币之间的汇率就必须调整。相对购买力平价的计算公式为

$$本国货币新汇率 = 本国货币旧汇率 \times \frac{本国货币购买力变化率}{外国货币购买力变化率}$$
$$= 本国货币旧汇率 \times \frac{本国物价指数}{外国物价指数} \tag{4.2}$$

5. 利率平价理论

利率平价理论（interest rate parity theorem）认为两个国家利率的差额等于远期兑换率及现货兑换率之间的差额。凯恩斯和保罗·爱因齐格（Paul Einzig）提出远期汇率决定理论，他们认为均衡汇率是通过国际抛补套利所引起的外汇交易形成的。在两国利率存在差异的情况下，资金将从低利率国流向高利率国以谋取利润。但套利者在比较金融资产的收益率时，不仅要考虑两种资产利率所提供的收益率，还要考虑两种资产由于汇

率变动所产生的收益变动，即外汇风险。套利者往往将套利与掉期业务相结合，以避免汇率风险，保证无亏损之虑。大量掉期外汇交易的结果是，低利率国货币的现汇汇率下浮，期汇汇率上浮；高利率国货币的现汇汇率上浮，期汇汇率下浮。远期差价为期汇汇率与现汇汇率的差额，因此低利率国货币就会出现远期升水，高利率国货币则会出现远期贴水。随着抛补套利的不断进行，远期差价会不断加大，直到两种资产所提供的收益率完全相等，这时抛补套利活动就会停止，远期差价正好等于两国利差，即利率平价成立。因此我们可以归纳利率平价理论的基本观点：远期差价是由两国利率差异决定的，并且高利率国货币在期汇市场上必定贴水，低利率国货币在期汇市场上必定升水。

利率平价理论从利率的角度研究了汇率决定和变化的原因，揭示了在开放经济条件下两大经济支柱——利率和汇率之间的紧密联系。尤其是在当前国际资本流动成为影响国际金融活动重要因素的情况下，利率平价理论有着重要的意义。相应地，利率平价理论也为中央银行调控外汇市场提供了依据和理论指导。但是，由于利率平价理论仅从利率的角度研究汇率的形成，必然也会使其理论狭隘、片面和不完善。

二、汇率的分析方法

1. 汇率决定的货币分析法

货币分析法认为汇率变动是由货币市场失衡引发的，引发货币市场失衡有各种因素，如国内外货币供给的变化、国内外利率水平的变化及国内外实际国民收入水平的变化等，这些因素通过对各国物价水平的影响而最终决定汇率水平。

货币分析法突出的贡献是它对浮动汇率制下现实汇率的超调现象进行了全面的理论概括。

货币分析法明确假定国内外资产之间具有完全替代性。由于一国国内商品市场、证券市场、货币市场均衡调整的速度不同，货币分析法通常分为弹性价格货币分析法和黏性价格货币分析法。

（1）弹性价格货币分析法

弹性价格货币模型是现代汇率理论中最早建立，也是基础的汇率决定模型，它是在1975 年瑞典斯德哥尔摩附近召开的关于"浮动汇率与稳定政策"的国际研讨会上被提出来的。它的基本思想是汇率是两国货币的相对价格，而不是两国商品的相对价格，因此汇率水平应主要由货币市场的供求状况决定。弹性价格货币分析法认为如果一国货币市场失衡，国内的商品市场和证券市场必然会受到冲击。由于国内外市场相互替代、紧密联系，国际商品的套购机制和套利机制就会发挥作用，在这一过程中，汇率就会发生波动，以符合货币市场均衡的要求。因此，决定汇率变化的各种因素也就表现为导致货币市场失衡的各种因素：国内外货币供给的变化、国内外利率水平的变化及国内外实际国民收入水平的变化等。这些因素通过对物价水平的影响而最终决定汇率水平。

假设：①稳定的货币需求方程，即货币需求同某些经济变量存在着稳定关系；②购买力平价持续有效。

假设前提：①商品价格具有完全弹性，即当货币供给量变动时，会引起价格水平的迅速调整，而利率和实际国民收入与货币供给无关，从而不会造成由于利率水平降低而进一步影响产出；②购买力平价成立；③资本在国际的流动是完全自由的，不受任何形式的限制；④本国资产和外国资产可以完全替代，两国利率为内生变量，并对广义货币模型中的两国利率做了技术处理，不再是原来的自然对数，而是利率本身。

弹性价格货币模型的基本形式为

$$s = (m - m^*) - \eta(y - y^*) + \lambda(i - i^*) \tag{4.3}$$

式中，m 和 m^* 分别代表本国和外国的货币供给量；y 和 y^* 分别代表本国和外国的实际国民收入；i 和 i^* 分别代表本国和外国的利率。

它将汇率的决定主要归于三组变量：两国的相对货币供给量、相对实际收入和相对利息率。本国货币供给量增加，会导致本国价格水平迅速提高。由于购买力平价短期成立，因此，价格水平的提高会带来本币相应贬值。在其他因素不变的情况下，当本国国民收入增加时，货币需求也增加，在价格水平和货币供给不变时，支出减少导致本国价格水平下降。又由于购买力平价作用，本国汇率上升。相对利息率也会通过对资本流动的影响进而影响货币市场供求关系乃至影响汇率变化。

评价：对弹性价格货币模型的批评主要集中在其两个基本假定上。①购买力平价。因为购买力平价在 20 世纪 70 年代西方实行浮动汇率制以来一般是失效的，导致弹性价格货币模型建立在非常脆弱的基础上。②货币需求函数。许多研究表明，主要的西方国家的货币需求极不稳定，以收入和利率为基础的需求函数不能全面反映实际的货币需求变化。

（2）黏性价格货币分析法

1976 年，美国麻省理工学院教授鲁迪格·多恩布什（Rudiger Dornbusch）提出了黏性价格货币分析法。他认为短期内商品市场价格具有黏性，而证券市场上利率有弹性使之反应灵敏。因此，货币市场失衡后主要通过证券市场利率的变动恢复均衡。但短期内利率的调整幅度通常会超出所需的新的长期均衡水平而出现超调现象，加之资本在国际上的自由流动，利率的超调也会出现大规模的套利活动，由此进一步带来汇率的超调。所以黏性价格货币分析法也称汇率的超调模型。这个模型突出的贡献在于它对浮动汇率制度下出现汇率的超调现象进行了概括，使理论更接近现实。它的不足之处是：首先，把短期内的汇率的波动全归咎于货币市场的失衡，而忽略商品市场对汇率的实际影响；其次，假定国内外资产之间具有完全替代性，这与现实也有差异。

1）黏性价格货币分析法的基本假设。黏性价格货币分析法的基本假设是：在短期内购买力平价不成立，即由于商品市场和资产市场的调整速度不同，商品市场上的价格水平具有黏性，调整是渐进的，而资产市场反应极其灵敏，利率将迅速发生调整，使货币市场恢复均衡；从长期来看，购买力平价能够成立；无抛补利率平价始终成立；以对外开放的小国为考察对象，外国价格和外国利率都可以视为外生变量或假定为常数。

2）黏性价格货币分析法的基本原理。黏性价格货币分析法的基本原理是，当市场受到外部冲击时，货币市场和商品市场的调整速度存在很大的差异。这主要是由于商品市场有其自身的特点和缺乏及时准确的信息。一般情况下，商品市场价格的调整速度较慢、过程较长，呈黏性状态，称为黏性价格，而金融市场的价格调整速度较快，因此，汇率对冲击的反应较快，几乎是即刻完成的。汇率对外冲击做出的过度调整，即汇率预期变动偏离了在价格完全弹性情况下调整到位后的购买力平价汇率，这种现象称为汇率超调，由此导致购买力平价短期不能成立。经过一段时间后，当商品市场的价格调整到位后，汇率则从初始均衡水平变化到新的均衡水平，由此长期购买力平价成立。

3）黏性价格货币模型内容分析。黏性价格货币模型中解释的汇率从初始均衡状态到达新均衡状态的调节过程如图 4-1 所示。

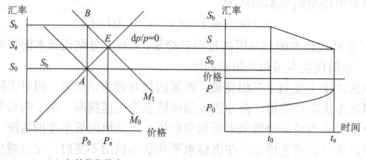

（a）初始均衡状态　　　　　　　　　（b）新均衡状态

A——初始均衡点；M_0——初始货币存量；P_0——与初始均衡点相应的商品价格；S_0——初始均衡汇率；B——新均衡点；M_1——变动后的货币存量；P_e——新均衡点对应的商品价格；S_b——汇率超调对应的汇率；S_e——新的均衡汇率。

图 4-1　黏性价格货币模型

黏性价格货币模型的调整过程是，当由于某种原因引起了货币供给量从 M_0 增加到 M_1 时，由于产生了瞬间的货币超额供给，作为资产价格的利率和汇率会迅速调整。由于价格黏性，在价格水平来不及发生变动的情况下，利率水平下降，同时汇率从 S_0 调整至 S_b（本币贬值），即汇率超调（汇率超调的程度取决于 M 线的斜率，M 线越陡，汇率超调程度越大）。经过一段时间后（从 t_0 到 t_e），价格开始做出滞后反应，而此时的利率水平经过短暂的下降之后，会由于国际资本的流入而上升。货币的超额供给导致预期通货膨胀使利率上升，相对利率的上升又会引起国际资本的流入，从而使货币的超额供给得到缓和。随着价格的进一步上升，最终使货币的超额供给完全消化。这时汇率则从超调状态 B 点（P_0、S_b 和 M_1 的交会点）到达 E 点（P_e、S_e、M_1 的交会点）。在 E 点上，汇率、利率、价格、货币存量和产出重新达到了均衡状态。此时，购买力平价成立，这是长期购买力平价成立的原因。

黏性价格货币分析法与弹性价格货币分析法的区别：黏性价格货币模型和国际货币主义汇率模式都强调货币市场均衡在汇率决定中的作用，同属于汇率的货币论。后者由于假定价格是完全灵活可变的，被称作弹性价格的货币论（flexible-price monetary approach），而汇率超调模型修正了其价格完全灵活可变的看法，被称为黏性价格的货币论（sticky-price monetary approach）。

4）黏性价格货币分析法的意义。多恩布什的汇率超调模型的显著特征是将凯恩斯主义的短期分析与货币主义的长期分析结合起来；采用价格黏性这一说法更切合实际。同时，它具有鲜明的政策含义：表明了货币扩张（或紧缩）效应的长期最终结果是导致物价和汇率的同比例上升（或下降）。但在短期内，货币扩张（或紧缩）的确对利率、贸易条件和总需求有实际的影响。当政府采取扩张或紧缩性财政货币政策来调节宏观经济时，就需要警惕汇率是否会超调，以及超调多少这样的问题，以避免不必要的经济波动。

多恩布什的汇率超调模型是国际金融学中对开放经济进行宏观分析的基本的模型。它首次涉及汇率的动态调整问题，开创了从动态角度分析汇率调整的先河，由此创立了汇率理论的一个重要分支——汇率动态学（exchange rate dynamics）。

5）黏性价格货币分析法的缺陷。

① 黏性价格模型假定货币需求不变，这就意味着货币需求不会对汇率产生影响。但在实践中，实际汇率的短期波动会影响到经常账户，这又会进一步影响到一国的资产总量，从而对货币需求产生影响，进而导致汇率的相应变化。但黏性价格模型却没有分析这一问题。

② 黏性价格模型暗含着以下假定：资本是完全自由流动的，汇率制度是完全自由浮动的。在这种条件下，汇率的超调引起的外汇市场过度波动必然会给一国经济乃至全球金融市场带来冲击和破坏。为了避免冲击和破坏，政府必然会对资产的流动和汇率的波动加以管理、干预。因此，上述的假设条件在现实中不能完全实现。

③ 黏性价格模型很难得到实证验证。原因之一是这一模型非常复杂，在选择计量检验的方式上存在困难。原因之二是现实中很难确定汇率的变动是对哪种外部冲击做出的反应。

2. 汇率决定的资产组合分析法

资产组合分析法（portfolio approach）是在 20 世纪 70 年代前后形成的。最早的提出者是罗纳德·麦金农（Ronald Mckinnon）、奥茨（Oates）等。1975 年，美国普林斯顿大学教授威廉·布朗森（William Branson）在詹姆斯·托宾（James Tobin）的货币模型的基础上建立了资产组合分析模型，以后经过许多人的研究，形成了多种形式的资产组合理论。

资产组合理论与货币主义理论的共同之处在于两者都将汇率的决定引入资产市场上，不同之处有以下四个方面。

1）货币主义理论认为，汇率是由两国相对货币供求所决定的，而资产组合理论则认为汇率是由所有的金融资产存量结构平衡决定的；资产组合理论认为，由于有价证券是投资者投资的一个庞大市场，而且有价证券与货币之间有较好的替代性，因此有价证券对货币的供求存量会产生很大的影响。

2）资产组合理论认为无抛补的利率平价是不成立的。这是由于外汇市场存在着不可消除的巨大风险，投资者在选择投资于本国还是外国的有价证券时，首要考虑的就是如何规避风险，而货币主义理论则认为无抛补利率平价是成立的。

3）货币主义理论假设本国和外国的资产是完全可以替代的，而资产组合理论则认为不同资产之间只能是部分替代，这主要是由于为了规避风险，投资者必须对资产进行合理的组合。

4）货币主义理论并未将国际收支列为汇率的决定因素，而资产组合理论则认为，由于汇率受经常项目收支的影响，因此，国际收支是决定和影响汇率变动的重要因素。

汇率资产组合分析法的模型：假设金融市场中只有三种不能完全替代的资产：本国货币（M），它不产生利息；本国债券（B），它带来国内利率 i；外国债券（F），它带来利率 i^*。则投资者的总财富为

$$W=M+B+SF \tag{4.4}$$

式中，S 表示汇率（直接标价法）。由于对每种资产的需求是该种资产自身的利率、其他

资产的利率和总财富存量（W）的函数，考虑资产和财富的真实存量，则这种资产供给与需求相等时的均衡条件为

$$\frac{M}{P} = m(i, \ i^*)\left(\frac{W}{P}\right) \qquad (4.5)$$

$$\frac{B}{P} = b(i, \ i^*)\left(\frac{W}{P}\right) \qquad (4.6)$$

$$\frac{F}{P} = f(i, \ i^*)\left(\frac{W}{P}\right) \qquad (4.7)$$

从货币市场[式（4.5）]看，货币供给是政府控制的外生变量，货币需求则是本国利率、外国利率的减函数和资产总量的增函数。这就是说本国货币的需求随着 i 和 i^* 的增加而减少，随着资产总量的增加而增加。

从本国债券市场[式（4.6）]看，本国债券供给量是由政府控制的外生变量，本国债券需求是本国利率和资产总量的增函数、外国利率的减函数。

从外国债券市场[式（4.7）]看，外国债券的供给是通过经常账户的盈余获得的，假定短期内经常账户不发生变动，因此，它是一个外生的固定值。外国债券的需求是本国利率的减函数，是外国利率和资产总量的增函数。

当式（4.5）～式（4.7）同时成立时，表明资产市场达到总体平衡。

首先分析货币冲击在短期内对汇率的影响。当货币供给量增加，货币市场存在货币超额供给，导致本国相对利率下降。投资者立即做出反应，减少其本国货币的持有比例，造成对本国债券和外国债券的超额需求，这又导致外汇汇率上升。当相对利率和汇率分别达到新的平衡状态时，整个金融市场又处于新的平衡点。

其次分析货币冲击在长期内对汇率的影响。在某一特定的时间点上，当汇率和利率达到均衡时，经常账户可能为顺差，也可能为逆差。在浮动汇率制度和政府不干预外汇市场的情况下，经常账户的顺差（逆差）意味着资本账户的逆差（顺差），同时又意味着外币资产存量的增加（减少），这反过来又影响到汇率，使本币形成对汇率升值（贬值）。这种不断的反馈过程对汇率产生不间断的影响，从而形成对汇率的动态调节，直到外币资产存量不再增加（减少），即经常账户差额为零。

当经济在短期平衡位置存在经常账户赤字或盈余时，由短期平衡向长期平衡的调整机制就体现为经常账户差额与汇率相互作用的动态反馈机制。例如，经常账户产生逆差时，会造成本币汇率下浮，而本币汇率的下浮又会影响到经常账户的变动，这种反馈过程将会持续进行。长期平衡能否达到，关键在于本币汇率变动能否增加（减少）经常账户盈余，这意味着要符合马歇尔-勒纳条件。当这一条件满足时，经济的动态调整必然会实现经常账户平衡，此时经济处于长期平衡状态，调整结束。

从以上的分析中我们可以看到，资产组合理论较之以前各种汇率模型更加完整和全面，在分析中引入了风险收益、经常项目差额和财富等重要因素，这使该理论更具有现实意义。但是对它的实证检验较为困难，原因之一是模型中的变量难以度量，对某些变量的粗略估计有可能扭曲了其他变量对汇率决定所起的真实作用。另外，变量之间的自相关也是影响检验结果的重要原因。

第二节　影响汇率的因素

汇率变动是指货币对外价值的上下波动，包括货币贬值和货币升值。影响汇率变动的因素有很多，大致可以分为长期因素和短期因素。

一、长期因素

长期因素包括利率、通货膨胀、国际收支和经济增长。

1. 利率

当一国的利率水平高于其他国家时，一方面表示使用本国货币资金的成本上升，由此外汇市场上本国货币的供应相对减少；另一方面也表示放弃使用本国货币资金的收益上升，国际短期资本由此趋利而入，外汇市场上外汇供应相对增加。本、外币资金供求的变化导致本国货币汇率上升。反之，当一国利率水平低于其他国家时，外汇市场上本、外币资金供求的变化则会降低本国货币的汇率。

利率高低会影响一国金融资产的吸引力。一国利率的上升，会使该国的金融资产对本国和外国的投资者来说更有吸引力，从而导致资本内流，本币升值。当然这里也要考虑一国利率与别国利率的相对差异，如果一国利率上升，但别国利率也同幅度上升，则汇率一般不会受到影响；如果一国利率虽有上升，但别国利率上升更快，则该国利率相对来说反而下降了，其汇率也会趋于下跌。另外，利率的变化对资本在国际流动的影响还要考虑到汇率预期变动的因素，只有当外国利率加上汇率的预期变动率之和大于本国利率时，把资金移往外国才会有利可图，这便是在国际金融领域中的国际资金套买活动的利率平价理论。

一国利率变化对汇率的影响还可通过贸易项目发生作用。当该国利率提高时，意味着国内居民消费的机会成本提高，导致消费需求下降，同时也意味着资金利用成本增加，国内投资需求下降，这样，国内有效需求总水平下降会使出口扩大、进口缩减，从而增加该国的外汇供给，减少其外汇需求，使其货币汇率升值。需要强调的是，利率因素对汇率的影响是短期的，一国仅靠高利率来维持汇率坚挺，其效果是有限的，因为这很容易引起汇率高估，而汇率高估一旦被市场投资者（投机者）认识，很可能产生更严重的本国货币贬值风潮。例如，20 世纪 80 年代初期，美国为了缓和通货膨胀，促进经济复苏，采取了紧缩性货币政策，大幅度提高利率，其结果使美元在 20 世纪 80 年代上半期持续上扬，但是到 1985 年，伴随美国经济的不景气，美元高估的现象已经非常明显，从而导致了 1985 年秋天美元开始大幅度贬值。

2. 通货膨胀

当一国出现通货膨胀时，其商品成本加大，出口商品以外币表示的价格必然上涨，该商品在国际市场上的竞争力就会削弱，引起出口减少，同时提高外国商品在本国市场上的竞争力，造成进口增加，从而改变经常账户收支。此外，通货膨胀率差异还会通过影响人们对汇率的预期，作用于资本与金融账户收支。反之，相对通货膨胀率较低的国家，其货币汇率则会趋于升值。

但实际情况真的是这样吗？不一定。经济学中的通货膨胀和汇率的理论为什么会远远脱离实际呢？原因很简单：当初经济学家在分析通货膨胀和汇率经济关系时，国际上实行的是金本位制下的协调固定汇率制，而且资本流动被严格管制，国家外汇增减能反映该国的进出口实际变化。1971 年，随着金本位制的解体，国际上很多发达国家实行了浮动汇率制，并逐渐开放资本市场，国际上出现越来越多的投机资金。这时候，汇率的变化并不能完全反映实际贸易的变化，甚至会出现截然相反的情况。

例如，1978 年发生第二次石油危机以后，美国出现严重的通货膨胀，为什么美元反而大幅上涨呢？1980～1985 年，美元指数从 88 上涨到 125，原因如下。①爆发石油危机以后，世界石油价格大涨，而世界石油以美元交易，石油的大涨必定加大很多国家对美元的需求，进而推高美元汇率。②美国发生严重通货膨胀以后大幅加息，贷款利率高达 20%。因为当时很多落后的国家有大量的美元债务，而如此大幅的加息，等于让这些国家以前的低息贷款突然变成高利贷。归还这些贷款需要更多的美元，造成这些国家对美元需求的大量增加。美国是这些落后国家主要的债权人，美国可以从高利贷中获得巨额利润，并通过金融手段从这些经济崩溃的国家中大幅获利，甚至以援助为由逼迫这些国家出卖资源和开放市场。③由于美国大幅加息，同时美元指数不断走强，造成购买美国国债或美元存款收益远远高于其他国家。世界各国的货币大量兑换成美元投资，造成美元指数不断走高。

3. 国际收支

一国的国际收支状况将导致本币汇率的波动。国际收支是一国居民的一切对外经济、金融关系的总结。一国的国际收支状况反映了该国在国际上的经济地位，也影响着该国的宏观经济与微观经济的运行。国际收支状况的影响归根结底是外汇的供求关系对汇率的影响。

某项经济交易（如出口）或资本交易（如外国人对本国的投资）引起了外汇的收入。因为外汇通常不能自由地在本国市场上流通，所以只有把外币兑换成本国货币才能投入国内流通，这就形成外汇市场上的外汇供给。某项经济交易（如进口）或资本交易（到国外投资）则引起了外汇支出。因为只有以本国货币兑换成外币才能满足各自的经济需要，在外汇市场上便产生了对外汇的需要。把这些交易综合起来，全部记入国际收支统计表中，便构成一国的外汇收支状况。如果外汇收入大于支出，则外汇的供应量增大；如果外汇支出大于收入，则对外汇的需求量增大。当外汇供应量增大时，在需求不变的情况下，直接促使外汇的价格下降，本币的价值就相应地上升；当外汇需求量增大时，在供给不变的情况下，直接促使外汇的价格上涨，本币的价值就相应地下跌。

当一国对外经常项目收支处于顺差时，在外汇市场上则表现为外汇（币）的供应大于需求，因而本国货币汇率上升，外国货币汇率下降；反之，当一国国际支出大于收入时，该国即出现国际收支逆差，在外汇市场上则表现为外汇（币）的供应小于需求，因而本国货币汇率下降，外国货币汇率上升。

4. 经济增长

一般来讲，高经济增长率在短期内不利于本国货币在外汇市场上的行市，因为短期内经济增长导致的收入增加会带来进口需求增加，从而导致对外币的需求增加，外币升值、本币贬值，但从长期看，高经济增长率有力地支持着本币。

经济增长对一国货币汇率的影响需要从多方面来观察。一国经济的正常增长，往往意味着生产率大幅提高使生产成本相应降低，从而增强本国产品在国际市场上的竞争力，于是有利于增加出口并抑制进口。一国实体经济的正常增长反映了其经济实力的提升，这会增强人们在外汇市场上对该国货币的信心，使人们更愿意持有该国货币或将一部分其他国家货币转化为该国货币，促使该国货币升值。20 世纪 80 年代，日本和德国的经济增长明显快于美国，因此日元和马克不断升值。同样，2002 年以来人民币持续升值的根本原因也可以归结为中国经济的长期快速增长。2002 年 2 月 28 日 24 时，德国马克正式停止流通，欧元成为德国法定货币。

值得注意的是，在一国经济高速增长的情况下，本币有时也可能贬值，其原因在于此时国内需求水平大幅提高导致进口支出快速增长，如果进口增长快于出口增长的速度，该国国际收支的经常项目盈余可能急剧减少甚至出现逆差，从而引起人们对该国货币的信心下降。在一国经济出现衰退时，生产率的下降往往使生产成本大幅上升，从而削弱该国产品在国际市场上的竞争力，不利于其出口增长，经常项目收入减少甚至出现逆差，引起该国货币贬值。此时外国资本的抽逃可能进一步加剧本币贬值。

二、短期因素

短期因素包括财政赤字、外汇储备、心理预期和汇率政策。

1. 财政赤字

政府的财政收支状况常常被作为该国货币汇率预测的主要指标，当一国出现财政赤字时，其货币汇率是升还是降主要取决于该国政府所选择的弥补财政赤字的措施。一般来说，为弥补财政赤字，一国政府可采取以下四种措施。

1）通过提高税率来增加财政收入，这样会降低个人的可支配收入水平，从而导致个人消费需求减少。同时，税率提高会降低企业投资利润率而导致企业投资积极性下降，投资需求减少，导致资本品、消费品进口减少，出口增加，进而导致汇率上升。

2）减少政府公共支出，这样会通过乘数效应使该国国民收入减少，减少进口需求，促使汇率上升。

3）增发货币，这样将引发通货膨胀，导致该国货币汇率下降。

4）发行国债，从长期看这将导致更大幅度的物价上涨，也会引起该国货币汇率下降。

在以上四种措施中，各国政府比较有可能选择的是后两种，尤其是最后一种，因为发行国债最不容易在本国居民中带来对抗情绪；相反，由于国债素有"金边债券"之称，收益高，风险低，为投资者提供了一种较好的投资机会，深受各国人民的欢迎，因此在各国财政出现赤字时，其货币汇率往往是下降的。

2. 外汇储备

外汇储备和外汇的关系是非常紧密的，外汇储备不断增加，相当于本币的购买力增强，导致本币的需求量增加，根据需求和供给的关系，本币将会有升值的趋势；从货币政策方面来说，外汇储备增加代表着本国央行购买了大量的国外资产，致使市场上外汇流动性过剩，本币的利率提高，从而使本币在外汇市场走强。

外汇储备状况是外汇交易基本分析的一个重要因素，其重要功能就是维持外汇市场的稳定。一国的货币稳定与否，在很大程度上取决于特定市场条件下其外汇储备所能保证的外汇流动性。从国际经验看，即使一国的货币符合所有理论所设定的汇率稳定的条件，如果这一货币遭受到投机力量的冲击，且在短期内不能满足外汇市场上突然扩大的外汇流动，这一货币也只能贬值。从1998年的亚洲金融危机看，在浓厚的投机氛围下，缺乏耐心的国民和谨慎的外国投资者常常丧失对货币的信心，成为推动外汇市场剧烈波动的致命力量。在这一力量的推动下，政府维护汇率的努力实际远在储备降为零之前就已经被迫放弃。

3. 心理预期

对汇率的心理预期正日益成为影响短期汇率变动的重要因素之一。和其他商品一样，一国的货币往往会因为人们的预期而影响其对外汇率的升跌。这种人为因素对汇率的影响力有时甚至比经济因素所造成的效果还明显。因此，经济学家、金融学家、分析家、交易员和投资者往往根据每天国际发生的事各自做出评论和预测，发表自己对汇率走势的看法。当市场参与者预期某种货币的汇率将上升时，对该货币的需求量就会大增，从而促使该货币汇率上升；预期某种货币的汇率被高估而将下跌时，势必会大量抛售货币，从而促使该货币汇率下降。因此，心理因素和大众对市场的预测成为影响短期汇率走势的重要因素。

4. 汇率政策

汇率政策是指一个国家（或地区）政府为达到一定的目的，通过金融法令的颁布、政策的规定或措施的推行，把本国货币与外国货币比价确定或控制在适度的水平而采取的政策手段。汇率政策主要包括汇率政策目标和汇率政策工具。汇率政策工具主要有汇率制度的选择、汇率水平的确定及汇率水平的变动和调整。

一般来说，扩张性财政、货币政策造成的巨额财政收支逆差和通货膨胀，会使本国货币对外贬值；紧缩性财政、货币政策会减少财政支出，稳定通货，从而使本国货币对外升值。

思考与练习

简答题

1. 简述购买力平价理论的基本思想及其表达式的含义。
2. 简述利率平价理论的基本思想及其表达式的含义。
3. 从国际收支说角度看，影响汇率的因素有哪些？它们分别是如何影响汇率变动的？
4. 资产组合理论与其他汇率理论有什么区别？

第五章　国际资本流动理论

学习目标

- 掌握国际资本流动的含义、类型和特点。
- 理解国际资本流动对一国经济和世界经济带来的利益和风险。
- 掌握国际资本流动下国际金融危机的特点和表现。

关键词

国际资本流动　国际直接投资　国际证券投资　金融危机　次贷危机

案例导入

柬埔寨甘再水电站

甘再水电站是柬埔寨水电开发的开山之作。作为柬埔寨政府推出的首个国际竞标项目,以及中国电力建设集团(简称电建)在境外的第一个 BOT(build-operate-transfer,建设-经营-转让)项目和我国企业当时在海外投资建设的最大水电站,其规划设计和施工难度都开创了我国水电工程境外建设的先河。在我国电建全产业链一体化的带动下,4 年便实现竣工投产。甘再水电站在每年向首都金边及贡布省、茶胶省提供约 5 亿千瓦电力的同时,还兼有防洪、灌溉、供水、旅游、平衡下游生态流量等多项功能。

凭借优良的工艺质量和运营指标,甘再水电站被评为鲁班奖(境外工程)和国家优质投资项目奖,中央电视台、香港凤凰卫视也将其作为我国企业"走出去"的成功范例而拍摄了专题纪录片。

近年来,柬埔寨政府采用甘再水电站合作模式,先后启动了基里隆水电站、达岱水电站、阿代河水电站、额勒赛河下游水电站、西山河水电站等大型水电站项目建设。它们和甘再水电站一样都是由我国企业投资建设的,其装机已可满足柬埔寨雨季全国用电需求,最终带动我国技术、我国标准、我国设备、我国文化的"走出去",融入"一带一路"倡议的宏伟蓝图中。

(资料来源:邓明进,钟海山,2021. 海外特色标准化管理的探索实践:以柬埔寨甘再水电站项目为例[J]. 施工企业管理(4):115-117.)

第一节　国际资本流动概述

国际资本流动（international capital flow）是国际金融领域一个极其重要的问题。随着第二次世界大战后经济全球化趋势的加强,其理论与内容对一个国家乃至整个世界经济的发展产生了巨大的影响。20 世纪 90 年代以来,国际货币危机的不断发生和加剧,进一步引起人们对国际资本流动的高度重视,因此对国际资本流动的研究具有重大意义。

一、国际资本流动的含义

国际资本流动是指资本从一个国家或地区转移到另一个国家或地区。国际资本流动与一国国际收支有关，主要反映在一国国际收支平衡表的资本与金融账户中。国际资本流动作为国际经济交往的一种基本类型，不同于以所有权的转移为特征的商品交易，它以使用权的转让为特征，以盈利或平衡国际收支为目的。

国际资本流动包括资本流出和资本流入两个方面。资本流出是指本国资本流向外国，它意味着外国在本国的资产减少、外国对本国的负债增加、本国对外国的负债减少、本国在外国的资产增加。资本流入是指外国资本流入本国，它意味着外国对本国的负债减少、本国对外国的负债增加、外国在本国的资产增加和本国在外国的资产减少。

为了更清楚地理解国际资本流动的含义，需要注意区分以下四个相关概念。

1）国际资本流动与资本输出和输入。这两个概念一般可以通用，但资本输出和输入通常是指与投资和借贷等金融活动相联系并以谋取利润为目的的资本流动，因而不能涵盖资本流动的全部内容。例如，一国用黄金、外汇来弥补国际收支赤字，显然，这部分资金外流只是作为国际支付的手段以平衡国际收支，而不是为了获取高额利润，因此不是资本输出。

2）国际资本流动与对外资产负债。资本流出反映了本国在外国的资产增加或负债减少，而资本流入则正好相反。可见，一国资本流动总是同其对外资产负债的变动密切相关的。

3）国际资本流动与国际收支。国际资本流动作为国际金融活动的组成部分，其内容被纳入国际收支的考核之列。一国在一定时期内同其他国家或地区之间资本流动的总体情况，主要反映在该国国际收支平衡表的资本与金融账户中。此外，还反映在经常账户单方面的、无偿支付的资金流动。官方储备项目则表明有关国家政府之间为结算国际经济交易差额而发生的金融资产转移的金额。另外，通过对国际资本流动控制，可以达到调节国际收支状况的目的。

4）国际资本流动与资金流动。就经济学意义而言，资本流动与资金流动是互有区分的。资金流动是指一次性的、不可逆转性的资金款项的流动和转移，相当于国际收支中的经常项目收支，如进出口贸易到期货款的支付是一次性转换，属于经常项目的支付。资本流动即资本转移，是可逆转性的流动或转移，如投资或借贷资本的流出伴随着利润、利息的回流，以及投资资本或贷款本金的归还。

二、国际资本流动的类型

国际资本流动按照不同的标准可以划分为不同的类型，通常按资本的使用期限长短将其分为长期资本流动（long-term capital flow）和短期资本流动（short-term capital flow）两大类。

（一）长期资本流动

长期资本流动是指使用期限在 1 年以上或未规定使用期限的资本流动。它包括外国直接投资（foreign direct investment，FDI）、国际证券投资（international portfolio investment）和国际贷款（international loan）三种主要方式。

1. 外国直接投资

外国直接投资是指一国居民以一定的生产要素投入另一国，并相应获得经营管理权的跨国投资活动。它主要有下列三种形式。

1）创建新企业。这种形式通常又称绿地投资（greenfield investment），是指由外国投资者在东道国境内依照东道国的法律设立全部或部分资产所有权归外国投资者所有的企业，如独资企业、合资企业。这种方式既可以集中各方经营优势，又可以分散投资风险，是目前较普遍的投资方式。

2）收购（兼并）外国企业。这是指外国投资者通过一定的程序和渠道，并依照东道国法律取得东道国某现有企业的全部或部分资产所有权的行为。拥有对被收购（兼并）企业经营管理权的股权比例大小是界定是否为直接投资的标准，各国规定的标准有明显差异，如国际货币基金组织规定的标准是 25%，法国是 20%，美国则为 10%。这种投资方式的最大优点是可以使投资者较快进入国际市场，使企业不必经过艰难的开创阶段。

3）利润再投资。投资者在国外企业获得的利润不汇回国内，而是作为资本对该企业进行再投资即为利润再投资。这种投资不引起 国资本的流入或流出。

外国直接投资实际并不仅限于国际资本流动，它还包括企业的管理权限和方法、生产技术、市场营销渠道、专利权和商标等多种无形要素的转移。

2. 国际证券投资

国际证券投资也称外国间接投资（foreign indirect investment），是指投资者通过在国际证券市场上购买中长期债券或外国企业发行的股票所进行的投资。国际证券投资可分为国际债券投资和国际股票投资。国际债券与国际股票的介绍详见第十一章第四节。

国际证券投资相对于外国直接投资有如下特点。①国际证券投资涉及的是金融资本的国际转移，外国直接投资涉及的是实物资本的国际转移。②国际证券投资者的目的是收取债券或股票的利息或红利，对投资企业无实际控制权和管理权；外国直接投资者的目的是获得企业的经营利润，且对企业有直接的管理控制权。③国际证券投资必须有健全的国际证券市场，证券可以随时转让与买卖；外国直接投资则要求有完善的投资环境，但不涉及证券在市场上的买卖。④国际证券投资中债券的发行构成筹资国的债务，而外国直接投资的接受方吸引的资金并不构成外债。

3. 国际贷款

国际贷款主要是指 1 年期以上的政府贷款（government loan）、国际金融机构贷款、国际银行贷款和出口信贷（export credit）。

（1）政府贷款

政府贷款是指一国的政府利用财政或国库资金向另一国政府提供的援助性、长期优惠性贷款。政府贷款多为发达国家向发展中国家提供。

与其他形式的国际信贷相比，政府贷款具有如下特点。①由专门的机构负责，如日本的海外经济协力基金、美国的国际开发署、法国的财政部国库司、英国的贸工部等。

②程序较复杂。一般由各国的中央政府或议会经过严格而完备的立法手续批准后予以实施。③资金来自财政预算。④条件优惠。政府贷款是期限长、利率低的优惠性贷款，宽限期通常可长达 5～10 年，贷款期可长达 30 年。按照国际惯例，优惠性贷款必须含有 25%以上的赠予成分（grant element，GE）。赠予成分是根据贷款的利率、偿还期限、宽限期和收益率等数据计算的。⑤限制性采购。多数国家的政府贷款的第三国采购比例为 10%～15%，即贷款总额的 85%～90%用于购买贷款国的设备和技术。⑥政治性强。带有双边援助性质的政府贷款是在两国政治、外交、经济关系良好的情况下得以进行的，为一定的政治外交目的服务。⑦币种选择余地小，一般只能选择援助国的货币，由此可能产生汇率风险。

由于越来越多的发展中国家也参与并提供政府贷款，当今政府贷款已日益受到国际社会的关注和认同，并成为国际资本流动与国际信贷活动的重要内容。

（2）国际金融机构贷款

国际金融机构贷款是指国际货币基金组织、世界银行集团、亚洲开发银行（Asian Development Bank，ADB，由于缩写与非洲开发银行相同，故通常用 ASDB 表示）、非洲开发银行（African Development Bank，ADB）、泛美开发银行（Inter-American Development Bank，IDB）等全球性和区域性金融机构向其会员国提供的贷款。

国际金融机构贷款也不以营利为直接目的，具有援助的性质。贷款利率视其资金来源及贷款接受国的国民收入水平而定，通常要比私人金融机构的贷款利率低，期限也较长。国际金融机构贷款与特定的建设项目相联系，手续非常严格，按规定逐步提取，且在提取和使用过程中，由国际金融机构派出的专门人员监督。

（3）国际银行贷款

国际银行贷款是指一国独家银行或国际贷款银团在国际金融市场上向另一国借款人提供的、不限定用途的贷款。

根据从事国际银行贷款业务的主体所处市场的不同，国际银行贷款可分为外国贷款（传统国际金融市场的国际银行贷款）和欧洲贷款（欧洲货币市场的国际银行贷款）两类。

外国贷款是指由市场所在国的银行直接或通过其海外分行将本国货币贷放给境外借款人的国际货币交易安排；欧洲贷款是指欧洲银行所从事的境外货币的存储与贷放业务。

国际银行贷款具有如下特点：①贷款用途比较自由。国际银行贷款的用途由借款人自行决定，贷款银行一般不加以限制。②借款人可获得大额资金。国际银行贷款的资金供应，特别是欧洲货币市场银行信贷的资金供应较充足，所以利于借款人筹集大额长期资金。③筹资成本较高。因为国际银行的贷款条件（利率水平、偿还方式、实际期限、汇率风险等）完全由市场决定，所以与其他形式的国际信贷相比，借款人的筹资成本较高。

（4）出口信贷

出口信贷属于中长期贸易信贷，是一国为支持和扩大本国大型设备的出口和加强国际竞争能力，鼓励本国的银行对本国的出口商或外国进口商（或银行）提供优惠利率贷款，以解决本国出口商资金周转的困难或满足外国进口商对本国出口商支付货款需要的一种融资方式。

出口信贷具有如下特点。①专款专用的限制性贷款。这种贷款有指定的用途，只准购买与出口项目相联系的出口国的商品。②贷款利率低于市场利率，利差由国家补贴。

许多国家设有专门的出口信贷机构，负责经营和管理该项业务；有些国家则设有专门的政府部门对商业银行的出口信贷予以资助。③出口信贷期限较长，一般为5～8年，但最长不超过10年。④出口信贷的发放与信贷保险相结合。由于出口信贷期限长、金额大，发放贷款的银行存在较大的风险，为解除出口国银行的后顾之忧，出口国一般设有国家信贷保险机构，对银行发放的出口贷款予以担保。

出口信贷主要有买方信贷、卖方信贷、福费廷、信用安排限额、存款安排和混合贷款几种形式。

（二）短期资本流动

短期资本流动是指期限为1年或1年以内的资本流动。一国对外短期资本流动大多借助各种票据等信用工具，这些信用工具包括短期政府债券、商业票据、银行承兑汇票和银行活期存款凭单等。这些短期资本容易转化为货币，因此它可以迅速、直接地影响一国的货币供应量。这一点与长期资本流动不同。

按照资本流动的不同动机，短期资本流动的方式可分为贸易性资本流动、金融性资本流动、保值性资本流动和投机性资本流动。

1. 贸易性资本流动

贸易性资本流动是指由国际贸易引起的国际资本流动。在国际贸易中，出口商通常不要求进口商立即支付全部货款，而允许进口商有一个时期延期支付，当出口商或其开户银行向进口商提供短期延期支付信贷时，进口商的对外债务增加或债权减少，形成贸易融通性的短期资本流动。

2. 金融性资本流动

金融性资本流动也称银行资本流动，是指各国经营外汇的银行和其他金融机构之间的资金融通而引起的国际资本转移。这种资本流动主要是为银行和金融机构调剂资金余缺服务的，其形式包括套汇、套利、掉期、头寸调拨及同业拆借等。银行资本流动金额大、流动频繁，而且涉及外汇业务，对利率和汇率的短期变动有一定的影响。

3. 保值性资本流动

保值性资本流动又称资本外逃（capital flight），是金融资产的持有者为了资金的安全或保持其价值不下降而进行资金调拨转移所形成的短期资本流动。促使保值性资本流动的主要原因：国内政局动荡，资本没有安全保障；外汇汇率波动较大，资本价值面临损失；外汇管制或征税过高，资本的流动性受到威胁等。因此，出现上述情况时，短期资本持有者会将资本抽调到政局稳定、货币币值稳定且外汇管制较宽松的国家或地区，以达到保值的目的。

4. 投机性资本流动

投机性资本流动是指投资者在不采取抛补性交易的情况下，利用汇率、金融资产或商品价格的变动，伺机买卖，追逐高利而引起的短期资本流动。这种资本流动完全以获取差价收益为目的。例如，一国暂时性国际收支逆差会对汇率产生下浮的压力，由于人们认为这种下浮是暂时性的，投机者便按较低的汇价买进该国货币，等待汇率上升后再卖出，这样就可以从汇率变动中赚取投机利润。

三、国际资本流动的特点

（一）20 世纪 90 年代以前国际资本流动的特点

对 20 世纪 90 年代以前这一阶段的国际资本流动的回顾，可以以两次世界大战为临界点来进行分析。

1. 第一次世界大战前国际资本流动的特点

早在第一次世界大战前，当时的工业国家，如英国、法国、德国等国就已有一定规模的资本输出。英国是当时最大的资本输出国，每年资本流出占其国民生产总值的 5%~10%，法国、德国次之。就资本的流向而言，资本输出多集中在北美洲、拉丁美洲和大洋洲（占 1/2 以上），对东亚、中东和非洲等殖民地附属国也有一定比例的输出，法国、德国在俄国、东欧、北欧等地区也有少量资本输出。就资本输出的方式来看，占主导地位的是私人股票、债券的证券投资，且主要投资受款国的公用事业部门。

2. 两次世界大战之间国际资本流动的特点

两次世界大战之间，美国加入了资本输出国的行列，由原来的债务国跃升为净债务国，资本流向以加拿大、拉丁美洲和西欧等国家和地区为主，资本输出方式则主要是政府借贷取代了私人资本借贷。大体上讲，截至第二次世界大战前，世界长期资本输出的规模不大，地区流向、部门结构和资金流动方式等均较单一。

3. 第二次世界大战后至 20 世纪 90 年代国际资本流动的特点

1）从量上看，国际资本流动的规模空前膨胀，外国直接投资规模急剧扩大，其增长速度不仅超过了国民生产总值和工业生产的增长速度，还超过了国际贸易的增长速度，取代国际贸易成为推动世界经济发展的主要力量。

2）从质上看，资本流向、资本输出方式、资本结构等方面发生了深刻的变化。首先，就资本流向而言，对外直接投资的重点由发展中国家转向发达国家，发达国家间的相互直接投资在外国直接投资中占据了主导地位，同时，发展中国家的对外投资获得了很大程度的发展；其次，就资本输出方式而言，第二次世界大战后到 20 世纪 70 年代，国际资本输出中直接投资取代间接投资成为主要投资方式，而 20 世纪 80 年代以后，国际资本流动出现了证券化的趋势，国际证券投资进入繁荣时期；最后，就资本结构而言，第二次世界大战后制造业成为各国对外投资的主体，对金融、保险、邮电、通信等服务业的投资所占比例迅速上升，而对采掘业、石油业等传统部门的投资所占比例迅速下降。

（二）20 世纪 90 年代以来国际资本流动的特点

20 世纪 90 年代以来，国际经济、政治的巨大变化，尤其是 90 年代中期国际金融发展的重大影响，使国际资本市场资金的需求大大增加，资金供给相对趋紧，且流入发展中国家的资金迅速回流发达国家，加大了资金不均衡的发展趋势，投机性资金的流动伴随私人资金融入资本市场趋势上升。20世纪90年代以来国际资本流动的特点主要表现在以下七个方面。

1. 发达国家资金需求上升

主要发达国家（欧洲联盟国家、美国、日本）资金需求的上升，使发达国家既是对外投资的大国，又是引进外资最多的国家，特别是跨国公司已经成为经济全球化的重要力量，这些跨国公司的投资已经渗入各国的几乎所有领域和部门，从而带动资金的迅速流动。

美国从1985年起，从近一个世纪的债权国变为最大的债务国，外债总额从1990年的6 000亿美元上升至2021年初的28万亿美元，财政赤字由3 000亿美元增加到2020年的3.13万亿美元，贸易赤字从同期的1 000亿美元增长至2020年的6 787亿美元，创下自2008年全球金融危机爆发以来的年度最高值。美国既是世界主要的资本输出国，又是最大的资本输入国。

欧洲联盟国家则由于经济复苏的乏力，对资金的需求也有所加大，由主要投资国变为资金需求国。其中，德国由于内部原因及欧洲联盟统一货币达标的需要，在资金上进行了较大的调整，被迫损失了部分资金以解决和调整居高不下的财政赤字及通货膨胀问题，极大地限制了德国对外资金的供给能力。

日本在20世纪80年代中期凭借其经济及金融实力，一跃成为世界头号债权国。1984～1989年，日本海外贷款以每年25%的速度膨胀，到1990年海外债权余额达2万亿美元，2020年底约达10万亿美元，连续30年成为世界最大的资金供给国。但20世90年代以来的泡沫经济使日本政府被迫将挤占国际市场的战略变为从国际市场收缩的战略，股票和债券总额也逐年下降，明显地表露出股票市场国际地位的下降。日本采取资金收缩的原因在于国内结构调整的需要，出口导向转为内需导向，私人消费和国内投资成为经济增长的动力，因而国内资金的需求明显上升，尤其是银行业为适应《巴塞尔协议》对资本充足率的要求，努力增加资本金而收缩放款业务，加之银行不良贷款的负担沉重，使日本对外资金的供给明显减少。

2. 转轨国家与新兴市场国家和地区资金需求旺盛

俄罗斯及东欧等转轨国家因经济调整和改革需要大量资金支持。中东欧国家都是中小国家，本身市场容量小，GDP的1/3甚至1/2靠外贸实现。外贸状况的变化及外债的增加，使该地区丧失了1993～1996年吸收外资的良好势头，1999年以来，由于科索沃问题的影响，吸收外资更加困难。1998年，俄罗斯公布的外债约占其GDP的65%；1999年初，惠誉国际信用评级有限公司已将俄罗斯政府所发行的欧洲债券行定为CCC级，俄罗斯几乎很难在国际金融市场上筹集到外汇资金，1993～1998年流入俄罗斯的国际投资仅为92亿美元。2000年起流入俄罗斯的外资开始增多，仅2001年上半年，俄罗斯共吸引外资66.8多亿美元，比2000年同期增长40.5%。2020年，俄罗斯吸引外国直接投资额仅为14亿美元，与2019年290亿美元相比，降幅高达95%，仅占俄罗斯GDP的

0.1%，远低于 2019 年 1.7% 的占比，是自俄罗斯独立以来最低值之一。1994 年，俄罗斯外资流入创最低水平，其后的 1998 年主权债务违约、2008～2009 年全球危机、2014 年外国直接投资仍居相对高位，分别为 25 亿美元、648 亿美元和 176 亿美元。非洲、拉丁美洲和亚洲发展中国家和地区经济发展金融改革也需要大量资金的支持。亚洲发展中国家的净资本流入从 1990 年的 231 亿美元猛升至 1995 年的 1 041 亿美元，但 1997 年发生了东南亚金融动荡以致发展为亚洲金融危机，整个地区经济金融的恢复需要大量资金支持，而流入资金的数量逐年减少。我国加入世界贸易组织后，作为世界最大的新兴市场，利用外资保持了很高的增长势头，截至 2020 年，我国实际使用外资 1 443.7 亿美元，连续 4 年成为全球第二大引资国。

3. 外国直接投资迅速发展，地区分布有所变化

从 2003 年开始，全球外国直接投资流入量经过 4 年的连续增长，2007 年再增 30%，达到 18 330 亿美元，远远高于 2000 年创下的 13 965 亿美元的历史最高水平。但是 2007 年全球金融危机后，全球外国直接投资流入量呈现下降趋势，2020 年全球外国直接投资金额下降了 42%，从 2019 年的 1.5 万亿美元直接跌落到 8 590 亿美元，甚至比全球金融危机的 2009 年还低 30%。全球外国直接投资的一个新特征是主权财富基金作为直接投资者出现。虽然主权财富基金的历史可以追溯到 20 世纪 50 年代，但是直到近几年参与了一些大规模的跨国并购，并向发达国家某些窘迫的金融机构注入大量资本后，主权财富基金才引起全球关注。虽然主权财富基金以外国直接投资形式进行的投资金额较小，但是近年来持续增加。贸易顺差使储备迅速增加，全球经济基本面发生变化，许多金融公司的财务状况恶化，这些都推动了主权财富基金的活动。主权财富基金约 75% 的外国直接投资投向发达国家，迄今为止对非洲和拉丁美洲的投资都非常有限。主权财富基金的投资集中在服务业，主要是商业服务。

尽管 2007 年下半年开始出现金融和信贷危机，但在三大类经济体——发达国家、发展中国家及转型期经济体（东南欧国家和独联体）中，外国直接投资的流入量都在继续增长。外国直接投资的增长主要反映了世界许多地区较快的经济增长和强劲的公司业绩，特别是发展中国家的外国子公司的利润增长，收益再投资约占外国直接投资总流入量的 30%。在某种程度上，以美元计算的外国直接投资水平创下新高也反映了美元对其他主要货币的大幅贬值。2020 年，发达国家的外国直接投资下降 69%，降至过去 25 年以来最低水平，而发展中国家的外国直接投资仅下降了 12%（外国直接投资 6 160 亿美元），在全球外资中的比例已达 72%。

4. 国际资本证券化趋势加强

研究表明，经济越发达，证券化融资在融资总额中的比例越大。证券化融资既能满足企业对高回报项目长期占用资金的需要，又能向投资者提供高流动性的资金。随着发达国家逐渐放松金融管制，发展中国家加快金融自由化，金融创新向深度和广度的快速发展以及高科技运用于金融市场而产生的推动力，融资证券化已经成为国际金融市场发展的必然趋势，证券融资的比例日渐上升。据统计，1970 年，美国、日本、德国三国超越国界的股票、债券交易占 GDP 的比例都在 5% 以下，而到 1996 年这一比例分别上升到152%、83%和197%。1990～1995年，国际证券发行净额已从164亿美元增加到313亿美元，国际银行贷款规模则有所下降。1998年，国际债券和长期票据市场发行额高达11 425亿美元，1999年则达12 303亿美元，2000年证券市场融资仍相当活跃，较1999年略有上升，约为12 346亿美元。进入2002年后，由于受美股表现欠佳、利率下调的预期等因素的影响，投资者蜂拥而入债市，推动美国国债利率不断下降。另外，由于商业票据发行标准更加严格，许多公司更多地依靠发行公司的债券进行融资，其债务结构也更偏向长期。2007年，美国债市规模扩张了一倍多，其中国债和市政债券的份额呈收缩趋势，但抵押相关和资产支持类债券的份额则明显上升。2014～2019年，全球债券发行量呈震荡上升的趋势，主要在于全球经济下行压力加剧，2019年全球债券发行量达到70 132亿美元，同比增长约19%。2020年，全球债券发行量超过8万亿美元。在发行结构中，发行量最大的是非金融类债券，约占2020年全球债券发行总量的38.3%；其次是金融服务类债券，发行量占比为31.4%。在新兴市场，由于亚洲经济增长情况相当不错，许多投资评级机构调高了亚洲国家债券的级别，与此相反，对拉丁美洲地区债券的需求大大下降，反映了投资者对拉丁美洲经济形势的悲观预期。

5. 国际资金结构变化，私人资本挑战多边机构的贷款和国际援助

按世界银行的划分标准，国际资本流动分为官方发展融资和外国私人资本两种形式。在第二次世界大战后一个很长的时期内，国际资本的流动曾以包括各国政府和国际经济组织在内的官方发展融资占据主导地位。从20世纪70年代中期起，官方发展融资总量尽管还在增加，但其地位和作用大为削弱。私人资本市场的发展在20世纪80年代由于债务危机受到较大的影响，但近几年在国际金融环境大为改观的情况下，国际资本市场中的私人资本开始复苏和回升，并且已经逐步占据主导地位。目前，私人资本流动已占全球资本流动的3/4以上。私人资本扩展与发展主要得益于科技进步和经济全球化的发展。科技进步提高了企业的盈利能力和水平，为增加资本积聚和积累创造了条件，从而出现大量资本过剩，而经济全球化的发展则为过剩资本提供了新的跨国投资和盈利机会，特别是许多发展中国家实行市场经济改革和大规模私有化，并放松金融管制，极大地激发了对资本的需求，为资本的流入创造了前所未有的条件，从而使私人资本流动的主导地位进一步加强。

私人资本中发展最快的当属机构投资者。机构投资者包括共同基金、对冲基金、养老基金、保险公司、信托公司、基金会、捐款基金及投资银行和商业银行，其中共同基金的增长尤其突出。在主要工业化国家，非银行金融机构所持有的金融资产在20世纪90年代中期就已超过其GDP，而在20世纪80年代初，没有一个国家的机构金融资产超过其GDP。机构投资者掌握的金融资产急剧上升的原因是居民家庭储蓄行为的多元化和金融业的开放，如储蓄的机构化管理、居民家庭将银行账户转移到共同基金等。

6. 国际游资规模日益膨胀

经济全球化的显著特点表现为资金在全球资本市场上跨越国界大量快速流动，由此也就产生相应的负面作用，对金融市场和国别经济造成破坏性影响。国际游资包括现金、

银行短期存款、短期政府债券、商业票据、各种衍生产品（如期货与期权合约）、各种基金及其他流动性很强的资产。国际货币基金组织估计，国际上这类游离于商品和劳务之外，以谋利或保值为目的的游资已超过7万亿美元。这类资本来源主要有两大类：一类是证券市场机构投资者所运用的各类基金；另一类是专业投资者从事期货、期权、掉期等衍生工具交易所掌握的资本。

国际游资的存在和发展固然有利于调剂资金余缺，在一定程度上有利于国际金融市场的发展和打破资金市场的垄断，但由于其不择手段的逐利性及极强的流动性，对国际金融市场尤其是外汇市场和证券市场的破坏性影响可想而知。

7. 国际资本流动部门结构发生变化

20世纪90年代以来，随着高新技术产业的兴起和服务业的日益兴旺，国际资本流动主要转向高新技术产业及金融、保险、房地产等非制造业领域。造成这种变化的主要原因在于原材料工业和基础产业投资大、见效慢，因而也增加了投资风险，而高新技术产业、金融、保险等服务业及房地产等非制造业由于高盈利使投资者争相投资，尤其是金融、保险业日益成为投资的热门行业。

第二节 国际资本流动的利益与风险

国际资本流动在性质上是生产要素的国际化配置和配合。国际资本流动的大规模发展对资本输出国和输入国及国际经济势必产生深远的影响。一般地，这种影响是双重的，既有积极影响，又不乏消极影响。

一、国际资本流动的利益

在分析国际资本流动的利益时，分别从长期资本流动对资本输出国和输入国的积极影响及短期资本流动对国内和国际经济的积极影响来分析。

（一）长期资本流动的利益

长期资本流动的期限长、数量大，对经济的长期稳定和持续发展影响较大，并且对资本输出国和输入国经济的积极影响不同。

1. 长期资本流动对资本输出国经济的积极影响

1）提高资本的边际收益。一般来说，资本输出国的资本相对过剩，资本的边际效益递减，预期投资利润率较低，因此，将其输出到资本短缺或投资机会更多的国家或地区能够提高资本的边际效益。

2）有利于占领世界市场，促进商品和劳务的输出。长期资本流动不是简单的货币资本流动，而是包括货币资本、技术设备和生产管理经验在内的总体转移，因此，这有助于扩大资本输出国的出口规模，并推动其国内的发展。

3）有助于克服贸易保护壁垒。在贸易保护主义严重存在的今天，向国外输出长期资本，尤其是直接投资，是绕过壁垒的有效途径。

4）有利于提高国际地位。国际地位取决于经济实力和经济影响力。向国外输出长期资本，一方面可以增强输出国的经济实力，且巨额利润汇回，对扩大资本积累及改善国际收支等起到重要作用；另一方面可以直接影响输入国的经济和政治，甚至整个社会生产，从而有利于提高输出国的国际地位。

2. 长期资本流动对资本输入国经济的积极影响

1）缓和资金短缺的困难。资本输入国尤其是许多发展中国家往往资金短缺，通过输入外国资本，在短期内获得大量资金，可以解决资金供不应求的矛盾，并加大资金投入、促进经济发展。

2）提高工业化水平。长期资本流动在一定程度上能推动资本输入国的产业结构升级与调整，改善生产技术设备的落后状况。

3）扩大产品出口数量，提高产品的国际竞争能力。

4）增加新兴工业部门和第三产业的就业机会，缓解就业压力。

（二）短期资本流动的利益

在短期资本流动中，贸易性资本流动和金融性资本流动比较稳定，并且其影响相对有利。以投机性资本为主的国际资本流动则受国际金融界和各国货币当局的关注，原因在于其流动规模巨大、变化速度快，对一国乃至世界经济和金融造成的影响深远而复杂。因此，在分析短期资本流动的经济影响时更侧重分析短期投机资本或国际游资的影响。

1. 短期资本流动对国内经济的积极影响

1）对国际收支的影响。短期资本流动能调节暂时性国际收支不平衡。当一国国际收支出现暂时性逆差时，该国货币汇率会下跌，若投机者认为汇率下跌只是暂时性的，会买入该国货币并等汇率上升后再卖出获利，这样就形成短期资本内流，从而有利于减少甚至消除国际收支逆差。

2）对汇率的影响。短期资本流动在一定的条件下有助于外汇汇率恢复均衡，这一点在固定汇率制下表现得尤为明显。如果一国的汇率安排不当，本币定值过低或过高，偏离了实际均衡水平，国际游资投机行为将不断冲击这一不当的汇率水平。第二次世界大战后美元贬值，固定汇率制崩溃，便是国际游资使外汇汇率恢复均衡的有力佐证。

3）对货币政策的影响。国际游资在一定程度上可以使货币政策更有效地执行。在存在大量国际游资的情况下，一国为了提高本国汇价水平，可以提高利率，从而引起国际游资的大量流入，以提高汇价。例如，1995年，美联储为了支持美元汇率而提高利率，美元汇率则应势而升。

4）对国内金融市场的影响。国际游资在一定程度上能收到培育和繁荣金融市场的效果。这在金融市场发育成熟的发达国家主要表现为吸引国际游资流向证券市场，并经此将资金配置到有发展前途的产业上。在发展中国家，国际游资则通过其获取暴利的投机行为，对一国国内资金产生示范效应，吸引一些处于观望态度的资金进入目前风险较高的新兴市场，从而客观上刺激了这些市场的发展。

2. 短期投机资本对国际经济的积极影响

1）对经济和金融全球化进程的影响。首先，国际游资的存在便利了国际贸易融资，尤其是短期贸易融资，从而在一定程度上推动了国际贸易的发展，进而推动了经济和金融全球化的进程。其次，国际游资在世界各主要金融市场的套汇、套利活动使国际金融交易中存在的汇率差异和利率差异被迅速拉平，导致世界主要金融市场的价格呈现一体化趋势。更重要的是，国际游资在各国的货币和资本市场之间迅速移动，使各国的资金市场在利率、交易方式、交易条件等方面趋于一致。

2）对国际货币体系的影响。国际游资对布雷顿森林体系汇率安排的冲击，是布雷顿森林体系崩溃的重要原因之一。随着国际游资的迅速壮大，它又对当前的浮动汇率制产生了巨大的影响。国际游资对国际货币体系的另一重要方面——国际收支调节机制也产生了重要的影响。

3）对国际金融市场的影响。首先，国际游资极大地增加了国际金融市场的流动性，有效降低了市场主体交易成本，提高了国际金融市场的有效性。其次，国际游资有力地推动了国际金融市场尤其是衍生金融产品的发展。国际游资的投机活动造成的汇率、利率的频繁波动使衍生金融工具市场的发展有了必要性，而衍生金融工具又因其风险高、收益高而为国际游资的投机活动进一步提供了良好的交易手段，使其自身迅速发展成为可能。衍生金融产品与国际游资相辅相成，得到了共同的发展。

4）对资金国际配置的影响。国际游资由于其内在追求高额利润的冲动，必然寻找高风险、高利润的投资领域，而一般来说，资金缺乏的地区市场风险较高，利润也较高，因此，国际游资的流动在一定程度上符合资金配置的动力要求，促进了资金在各国间的合理配置。

二、国际资本流动的风险

在分析国际资本流动的风险时，分别从国际资本流动的风险效应和国际资本流动影响金融稳定的内在机制来研究。

（一）国际资本流动的风险效应

国际资本流动在促进生产要素的国际化配置和配合的同时会带来资产价格波动、国际收支失衡、资本大规模流出等一系列风险效应，从而对一国乃至全球金融市场的稳定产生不利影响。

1. 经济阻碍效应

一国的资本数量有限，如果输出过多，可能削弱国内投资项目和生产部门的资金供给能力，导致就业机会减少，财政收入下降，甚至引起经济衰退和社会动乱。过量的资本流入可能危及民族经济发展和经济政策的自主性。大量外国资本渗透到国民经济的重要部门，控制众多的工商业，垄断某些行业，都有可能使资本输入国丧失民族经济的发展特色或影响其经济政策的自主权。

2. 国际收支失衡效应

资本流动也会对国际收支的均衡产生消极作用。如果一国国际收支产生逆差，投机者预测该国货币将贬值，因此纷纷撤回资本，或将该国货币换成外国货币。这种资本外逃会加剧国际收支的不平衡。如果投机者预期一国国际收支顺差将导致货币升值，则发生资本内流。此外，各国利率水平的变化也会引起投机性资本流动，这种投机性资本的国际流动越来越频繁，会加剧一国国际收支的不平衡，特别当世界局势发生动荡时，国际游资从一些国家大规模地流进流出，给国际收支的管理造成了极大的困难。因此，各国政府要在不同程度上对国际资本流动加以控制，以避免其可能对本国经济产生的巨大冲击。

3. 资本外逃效应

在货币可以自由兑换的情况下，以游资形式发生的资本突然大量抽逃会对国内金融市场特别是外汇市场造成强烈的冲击，使一些敏感的经济变量（如利率、汇率）变得十分不稳定，如利率上升压力增大，汇率贬值压力也增大，外汇储备面临大量流失的压力。如果游资冲击力量十分强大，而官方外汇储备又不充足，外汇储备可能在短期内被耗竭，国际收支状况在短期内会恶化。在一定的条件下（如居民完全丧失对本币币值和国内金融体系稳定的信心，并且货币可以自由兑换，政府也没有采取有效的应对措施），严重的冲击很可能导致破坏性更大的金融危机爆发。东南亚金融危机就是一个例子。资本突然大量抽逃冲垮了汇市和股市，信心危机转化为金融危机，危机的深化又反过来引发更大规模的资本外逃。

4. 资产价格波动效应

由于高度发达的金融市场中投资者的羊群效应及银行等金融机构道德风险所带来的过度负债和过度投资行为，规模巨大、流动迅速的国际资本极易造成资产价格飞速上涨，形成资产价格泡沫。当资产价格泡沫积累到一定的程度时，来自资产市场的各种内外冲击使资产价格泡沫破裂在所难免。从家庭部门的角度看，资产价格泡沫破裂使家庭部门资产财富发生大幅缩水，财富缩水将削弱家庭部门偿还消费信贷的能力，增加银行部门的不良债权。财富缩水也降低了家庭部门的消费能力，家庭部门消费需求的萎缩又减少了企业经营收益，弱化了企业清偿债务的能力，增加了银行部门的不良资产。从企业部门的角度看，企业因资产价格泡沫破裂而遭受资产损失时，其生产经营能力被削弱，经济效益下滑，清偿债务的能力下降。同时，企业因资产损失会减少投资需求，从而影响其他企业的经营收益和偿债能力。企业偿债能力的下降，无疑会大量增加银行部门的不良贷款率。

（二）国际资本流动影响金融稳定的内在机制

金融市场是国际资本流动的载体，国际资本的流动会对流入国或流出国的金融市场产生一些不利影响。外国资本的大量流入和外国投资者的广泛参与，大大增加了市场的波动性，尤其是在一些机构投资者成为这类国家非居民投资的主体时，国内金融市场的不稳定性表现得更为显著。

1. 国际资本流动与资产价格波动

（1）汇率的波动

大量外国资本在一国金融市场上流动进行交易，必然导致该国外汇市场、借贷市场和股票市场上的交易对象价格波动加剧。国际资本流动有可能引发汇率波动，增加国际金融市场尤其是外汇市场的动荡。巨额资本的国际流动，尤其是短期投机套利资本的频繁出入，使国际金融市场尤其是外汇市场动荡频繁。当国际资本流入某国，导致外币供给增加或对本币需求增加，其他条件不变时，本币对外币升值；反之，则本币对外币贬值。因此，发生大规模的资本净流入时，本币汇率将持续上升；反之，本币汇率将持续下降，造成汇率的动荡。固定汇率制下，大量国际短期资本流入更容易导致宏观经济不稳定。首先，为维持汇率稳定，一国货币当局被迫吸纳流入的外汇资金，使相当部分的流入资本转化为外汇储备，造成货币当局对货币总量的控制能力下降，货币政策失控。其次，在实际汇率升值的情况下，一国可调控短期资本流入并将本币适当贬值。如果该国仍维持名义汇率的稳定，会使实际汇率严重错位，汇率泡沫化严重，并且它容易产生巨大的波及效应和放大效应，在一国引发后，冲击波可以迅速扩散到若干国家。这种效应使各国的国内经济政策和国际干预的效力大大减弱。

（2）利率的波动

国际资本流动有可能引发利率的波动，国际资本流入将导致银行贷款增加和货币供给量增加。货币供给量增加在其他条件不变的情况下导致利率下降，国际资本的流出则导致利率上升。如果大规模的国际资本持续净流出，利率将出现一个上升的过程；反之，利率将出现一个下降的过程。

（3）证券价格的波动

国际资本流动有可能引发证券价格的波动，大规模的国际资本进入或退出可能造成或加剧本国资本市场价格波动的风险。如果本国市场的规模本来就不大，市场的流动性也不充分，那么一定规模的外资流入或流出都会十分显著地影响本国市场的价格走势，加剧市场的波动。国际资本以证券投资的形式流入某国时，将刺激该国证券的需求并引起该国证券价格上升；国际资本以卖出证券的形式流出某国时，将增加该国证券的供给并引起该国证券价格的下降。一旦国际游资进攻一国股票市场，就会造成严重的消极影响。在许多国家，共同基金是外国投资者投资于本国市场的重要方式。这些基金往往拥有巨额资金，其逐利本性决定了其频繁的流动性，若用于投机必会给证券市场价格造成巨大冲击，提高市场价格的波动性，增加市场的不稳定风险。

2. 国际资本流动与资本外逃

资本外逃可以理解为因恐惧和疑虑所导致的资本异常流出。在资本流动自由化条件下，资产持有者可以通过合法途径持有国外资产回避一国异常的投资风险，引起本国资本向其他国家的异常流动，从而对一国金融稳定产生冲击。第一，大规模突发性的资本外逃使本国国际收支状况突然恶化，使本币汇率过度下跌。政府将动用外汇储备以维持现有汇率，使外汇储备大幅下降，从而影响一国的偿债能力和筹资能力，这会进一步加剧国际收支平衡和资本外逃。第二，资本外逃一方面减少了外币的供给，另一方面增加了对外币的需求。在浮动汇率制下，会使本币汇率下跌；在固定汇率制或管理浮动汇率制下，中央银行将动用外汇储备维持一定的汇率水平，使外汇储备迅速减少，投资者产生本币进一步贬值的预期，加速资本外逃，反过来又会加剧汇率下浮，造成汇率水平的超调。第三，使货币政策的有效性大为削弱。例如，中央银行增加货币供给刺激经济增长时，资本外逃使本币需求大幅下降，增加的货币供给成为多余的流动性，无法与实际经济资源结合产生经济效益。

3. 国际资本流动与国际收支失衡

国际游资无论是以本币形式还是以外币形式流动，无论是流入还是流出，都会体现于一国的国际收支中，并主要表现为资本项目中短期资本的变动。在国际短期资本流动中，贸易资金流动、银行资金调拨、保值性流动比较稳定，而投机性流动、安全性流动不但数额巨大，而且变动频繁，从而造成国际短期资本流动变化迅速且缺乏规律性，难以对其进行有效分析。特别是当一国的国际收支顺差由大量的国际游资流入而维持时，这种国际收支结构便处于一种不稳定状态，隐藏着长期内国际收支逆差的可能性。因为国际游资往往对金融市场上的动向相当敏感，一旦未来该国的经济、政治形势恶化，国际游资会大规模地迅速撤出，造成该国国际收支出现严重逆差。因此，国际游资的大规模流动不利于一国国际收支的调节，并可能加剧该国的国际收支失衡。

国际资本流动同样也给国际收支的调节带来一定的难度。国际资本流动迅速、规模巨大，往往使政府的货币政策很难真正贯彻，并且效果大打折扣，有时甚至取得相反效果。例如，当一国国际收支产生逆差，货币可能贬值时，货币当局欲利用外汇平准基金干预汇率，使汇价上升。投机者看准时机，在政府干预时，投资大量涌入，直至货币当局再也无力干涉时，游资又纷纷撤回，使该国货币贬值更甚，国际收支越发不平衡，并且国内经济元气大伤。

第三节 国际资本流动下的国际金融危机

一、金融危机与国际资本流动

（一）金融危机的概念

根据《新帕尔格雷夫经济学大辞典》中的定义，金融危机是指一个国家或几个国家与地区的全部或大部分金融指标，如短期利率、资产价格（包括证券、房地产、土地）、商业破产数和金融机构倒闭数，急剧、短暂和超周期的恶化。金融危机的特征是人们基于对经济发展的悲观预期，区域内出现整体性的货币大幅度贬值，经济总量与经济规模出现较大损失，经济增长受到打击，并且企业大量倒闭，失业率提高，社会出现普遍的经济萧条，有时甚至伴随着社会动荡或国家政治局面动荡。

通常所说的金融危机分为货币危机（currency crisis）、银行危机（banking crisis）、系统性金融危机（system financial crisis）及外债危机（foreign debt crisis）。国际货币基金组织给出了这四种类型危机的定义。

1）货币危机是指当一国货币的交换价值受到攻击，该国货币出现大幅度贬值，迫使该国当局为捍卫本币动用大量国际储备或迅速提高利率从而引发的危机。

2）银行危机是指真实的或潜在的银行挤兑或者破产引发银行纷纷中止国内债务的清偿，或迫使政府提供大规模援助及干预以阻止上述情况的发展。银行危机极易扩散到整个金融体系。

3）系统性金融危机是通过削弱市场功能的有效性对金融市场造成潜在的严重破坏，对真实经济体产生严重的不良后果。系统性金融危机必然包括货币危机，但是货币危机不一定包括对国内支付系统造成严重危害，因此不一定发展成系统性金融危机。

4）外债危机是指国家无力偿还国外债务（主权债务或私人债务）而导致的危机，又称债务危机。

近年来发生的金融危机越来越呈现出混合形式危机的特点。

（二）国际资本流动引发金融危机的过程

金融危机总是和国际资本流动紧密联系在一起。国际资本流动与金融危机的关系通常可以分为以下三个阶段。

1. 初始阶段

国际资本大规模流入，金融危机爆发前，许多国家有巨额外资流入的过程。外资的短期大量流入打破了原来的资本平衡。在一些国家，由于外债管理不严，外债的总量和结构没有得到很好的控制，债务水平过高，短期资本比例过大，并且短期资本用于长期放款。一旦内部经济基本因素恶化，外来冲击加剧，来自国内部门短期债务的偿付需求就会打破外汇市场供求均衡的局面。

2. 发展阶段

巨额资本流入导致内外经济失衡。巨额资本流入一国市场后，刺激了经济的增长，资本随之大幅增值，出现的示范效应吸引了更多的资本流入。相对于资本流入的规模，一些国家市场容量显得狭小，巨额外资流入后，只能大量流向房地产等非生产和贸易部门，形成泡沫经济。

3. 爆发阶段

资本流动倒转导致货币危机的爆发历史证明，如果不能有效地使用大量流入的资本，就会导致整个借贷活动崩溃。没有有效地利用外债，是 20 世纪 80 年代债务危机产生的重要原因，也是东南亚金融危机的导火索。另外，有时在借款人的投资回报无法支付债务利息的情况下，贷款人仍旧不断地予以贷款，这对危机的产生具有一定的促进作用。在市场恐慌情绪逐渐积累并达到危机爆发点以后，投机资本对该货币汇率发动攻击，投资者开始抛售本币，资本流动出现倒转，本币急剧贬值，货币危机爆发。

二、投机性冲击与国际金融危机

20 世纪 80 年代以来，随着资本市场全球化的逐步加深，国际资本流动得到空前发展，国际资本流动规模日益扩大，流动速度越来越快，蕴含的风险也越来越大。不受各国监管当局和国际金融组织监控的私人短期资本，熟练地运用着各种最新的金融工具和交易方式，凭借高超的交易技术，在国际金融市场上自由移动，寻求获利机会。国际资本的这些新特征使国际金融市场的动荡经常发生，投机性冲击频繁发生，且冲击的力度和持续时间不断增加。20世纪90年代以来，新兴市场发生了多次货币危机，与这些危机相伴的就是新兴市场的资本账户开放和国际资本流动的加剧。根据利率平价原理，在资本完全流动的情况下，套利资本的流动会消除一切套利机会，用不同货币表示的同质金融资产在经过风险调整后应该具有相同的收益率。但是，在资本管制的情况下，国内金融资产与国外金融资产不能完全替代，两者的收益率将不一致，表明资本不完全流动。发展中国家因为较长时期实行资本管制，金融市场的竞争不完全、不充分，所以银行的利差较大，并且高于国际金融市场利率。此外，发展中国家对银行存在或明或暗的政府担保和补贴，促使发展中国家的银行在资本账户开放时向国际资本市场过度借贷。因此，发展中国家资本账户开放和其他金融改革增强了套利资本的套利机会，使国际资本大量流入，而发展中国家的经济一旦出现问题，就会使流入的国际资本突然逆转，导致短期内国际套利资本流动性增强，这种较强的资本流动性对制度不健全且已经开放资本账户的国家来说就是一种资本流动风险，它影响了资本账户开放国家宏观经济的稳定。

（一）短期国际资本流动与投机性冲击

国际游资随着国际资本市场规模的扩大、流动速度的加快及流动范围的扩大而不断发展。投机者根据对汇率、利率、证券价格、金价或特定商品价格变动等的预期，在较短时间内突然大规模进行买空卖空等交易，大幅度改变资产组合，并影响其他资产持有人的信心，导致供求不平衡的市场价格面临更大的变动压力或导致市场价格更加不稳定，从而创造获取短期高额利润的机会。这种扰乱市场的突发性行为即投机性冲击。金融创新的一些成果、现代化的电子计算技术、发达的信息与通信技术及自由调动资金的金融管理体制，也为国际游资的投机性冲击提供了便利。

国际游资对攻击一个国家或同时攻击一些国家的货币有特别的偏好，对固定汇率制或有管理的汇率制进行的投机性冲击或货币投机性冲击是常见的。一般而言，在固定或钉住汇率制条件下，一旦国内出现通货膨胀或经济萧条和持续的经常账户逆差，政府关于汇率固定的承诺就会失去可靠性。因为货币贬值的压力很强，政府若勉强维持目标汇率，将使国际储备枯竭。如果投机者对经济基本面因素有较正确的预期（即完全预期），必然会对未来汇率的大幅度贬值提前做出反应。例如，提前以当前的固定汇率购入外汇，在某一时刻市场上的投机者一致抛售本币，抢购外汇，就形成对该国固定汇率制的投机性冲击。随着羊群效应的扩大，政府储备会迅速耗尽，于是固定汇率制崩溃，汇率大幅度贬值。由于有汇率固定或政府维持汇率固定的承诺，实际上货币投机性冲击的风险是很小的。故投机风潮一旦掀起，规模都相当大。

（二）投机性冲击的立体投机策略

投机者利用各类金融工具的交易（即短期交易、远期交易、期货交易、期权交易、掉期交易等）同时在各类市场（如外汇市场、证券市场及各类衍生品市场）做全方位的投机，构成立体投机策略。

典型的投机性冲击策略中用得最多的一种短期资本是对冲基金。对冲基金即投机性投资公司，其目的是利用各种金融和衍生工具来建立激进获利的资产组合。对冲基金的本质在于持有某种商品的多头是因为投机者认为它的价格会上涨，而持有空头则是认为价格会下跌，如果投机者确实对自己的判断有把握，就会借钱来做多或做空，或两个都做。据总部设在波士顿的一家咨询调查公司公布的报告，对冲基金具有如下鲜明特点：①经常脱离本土在境外活动；②在市场交易中的负债比率非常高，往往从银行借入大大超过其资本数量的资金进行投机活动；③大量从事衍生金融工具交易；④多为私募；⑤属于跨行业、跨地区和跨国界的投资基金。这些特点使对冲基金的投机性特别强。

（三）20 世纪 80 年代以来典型投机性冲击与金融危机回顾

第二次世界大战后的布雷顿森林体系时期，国际私人资本日益强大。国际游资对货币的投机性冲击力度越来越强，并且屡屡得手，这一时期比较典型的是 1967 年末的英镑危机、1969 年 8 月的法国法郎危机及 1971～1973 年的美元危机。如果说布雷顿森林体系崩溃的根本原因是体系内在的缺陷，那么体系崩溃的直接诱因则是国际短期游资对基准货币美元的投机性冲击。

布雷顿森林体系崩溃后，在世界范围内掀起了放松管制、强化市场机制、推动经济自由化和金融深化的浪潮。相应地，国际金融市场日益自由化和全球化，加之现代化通信手段和计算机网络技术的应用，金融衍生工具和交易手段层出不穷，国际资本流动更得到了空前的发展。在投机性冲击频频发生的情况下，20 世纪 90 年代国际金融领域发生了影响范围广、程度深的三次大的金融危机，即欧洲货币危机（1992～1993 年）、墨西哥金融危机（1994～1995 年）和亚洲金融危机（1997～1998 年）。

1. 欧洲货币危机

1991 年 12 月，《欧洲联盟条约》（即《马斯特里赫特条约》，简称《马约》）在荷兰签署，欧洲共同体演化为欧洲联盟，各国朝着货币一体化方向迈出了关键一步。《马约》就货币联盟制定的目标是统一货币、建立欧洲中央银行。加入欧洲货币体系（European Monetary System，EMS）的成员国货币之间实行联合浮动汇率制，创立了欧洲货币单位（ECU），并制定了各成员国货币与 ECU 的法定中心汇率。于是各成员国之间形成固定汇率制度，对外则实行联合浮动。在欧洲货币危机发生之前，德国状况好于其他国家，德国马克属于"硬币"。经济状况好转使德国马克在欧洲货币单位中的比例上升，而英国、意大利因经济发展状况欠佳，其货币在欧洲货币单位中的比例下降。德国马克升值，意味着欧洲货币单位也在升值，英镑、意大利里拉（已被欧元取代）、芬兰马克（已被欧元取代）、西班牙比塞塔（已停止使用）、葡萄牙埃斯库多（已采用欧元）等均有不同程度的币值高估，欧洲货币体系内部力量已经失衡。在外汇市场上"软币"沽压增大时，德国又提高了利率，结果导致英镑、意大利里拉、法国法郎、西班牙比塞塔等货币被大规模抛售，巨大的贬值压力为国际投机者提供了机会。

投机性冲击出现于 1992 年下半年，最早遭受冲击的货币是芬兰马克和瑞典克朗。芬兰和瑞典当时都不是欧洲货币体系的成员国，但它们都希望加入，并将本国货币与

ECU 中心汇率相联系。在投机性冲击下，芬兰迅速放弃了固定汇率，于 1992 年 9 月 8 日大幅贬值，瑞典政府则坚决保卫克朗，将短期利率提高到年率 500%，最终击退了投机性冲击。同时，英镑和里拉持续遭到冲击。9 月 11 日，欧洲货币体系同意里拉贬值 7%，尽管德国中央银行花费了 240 亿德国马克支持里拉，但 3 天之后里拉还是退出了欧洲货币体系。此时，英格兰银行为保卫英镑已损失数十亿美元，但在 9 月 16 日还是被迫允许英镑自由浮动。法国法郎也遭受投机性冲击，但通过法国、德国两国的共同干预及法国大幅度提高利率，法郎币值得到回升。1993 年 8 月，作为欧洲货币单位的构成货币，除德国马克和荷兰盾（已停止使用）外，其他货币汇率波动幅度扩大到 15%（原定为 2.25%），欧洲货币体系处于半瓦解状态。欧洲货币危机加剧了西欧各国经济的衰退，证券市场也走向低迷。

2. 墨西哥金融危机

1994 年底，中美洲的墨西哥爆发了严重的金融危机。墨西哥在 1982 年发生债务危机以后，在国际货币基金组织的监督下进行新自由主义的经济改革，最主要的措施有两项：一是减少和改变国家的经济作用、削减公共开支和对国有企业实行私有化，二是实行贸易自由化和开放经济。1987 年重新固定比索（已弃用）与美元的汇率，1989 年 1 月改为爬行钉住汇率制，1991 年 12 月又变为目标浮动区间汇率制，并逐步扩大比索允许波动的范围。这一系列经济改革措施收到一定的成效，墨西哥国民经济稳步回升，逐步发展成为世界上经济具有活力的地区。但是到了 1994 年 1 月 1 日，墨西哥的恰帕斯州发生了暴乱。2 月 4 日，美联储将联邦基金利率提高 25 个基点（由 3%升至 3.25%），这引起全球加息的风潮。此后，美国曾数次提高官方利率。美国提高利率给墨西哥金融市场带来了很大压力，因为短期资本很可能为寻求高利率而抽逃。此时，墨西哥国内政治局势也日趋紧张。在内外交困下，比索贬值的预期和传闻不断加强，资本纷纷外逃。1994 年 12 月 20 日，墨西哥政府被迫宣布比索兑美元汇价的干预上限放宽 15%，其目的是将比索币值稳定在一定的幅度内，并允许每天上浮 0.000 4 比索。这一举措引起了资本市场恐慌，外资大规模撤出，股市暴跌。中央银行的干预措施使市场利率急剧上升，同时国家外汇储备不断降低。12 月 30 日，墨西哥政府不得不宣布比索贬值，然而贬值后的新汇率立即受到投机性冲击，墨西哥政府不得不转而实行浮动汇率制。此后的经济状况和政治局势使外国投资者极度恐慌，资金继续外逃，银行受到挤兑，经济陷入危机。在浮动汇率制下比索持续贬值，到 1995 年，比索在外汇市场上连创新低，股票市场价格也持续下降。

3. 亚洲金融危机

20 世纪 80 年代～90 年代初，东南亚各国加快金融自由化的步伐，经济快速增长，被称为"东南亚奇迹"。但进入 90 年代中期以后，劳动力成本的上升使产品的国际竞争力有所下降，一些国家出现经常账户的逆差。由于不能及时地提升产业结构，提高产品竞争力，继续涌入的外部资金及国内投资普遍形成泡沫经济和房地产投资过热。以泰国为例，1996 年的外债余额已达 900 亿美元，其中短期外债就高达 400 亿美元，超过其 1997 年初的外汇储备水平。另外，由于投资过热，特别是房地产投资过度，1997 年初，泰国金融机构的坏账已超过 300 亿美元。于是公众及外国投资者开始担忧泰国的经济状况和金融秩序，货币贬值的预期不断集聚。国际投机者也不断积蓄能量，准备大规模的投机性冲击。2 月，以索罗斯为首的国际对冲基金开始接连地对泰铢发动攻击；从 4 月下旬开始，对冲基金开始大量抛售泰铢，买入美元，并引起投资者的跟风。泰国中央银行不惜血本入市干预，经过反复较量，有 200 多亿美元外汇储备的泰国中央银行终感力不从心。7 月 2 日，泰国宣布泰铢和美元脱钩，实行浮动汇率制，放弃了自 1984 年以来实行了 13 年的固定汇率制，泰铢即开始大幅度贬值，对美元的汇率当即下跌了 20%。国际炒家冲击泰铢的手法是直接打压现货，基本策略是先在资金市场上借钱，然后在现货市场大肆抛售，并引起其他投资者的跟风，中央银行进行干预，动用外汇储备，买入本币，同时提高本币利率，增加投机资金的成本。但提高利率会对本币股市产生较大的负面影响，而中央银行一旦抵挡不住货币贬值的压力，投机基金所借的资金就变得十分低廉，则它自然就赚钱了。泰国的金融危机迅速波及周边的菲律宾、马来西亚、印度尼西亚，甚至曾被国际评级机构誉为最能防御外来冲击的新加坡货币也未能幸免，在 3 个月内贬值 13%。10 月以后，危机扩散到韩国，韩元对美元大幅度贬值，同时韩国经济也陷入深度经济危机。

可以看出，国际游资在三次危机中均扮演了导火索的角色，并在危机发展中起了推波助澜的作用。

三、美国次贷危机

2007 年，美国次级抵押贷款市场爆出空前的危机。随后，这股从美国刮起的金融飓风迅速袭遍全球，演变成为世界性金融危机，在国际范围内引发了剧烈的动荡，给国际金融市场带来了巨大的冲击。随着房利美、房地美被美国政府接管及雷曼兄弟的破产，国际金融市场再次迎来了"惊心动魄"的时刻。尽管各国政府采取了大规模的救市行动，但各国的金融体系仍然面临着巨大的威胁。

（一）次级抵押贷款概述

美国抵押贷款市场的次级（subprime）及优惠级（prime）是以借款人的信用条件作为划分界限的。根据信用的高低，放贷机构对借款人区别对待，从而形成两个层次的市场。信用度低的人申请不到优惠级抵押贷款，只能在次级市场寻求贷款。两个层次的市场服务对象均为贷款购房者，但次级市场的贷款利率通常比优惠级抵押贷款高2%～3%。

次级抵押贷款是指一些贷款机构向信用程度较差和收入不高的借款人提供的贷款。次级抵押贷款具有良好的市场前景。因为它为那些受到歧视或者不符合抵押贷款市场标准的借款者提供按揭服务，所以在少数族裔高度集中和经济不发达的地区很受欢迎。

次级抵押贷款对放贷机构来说是一项高回报业务，但由于次级抵押贷款对借款人的信用要求较优惠级抵押贷款低，借款者信用记录较差，因此次级房贷机构面临的风险也更大。对借款者个人而言，违约会使其再融资难度加大，丧失抵押品的赎回权，以及无法享有房价上涨的收益。而且，任何一个借款人的违约对借款者所居住地区都有不良影响。据芝加哥的一项调研，如果一个街区出现一起违约止赎，则该街区独立式单一家庭住房平均价值将下跌 10%，而如果一个地区出现较集中的违约现象，则该地区的信用度会严重降低。

美国次级抵押贷款客户的偿付保障不是建立在客户本身的还款能力基础上的，而是建立在房价不断上涨的假设之上的。在房市火爆的时候，银行可以借此获得高额利息收入而不必担心风险。但如果房市低迷，利率上升，客户的负担将逐步加重，当这种负担到了极限时，大量违约客户出现，不再支付贷款，造成坏账，此时次级债危机就产生了。自 2005 年第四季度以来，美国的住房市场出现低迷，新建房和存量房的销售量开始下降，房价也开始走低，住宅市场的周期波动不仅影响了美国经济，还给银行和金融业带来了不小的冲击，其中，次级抵押贷款危机成了影响美国及全球金融市场的导火索。次级抵押贷款的基本特征可归纳为以下四个。

1）个人信用记录比较差，信用评级得分比较低。美国个人消费信用评估公司（FICO）将个人信用评级分为五等：优（800 分及以上）、良（740～799 分）、一般（670～739 分）、差（580～669 分）、不确定（580 分以下）[①]。次级抵押贷款的借款人信用评分多在 620 分以下，除非个人可支付高比例的首付款，否则根本不符合常规抵押贷款的借贷条件。

2）贷款房产价值比和月供收入比较高。美国的常规抵押贷款与房产价值比多为 80%，借款人月还贷额与收入之比为 30%左右。次级抵押贷款与房产价值比平均为 84%，有的超过 90%，甚至高达 100%，这意味着借款人的首付款不足 20%，甚至是零首付，那么，在没有任何个人自有资金投入的情况下，银行就失去了借款人与银行共担风险的基本保障，其潜在的道德风险是显而易见的。借款人还贷额与收入比过高，意味着借款人收入微薄，还贷后可支付收入有限，其抗风险的能力也比较弱。

3）少数族裔占比高，且多为可调利率或只支付利息和无收入证明文件贷款。美国抵押贷款银行协会的调查表明，37.8%的次级抵押贷款借款人是拉丁美洲移民，53%是非裔美国人。这些少数族裔居民基本没有信用史料，也无收入证明文件。次级抵押贷款 90%左右是可调整利率抵押贷款；30%左右是每月只付利息，最后一次性支付大额抵押贷款或重新融资。这类抵押贷款开始还贷款时负担较轻、很诱人，但积累债务负担较重，特别是当利率走高、房价下跌时，重新融资只能加重还贷负担。

4）拖欠率和取消抵押赎回权比率较高。由于次级抵押贷款的信用风险比较大，违约风险是优惠级住房贷款的 7 倍，因此，次级抵押贷款的利率比优惠级住房抵押贷款高 350 个基点，且 80%左右为可调整利率。当贷款利率不断下调时，借款人的还贷负担随之减轻。但是当贷款利率不断上调时，借款人的债务负担随着利率上调而加重，导致拖欠和取得抵押赎回权的风险加剧。2007 年，次级抵押贷款的拖欠率（拖欠 30 天）和取消抵押赎回权的比率分别高达 13.33%和 4%，远远高于优惠级抵押贷款 2.57%的拖欠率和 0.5%的取消抵押赎回权比率。

（二）次贷危机产生的原理

次贷危机始于美国房地产市场。"9·11"事件后，在宽松货币政策、积极减税政策

---

① FICO Scores by Percent of Scorable Population[EB/OL].https://www.myfico.com/credit-education/what-is-a-fico-score.

的刺激下，美国的住房消费需求迅速增长，而全球流动性过剩亦使房贷市场供大于求，消费者和金融机构的风险偏好普遍增强，房屋抵押贷款快速增长，并推动了房价迅猛上涨。但随着美联储货币政策的紧缩和油价不断上涨，美国经济复苏放缓和居民收入增速下降，消费者还贷压力不断加大，违约风险开始集中暴露，房价也开始下跌。

具体来看，在美国已实施证券化的次级抵押贷款中，大约75%属于可调整利率抵押贷款，而2004年6月～2006年6月，美联储连续17次上调联邦基金利率，基准利率从1%上调至5.25%。因此，基准利率上调导致次级抵押贷款借款人的还款压力不断加大。在房地产价格不断上升的背景下，如果次级抵押贷款借款人不能还款，那么他们可以申请房屋重新贷款（refinance），用新申请的贷款来偿还旧债。如果房地产价格上涨显著，则借款人在利用新债偿还旧债之后还可以获得部分现金以作他用（cash out）。然而，如果房地产价格持续下降，即使借款人申请房屋重新贷款，也不能完全避免旧债的违约。如果房地产价值下跌到低于未偿还抵押贷款合同金额的水平，很多借款人可能直接违约，让贷款机构收回抵押房产。一旦次级抵押贷款的整体违约率上升，就会导致次级抵押贷款支持证券的违约风险相应上升，这些证券的信用评级将被独立评级机构显著调低，市场价格将大幅缩水。在次级抵押贷款支持证券中，投资银行、商业银行和对冲基金大约持有其中的56%。次级抵押贷款的违约率上升将导致上述机构持有的次级抵押贷款支持证券的市场价值大幅缩水。截至2008年4月，在跨国金融机构中资产减记规模前十位中，有九位为商业银行和投资银行。其中，资产减记规模最大的前三位分别为花旗集团、瑞银和美林，资产减记规模分别为391亿美元、377亿美元和291亿美元。

美国的商业银行投资了大量的次级抵押贷款支持证券。次贷危机的爆发造成次级抵押贷款支持证券的市场价值下跌，给实施以市定价会计记账方法的商业银行造成巨额的资产减记与账面亏损。次贷危机造成商业银行的资本金发生亏损后，在不引入新增股权投资的前提下，为满足自有资本充足率规定，商业银行不得不降低风险资产在资产组合中的比例，这也会导致商业银行的惜贷行为。换句话说，资产价格下跌导致信贷市场出现持续紧缩，这表明危机从资本市场再度传导至信贷市场。

最后，在经济全球化与金融自由化日益加深的背景下，次贷危机也迅速从美国金融市场传导至全球金融市场，从美国实体经济传导至全球实体经济，主要渠道包括以下几个。第一，美国经济减速将导致美国进口需求下降，美联储降息导致美元相对于主要货币大幅贬值，从而将对贸易伙伴国的出口行业构成冲击。对于出口导向的新兴市场经济体而言，美国经济下滑一方面直接减少美国本国的进口，另一方面将通过影响全球其他国家的宏观经济增长而影响其他国家的进口。对于出口导向经济体而言，这将显著拖累其宏观经济增长。第二，次贷危机将造成全球短期资本流动的波动性加剧。2008年上半年，新兴市场国家股市与美国股市同步下跌，很大程度上是由跨国金融机构在全球范围内降低风险资产比例的调整行为所致。美国政府应对危机的宽松货币政策加剧了全球流动性过剩的格局，导致流入新兴市场国家的国际游资从2008年下半年起急剧增长，从而吹大这些国家的资产价格泡沫。最终国际游资的突然撤出则可能刺破资产价格泡沫，导致下一轮金融危机爆发。第三，美联储持续降息造成美元大幅贬值，推动了全球能源和初级产品价格大幅上涨，为其他国家注入了通货膨胀压力。在经济增速放缓的前提下，这可能导致全球经济陷入滞胀困局。第四，美元大幅贬值造成其他国家持有的外汇储备资产的国际购买力显著缩水，这减轻了美国的对外债务负担，但造成其他国家的国民财富损失。

（三）次贷危机对我国的影响

1. 政府方面

截至 2007 年 6 月，我国政府持有超过 4 000 亿美元的机构债、公司债等非政府债券。因为没有我国持有债券类型的详细分类数据，无法具体计算其损失情况。如果以 3%的损失计算，我国持有的这些非政府债券的损失应该为 120 亿美元左右。另外，投资百仕通集团的 30 亿美元损失最多时高达 10 亿美元，投资巴克莱银行的投资损失情况不明。而根据高盛、摩根士丹利、巴黎银行等国际投资银行的计算，我国在债券市场的损失约为 100 亿美元，其中主要是中央银行持有的债券损失。

2. 银行方面

在中国的金融机构中，中国银行、工商银行、交通银行、建设银行、招商银行和中信银行等六家金融机构购买了部分次级按揭贷款，但由于我国国内监管部门对金融机构从事境外信用衍生品交易管制仍然比较严格，这些银行的投资规模并不大。据美国金融机构估计，这六家银行次级债亏损共约 49 亿元人民币。针对这种猜测，这些银行的管理层也表示，由于涉及次贷危机的资金金额比重较小，带来的损失对公司整体运营而言，影响非常轻微。

3. 资本市场方面

原本相对孤立的我国资本市场正逐渐融入全球资本市场，最大的表现就是我国股市的走势一定程度上受到国际资本市场的影响。自 2008 年 1 月 14 日美国大型金融机构纷纷宣布巨额亏损之后，其股市相应出现一定程度的下跌。但是我国上证指数则从 1 月 14日的 5 500 点左右一路暴跌，2008 年最低跌至 1 664 点，成为我国股市历史上又一次大灾难。

4. 房地产市场方面

美国次贷危机的发生对我国的房地产市场具有一定的警示作用，世界上没有只上涨不下跌的产品，房地产也一样。一方面，巨大的房地产泡沫不仅让购房者感觉无力负担，甚至让房地产开发商都觉得胆战心惊，在这样的背景下，美国次贷危机的发生，给国内相关的政府部门、房地产从业人员、相关投资者及潜在的购房者造成了巨大的心理冲击。另一方面，欧美国家的金融机构纷纷将全球市场的资本撤回本国。外资投资的物业一般是高端公寓、别墅及写字楼，因此，金融危机也直接影响了我国这些高端房地产市场。具体表现为：自 2007 年 7 月以来，各大城市的房地产市场尽管价格仍然保持稳定增长，但是成交量逐渐萎缩，大量的房产中介机构由于生意清淡纷纷裁员或倒闭；2008 年初，房地产市场供给双方进入观望期，部分城市的房价出现松动；2008 年下半年，在密集宏观调控和经济危机的双重挤压下，房市逐步陷入困境，房屋交易量价齐跌，开发商资金链濒临断裂。为扭转房地产市场的低迷状况，我国宏观调控政策由紧转松，出台了一系列优惠政策。伴随着宏观经济的回暖，2009 年房地产市场迅速复苏，土地交易持续活跃、房价快速上涨，投机行为又趋抬头，进而引发了新一轮宏观调控。

2010～2012 年，国家出台了一系列调控政策，一线城市房价调控目标集中出台，大部分一线城市房价得到一定程度的控制。2013 年"新国五条"的出台，释放了政策将持续从紧的信号。2014 年，"9·30"房贷新政策的实施则有力地刺激了大量需求入市，尤其是改善型需求，该政策的出台使全国各地楼市迎来成交高峰。

思考与练习

简答题

1. 简述国际资本流动的类型。
2. 简述长期资本流动和短期资本流动的利益。
3. 简述金融危机的类型。
4. 简述美国次贷危机对我国的影响。

第六章　外汇市场和外汇交易

📖 **学习目标**

- 了解外汇市场的概念、特点。
- 掌握外汇银行、外汇经纪人、非金融机构和个人中央银行外汇市场的主要参与者。
- 了解伦敦外汇市场、纽约外汇市场、东京外汇市场、新加坡外汇市场等主要外汇市场。
- 掌握外汇交易的概念。
- 了解外汇交易的惯例和程序。

📚 **关键词**

外汇市场　外汇交易

⚙ **案例导入**

人民币对美元汇率继续上涨是好事还是坏事

2021 年 4 月 1 日，兑换 10 万美元大概需要 65.7 万元人民币，而在不到 1 个月的时间内就只需要约 63.7 万元人民币，可以节约 2 万元人民币。4 月 1 日，人民币开始新一轮的强势升值，在不到 1 个月的时间内大概上涨 2 000 个基点。事实上，人民币对美元汇率上涨已历时整整 1 年。2020 年 5 月 29 日，银行间外汇市场人民币汇率中间价为 1 美元对人民币 7.131 6 元，之后一直上涨。

人民币升值的同时，国际大宗商品价格因为一系列因素也一路走高，让作为全球重要原材料进口国的我国面临着输入性通货膨胀的巨大压力。2021 年 5 月全球主要商品价格已经显著高于新冠疫情发生前的水平，国内输入性价格上涨特征明显。美国现货综合指数自 2020 年 6 月～2021 年 5 月已快速上涨 32.3%，同期国内南华综合指数上涨 29.3%，铜、铝、不锈钢、原油、化工材料、铁矿石、煤炭纷纷涨价。

在国际大宗商品价格高涨背景下，通过人民币升值以帮助对抗输入性通货膨胀的呼声渐高。不过从另一角度看，人民币升值令出口企业承受了巨大压力。中国外汇投资研究院院长谭雅玲并不赞同用汇率变动来对冲大宗商品涨价的输入性通货膨胀的观点。她表示，新冠疫情发生以来我国经济恢复良好，其中出口扮演了非常关键的作用。但 2020 年以来，出口企业面临着人民币升值、运费上涨及原材料涨价多重压力，企业利润受到严重挤压。

2021 年 5 月 27 日，人民币对美元汇率继续上涨，离岸、在岸人民币分别升破 6.37 和 6.38，均已创下 3 年新高。但是以国际大宗商品价格不断上涨为背景，作为全球重要的原材料进口国，同时也是全球最大货物出口国的我国，人民币升值带来更为复杂的局面。

（资料来源：倪浩，2021. 创三年新高，人民币升值影响多大[EB/OL].（2021-05-28）[2022-01-14].
https://finance.huanqiu.com/article/43IpiIjeOIF.）

第一节 外汇市场

外汇市场确定了一种货币（本币）以另一种货币（外币）表示的价格。一般而言，我们把每种货币与一个国家联系在一起，并且假设在国内交易中只有本国货币是可以接受的。这个惯例是外汇市场存在的必要而非充分条件。通常认为，国际贸易是外汇市场建立的主要原因。在国际贸易中，债权债务的清偿需要用一定数量的一种货币兑换另一种货币，这个问题的解决则需要依靠外汇市场交易。

一、外汇市场的概念

外汇市场是指由银行等金融机构、自营交易商、大型跨国企业参与的，通过中介机构或电信系统联结的，以各种货币为买卖对象的交易市场。外汇市场可以使市场参与者实现调剂外汇资金的余缺、规避外汇风险的目的。中央银行可以利用外汇市场进行稳定汇率的相关操作，对于国际短期资金的大量流动而造成的外汇市场货币汇价暴涨或暴跌，中央银行可以通过在外汇市场上大量抛出或买进相关货币，以稳定汇率。

二、外汇市场的功能

外汇市场作为国际经济联系的纽带，集中地反映了国际经济、国际金融的动态和各国汇率变化的趋势，为促进国际贸易的发展、国际投资和各种国际经济往来的实现提供了便利条件。外汇市场的功能主要表现在以下五个方面。

1. 反映和调节外汇供求

一国对外经济、贸易的收支及资本金融项目的变化都是最终反映到外汇市场供求状况上，政府、企业、个人通过外汇市场可以解决自己的外汇供求问题。

2. 形成外汇价格体系

银行接受顾客买卖外汇的指令后，需要在银行间市场进行调节，因而自然产生外汇的供需，加上银行本身自发性的供需，在市场通过竞价过程便会产生汇率，随后，银行对顾客交易的汇率再根据上述银行间成交汇率加以确定。

3. 实现购买力的国际转移

国际经济交易必然会产生国家之间的债权债务关系，需要进行国际支付，把货币购买力从债务人所在国向债权人所在国转移。进行国际支付，债务人一般要通过外汇市场把本国货币兑换为债权人所在国货币，将其汇兑和支付给债权人，债权人获得一定数量的货币，从而获得一定的购买力，使国际经济交易得以进行下去。结清国际债券债务关系，实现货币购买力的国际转移，是外汇市场基本的功能。

4. 提供外汇资金融通

外汇市场通信设施完备，经营手段先进，资金融通便捷，是理想的外汇资金集散中心,从而成为世界资本再分配的重要渠道,为银行外汇业务提供平衡头寸的蓄水池作用。由于闲置的外汇资金大量涌向外汇市场,为外汇需求者提供了越来越多的可筹资金,还对促进国际贸易发展、投资的国际化起着不可忽视的作用。同时,外汇市场也为金融资本的输出、国际垄断资本的对外扩张和外汇投机等提供了角逐场所。

5. 防范外汇风险

在浮动汇率制度下,汇率经常性地剧烈波动直接影响国际贸易和国际资本流动。外汇市场通过各种外汇交易活动(如远期外汇买卖、期货或期权交易等),可以减少或消除外汇风险,促进国际贸易的发展。

三、外汇市场的特点

近年来,外汇市场出现了一些新的特征或趋向:全球外汇市场交易量加速增长,外汇交易主要集中于欧洲和美国,外汇市场上即期交易的重要性下降,电子经济的市场份额和影响上升,外汇市场集中程度趋强。

(一)以无形化为主要形式

外汇市场可以是有形的,又称具体的外汇市场;也可以是无形的,又称抽象的外汇市场。无形外汇市场已成为当前外汇市场的主导形式。这主要是由于外汇交易的参与者来自各个不同的国家,交易范围极广,交易方式也日渐复杂,参加交易的成本显然高于通过现代化通信设施进行交易的成本。

1. 有形外汇市场

有形外汇市场有固定的交易场所,且外汇交易所有固定的营业日和开盘收盘时间,外汇交易的参与者于每个营业日规定的营业时间集中在交易所进行交易。

有形外汇市场的主要特点:一是外汇交易所通常位于世界各国的金融中心;二是从事外汇业务经营的双方都在每个交易日的规定时间内进行外汇交易。在自由竞争时期,西方各国的外汇买卖主要集中在外汇交易所。但进入垄断阶段后,银行垄断了外汇交易,致使外汇交易所日渐衰落。

2. 无形外汇市场

无形外汇市场无一定的开盘收盘时间,无具体交易场所,交易双方通过电话、电传、交易终端、网络或其他通信传输手段进行交易。英国、美国、加拿大、瑞士等国的外汇市场均采取这种柜台市场的组织方式。

无形外汇市场的主要特点:一是没有确定的开盘与收盘时间;二是外汇买卖双方无须面对面交易,可以凭借电话、电传、交易终端、网络或其他通信传输手段进行交易。三是各主体之间有着较好的信任关系,否则这种交易难以完成。

目前,除了个别欧洲大陆国家的一部分银行与顾客还在外汇交易所进行外汇交易外,大多外汇交易都通过现代通信网络进行。

（二）24 小时不间断运行

全球各外汇交易中心交易的都是国际主要货币，由于交易对象的一致性，各地市场的价格具有很强的敏感性、相关性和传导性。这些外汇市场以其所在的城市为中心，辐射周边的其他国家和地区。由于所处的时区不同，各外汇市场在营业时间上此开彼关，它们之间通过先进的通信设备和计算机网络连成一体，市场的参与者可以在世界各地进行交易，外汇资金流动顺畅，市场间的汇率差异极小，形成全球一体化运作、从周一至周五全天 24 小时不间断运行的统一的国际外汇市场。全球金融中心都积极参与外汇交易，所以在一天的任何时间都有不同的交易机会，交易者可以在一天的任何时间随时进入市场，对全球的发展方向做出即时的反应。

（三）金融创新层出不穷

自 20 世纪 70 年代后期美元危机进一步激化后，浮动汇率制开始普遍实行。如何防范因为汇率频繁波动而产生的外汇风险成为一个被人们关注的问题。因此，多种防范汇率风险的金融创新层出不穷，如货币互换交易、货币期权交易、货币期货交易等，并且这些外汇交易与资本市场交易日趋结合，从而使整个外汇市场的交易活动更加多样化。

（四）公开、透明

外汇市场是信息透明、符合完全竞争市场理性规律的金融市场。在外汇市场上，发布各类经济数据、对货币政策进行宏观调整的主体是各国的政府部门和财经监管部门，这些主体的信用远高于其他金融市场。同时，西方国家对每个月所公布的经济数据均有固定的、公开的时间，而且基本上是对全球各大重要信息中介同时公布，不存在信息迟滞和误导等问题。

（五）政策干预低

虽然一国的中央银行会对外汇市场进行一定的干预活动，但其干预能力在这个容量巨大的外汇市场上并不突出，因为买卖双方阵营中随时都有大型金融机构和为数众多的普通交易者存在并不断地参与交易活动，所以任何机构或个人都不能操纵市场。

扩展阅读

2023 年人民币国际化报告

2022 年以来，中国人民银行以习近平新时代中国特色社会主义思想为指导，认真贯彻落实党中央、国务院决策部署，坚持稳中求进工作总基调，坚持改革开放和互利共赢，统筹发展和安全，有序推进人民币国际化，服务构建新发展格局和经济高质量发展，人民币国际化稳中有进，呈现一系列新进展、新变化。

跨境人民币业务服务实体经济能力增强。跨境人民币业务制度基础更加完善，本外币政策协同强化，经营主体使用人民币跨境结算以规避货币错配风险的内生动力增强。2022 年，银行代客人民币跨境收付金额合计为 42.1 万亿元，同比增长 15.1%。

其中，货物贸易人民币跨境收付金额占同期本外币跨境收付总额的比例为 18.2%。2023 年 1~9 月，人民币跨境收付金额为 38.9 万亿元，同比增长 24%。其中，货物贸易人民币跨境收付金额占同期本外币跨境收付总额的比例为 24.4%，同比上升 7%，为近年来最高水平。

人民币融资货币功能提升。境内银行境外贷款、境外机构境内债券发行等政策相继出台，人民币投融资环境持续改善。2022 年末，国际清算银行（Bank for International Settlements，BIS）公布的人民币国际债务证券存量为 1 733 亿美元，排名升至第 7 位，同比提升 2 位。环球同业银行金融电信协会（Society for Worldwide Interbank Financial Telecommunications，SWIFT）数据显示，2022 年末，人民币在全球贸易融资中占比为 3.91%，同比上升 1.9%，排名第 3 位。2023 年 9 月，人民币在全球贸易融资中占比为 5.8%，同比上升 1.6%，排名上升至第 2 位。

离岸人民币市场交易更加活跃。2022 年，中国人民银行与香港金融管理局（以下简称香港金管局）签署常备互换协议，并扩大资金互换规模，进一步深化内地与香港特别行政区金融合作。2022 年以来，先后在老挝、哈萨克斯坦、巴基斯坦、巴西新设人民币清算行，海外人民币清算网络持续优化。2022 年末，主要离岸市场人民币存款余额约 1.5 万亿元，重回历史高位。BIS 2022 年调查显示，近三年来人民币外汇交易在全球市场的份额由 4.3% 增长至 7%，排名由第 8 位上升至第 5 位。

下一阶段，中国人民银行将坚持以习近平新时代中国特色社会主义思想为指导，认真贯彻落实党的二十大部署，以市场驱动、企业自主选择为基础，有序推进人民币国际化。聚焦贸易投资便利化，进一步完善人民币跨境投融资、交易结算等制度和基础设施安排，加快金融市场向制度型开放转变，构建更加友好、便利的投资环境，深化双边货币合作，支持离岸人民币市场健康发展，促进人民币在岸、离岸市场形成良性循环。同时，健全本外币一体化的跨境资金流动宏观审慎管理框架，提升开放条件下的风险防控能力，守住不发生系统性风险的底线。

（资料来源：中国人民银行，2023. 2023 年人民币国际化报告[EB/OL]．（2023-10-27）[2024-05-27]. http://www.pbc.gov.cn/goutongjiaoliu/113456/113469/5114765/index.html.）

四、外汇市场的主要参与者

外汇交易的参与者众多，主要包括各国的中央银行、外汇银行、外汇经纪人、非银行金融机构、公司企业、政府机构及个人等。这些参与者相互依赖、共同生存，形成外汇市场的运转体系。为了更好地认识外汇交易的主体活动，可以把外汇交易的参与者概括为以下几类。

1. 中央银行

中央银行是外汇市场重要的参与者，其参与外汇买卖活动的主要目的是稳定外汇市场汇率波动，使汇率的变化朝着有利于本国经济发展的方向变动。一般情况下，中央银行参与外汇市场的交易不是太多，但因为其影响很大，所以市场的参与者都非常关注，有时中央银行的一些言论就会引起外汇市场供求关系的变化，从而使汇率发生变动。当国际外汇市场主要国家货币之间汇率出现连续的单边走势时，一些国家的中央银行会采取联合干预的行为影响外汇市场。

2. 外汇银行

外汇银行也称外汇指定银行，是由各国中央银行指定或授权经营外汇业务的商业银行或其他金融机构。外汇银行主要有三种类型：专营或兼营外汇业务的本国商业银行；在本国经营的外国商业银行分行；经营外汇买卖业务的本国其他金融机构，如信托投资公司、财务公司等。外汇银行是外汇市场上重要的参与者，它的外汇交易构成外汇市场的重要部分。

外汇银行在以下两个层次上从事外汇业务：一是在外汇零售市场为客户服务，进行外汇买卖，以赚取买卖汇率的价差，一般不承担汇率风险；二是在外汇批发市场上进行交易，通过开展掉期、期货、期权等业务为客户安排外汇保值和套利，从而获得高额的手续费和服务费。

3. 外汇经纪人

外汇经纪人是指外汇市场上在银行之间或银行和客户之间，为交易双方介绍、接洽业务，促成外汇交易完成的中间人。他们熟悉外汇供求情况和市场行情，有现成的外汇业务网络，而且具有丰富的外汇买卖经验，因此，一般客户愿意委托他们代理外汇买卖业务。外汇经纪人的收入是靠收取外汇买卖点差和手续费来获得的，他们自身并不承担交易风险。

外汇经纪人提供的外汇交易服务通常包括以下三种方式。

1）银行先询价，外汇经纪人再报价。在进行外汇买卖时，首先由银行向外汇经纪人提出询价，外汇经纪人报价后银行觉得可以接受，就告知外汇经纪人买入或卖出外汇的种类及数额，之后，外汇经纪人通知该笔交易参与的银行并开出佣金收取通知书。

2）外汇经纪人主动报价。为了争取得到更多的业务，改进服务质量，外汇经纪人有时为银行交易厅无偿安装电信设备，并主动向银行报价，一旦银行觉得外汇经纪人的报价可以接受，便立即促使其成交。

3）订单配对。外汇经纪人根据买方客户和卖方客户发出的交易订单进行比对，将其中交易条件相符的订单配对，然后分别向交易双方开出交易确认书，促成双方之间的交易。

4. 非金融机构和个人

非金融机构和个人是指外汇交易中最初的外汇供应者和最终的外汇需求者，包括进出口商、政府机构、跨国公司及其他外汇供求者。

出口商出口商品后需要把收入的外汇卖出，而进口商进口商品则需要买进对外支付的外汇，这些都要通过外汇市场的外汇交易来进行。跨国公司凭借雄厚的资金和巨大的业务量，成为非金融机构在外汇市场的主要参与者。其他外汇供求者是指因运费、旅费、留学费、汇款、外国有价证券买卖、外债本息收付、政府及民间私人借贷，以及其他原因形成的外汇供给者和需求者，包括劳务外汇收入者、国外投资受益者、接受国外援助者、收到侨汇者、接受外国贷款者、对本国进行直接投资的外国企业和在国外发行有价证券者。

五、世界主要外汇市场

世界外汇市场是一个由各国金融中心的外汇市场构成的庞大体系。目前，世界上有30多个外汇市场，它们遍布于世界各大洲的不同国家和地区。根据传统的地域划分，可分为亚洲、欧洲、北美洲三大部分。其中，重要的有欧洲的伦敦、法兰克福、苏黎世和巴黎，美洲的纽约和洛杉矶，亚洲的东京、新加坡和中国香港等，除此之外，大洋洲的悉尼也是比较重要的外汇市场。它们相互联系，形成全球一体化运作、全天候运行的统一的国际外汇市场。

1. 伦敦外汇市场

作为世界上悠久的国际金融中心，伦敦外汇市场的形成和发展也是全世界最早的。早在第一次世界大战之前，伦敦外汇市场就已初具规模。1979 年 10 月，英国全面取消了外汇管制，伦敦外汇市场迅速发展起来。在伦敦金融城，几乎所有的国际性大银行都在此设有分支机构，大大活跃了伦敦外汇市场的交易。由于伦敦具有独特的地理位置，地处两大时区交汇处，连接着亚洲和北美市场，亚洲接近收市时伦敦正好开市，而其收市时，纽约正是一个工作日的开始，所以这段时间交投异常活跃，因此伦敦成为世界上最大的外汇交易中心，对整个外汇市场走势有着重要的影响。

伦敦外汇市场是一个典型的无形市场，没有固定的交易场所，仅通过电话、电传、电报完成外汇交易。在伦敦外汇市场上，参与外汇交易的外汇银行机构约有 600 家，包括本国的清算银行、商人银行、其他商业银行、贴现公司和外国银行。这些外汇银行组成伦敦外汇银行公会，负责制定参加外汇市场交易的规则和收费标准。

2. 纽约外汇市场

第二次世界大战后，随着美元成为世界性的储备和清算货币，纽约成为全世界美元的清算中心。纽约外汇市场迅速发展成为一个完全开放的市场，是世界上第二大外汇交易中心。

纽约外汇市场是一个无形市场，通过现代化通信设施联网进行外汇交易。由于美国没有进行外汇管制，对经营外汇业务没有限制，政府也不指定专门的外汇银行，因此几乎所有的美国银行和金融机构都可以经营外汇业务。但纽约外汇市场的参与者以商业银行为主。纽约外汇市场的外汇以欧元、日元、英镑、瑞士法郎和加拿大元为主。

3. 东京外汇市场

东京外汇市场形成较晚，直到 1952 年日本加入国际货币基金组织，日元才允许自由兑换，东京外汇市场开始逐步形成。20 世纪 80 年代以后，随着日本经济的迅猛发展和在国际贸易中地位的逐步上升，东京外汇市场也日渐壮大起来。

东京外汇市场是一个无形市场，交易者通过现代化通信设施联网进行外汇交易，其参与者有五类：一是外汇专业银行，即东京银行；二是外汇指定银行，指可以经营外汇业务的银行；三是外汇经纪人；四是日本银行；五是非银行客户，主要是企业法人、进出口企业商社、人寿财产保险公司、投资信托公司、信托银行等。

东京外汇市场的主要特点：①交易币种单一，多以美元结算，其次是欧元，日元兑其他货币的交易较少；交易品种有即期、远期和掉期等；②管理较严格，外汇交易具有明显的季节性，中央银行干预较多，并且受进出口贸易集中收付的影响；③时区差异大，在交易时间上同其他主要外汇市场基本是隔绝的，同纽约外汇市场根本不交叉，同欧洲也只在每个交易日的最后一两个小时有交叉，所以其广度和深度都受到了很大的影响。

4. 新加坡外汇市场

新加坡外汇市场是在 20 世纪 70 年代初亚洲美元市场成立后才逐渐发展起来的新兴外汇市场。

新加坡外汇市场是一个无形市场，大部分交易由外汇经纪人办理，并通过他们把新加坡和世界各金融中心联系起来。新加坡外汇市场除了保持现代化通信网络，还直接同纽约的 CHIPS（clearing house interbank payment system，清算所银行同业支付系统）和欧洲的 SWIFT（Society for Worldwide Interbank Financial Telecommunications，环球同业银行金融电信协会）连接，货币结算十分方便。

新加坡外汇市场的主要特点：①交易以美元为主，占交易总额的 85%左右；汇率均以美元报价，非美元货币间的汇率通过套算求得；②大部分交易都是即期交易、掉期交易及远期交易，合计占交易总额的 1/3；③由于地处欧洲、亚洲、非洲三洲交通要道，时区优越，新加坡外汇市场上午可与香港、东京、悉尼外汇市场进行交易，下午可与伦敦、苏黎世、法兰克福等欧洲外汇市场进行交易，中午可同中东的巴林外汇市场进行交易，晚上同纽约外汇市场进行交易。根据交易需要，它一天 24 小时都同世界各地区进行外汇买卖。

5. 苏黎世外汇市场

苏黎世外汇市场是一个有悠久历史传统的外汇市场，在国际外汇市场中处于重要地位，瑞士法郎是世界上最稳定的货币之一。苏黎世外汇市场的参与主体主要有瑞士银行、瑞士信贷银行、瑞士联合银行、经营国际金融业务的银行、外国银行分支机构、国际清算银行、瑞士国家银行。苏黎世外汇市场是无形市场，外汇交易是由银行通过电话或电传进行的，并不依赖经纪人或中间商。外汇买卖的对象大部分是美元，市场汇率也以美元兑瑞士法郎的汇率为主要汇率，其他货币兑瑞士法郎的汇率是通过其他外汇市场兑美元的汇率套算出来的。苏黎世外汇市场可以进行现汇交易和期货交易，同时也兼作套汇业务。

6. 中国香港外汇市场

中国香港外汇市场是 20 世纪 70 年代以后发展起来的国际性外汇市场，它是一个无形市场，没有固定的交易场所，交易者通过各种现代化的通信设施联网进行外汇交易。市场参与者分为商业银行、存款公司和外汇经纪人三大类型。商业银行主要是指由汇丰银行和恒生银行等组成的汇丰集团、外资银行集团等。中国香港外汇市场是除伦敦外汇市场、纽约外汇市场外,境外银行机构最多的外汇市场。中国香港外汇市场的交易可以划分为两大类:一类是港币和外币的兑换,其中以与美元兑换为主;另一类是美元兑换其他外币的交易,在交易规模上,美元兑换欧元的交易所占比例最大,其次是美元兑换日元。

第二节 外 汇 交 易

一、外汇交易的概念

外汇交易(foreign exchange transaction)是指各类外汇交易主体在不同市场的可兑换货币间按一定的汇率进行买卖兑换的行为,也就是同时买入一对货币组合中的一种货币而卖出另外一种货币的行为。在任意一笔外汇交易中,可以看出外汇都是"成对"交易的,也就是说买入某种外汇的同时必将卖出另一种外汇,反之亦然。由此表明,两种货币发生交易时,就是对一种货币做了多头而对另一种货币做了空头。例如,到美国去留学需要使用美元,那么需要留学的人拿手中的人民币兑换美元,即是买入美元的同时卖出人民币的交易,也就是说,在这笔交易中要留学的人做了美元的多头,同时做了人民币的空头。

外汇随着国际贸易的发展而产生,外汇交易是国际上结算债权债务关系的工具。随着全球经济的深入发展,外汇交易不只是国际贸易的一种工具,而且已经成为国际上重要金融投资和投机的商品。同时,外汇交易的数量成倍增长,在内容和形式上都发生了重大的变化,并且其交易的种类也日趋多样化。

二、外汇交易的惯例

1. 交易时间

外汇交易的参与者常会提到外汇市场的开市和收市两个概念,但这并不意味着外汇交易者只能在开市后、收市前进行交易。因为,开市和收市仅仅是相对于单个外汇市场什么时候开始营业和什么时候结束营业而言的,但对于全球外汇市场而言,即使一个外汇市场收市了,外汇交易仍可继续在其他外汇市场进行。由于世界各地存在时差,全世界外汇市场的交易或顺承相连或相互交错,使亚太地区、欧洲地区和北美地区外汇市场能 24 小时不停地进行交易。外汇交易者在一个交易日中应特别关注的交易时间有早上亚洲外汇市场的开盘,下午欧洲外汇市场的开盘,晚上纽约外汇市场的开盘和次日凌晨纽约外汇市场的收盘。其中交易量最大、最活跃、最繁忙的时候当属欧洲当地时间下午 1~3 时。此时,世界几大交易中心如伦敦、纽约、法兰克福、芝加哥同时开市,这时是顺利成交、巨额交易的时间段。在一个交易周中,交易者应关注的交易时间有:星期一早上悉尼外汇市场的开盘,其对外汇行情起承上启下的作用;星期五晚上纽约外汇市场的行情,因为美国的许多经济数据在该时公布;星期五纽约外汇市场收盘,决定下周的汇率市场走势。

2. 主要货币符号

每种货币都有一个固定的由 3 个英文字母组成的国际标准化组织(International

Organization for Standardization，ISO）代码标志。除此以外，外汇交易的本质是货币的兑换，买入一种货币的同时就是卖出另一种货币，因此外汇交易的是货币对。所有与美元兑换的货币对称为主要货币对。其中重要的四种主要货币对是 EUR/USD（即欧元/美元）、GBP/USD（即英镑/美元）、USD/JPY（即美元/日元）、USD/CHF（即美元/瑞士法郎）。

3. 交易的规则

在外汇交易中，存在一些约定俗成的、大家共同遵守的习惯和做法，最后逐渐被外汇交易员认定为规则。以下简单列举交易中五种主要的规则。

1）规则一：外汇交易中的报价。此报价是外汇交易中双方兑换货币成交的价格。通常，银行在报价时对每种货币应同时报出买入价（bid price）和卖出价（offer price），即双价制。另外，报出的汇价通常由两个部分构成：大数（big figure）和小数（small figure）。大多数的汇价小数点后第二位及以前的数据值为大数，以后的数据值为小数。例如，欧元兑美元汇价：EUR/USD 为 1.197 9/1.198 3，其中 1.19 为大数，79/83 为小数，仅有少数几个汇价的整数部分为大数，小数部分为小数。例如，美元兑日元汇价：USD/JPY 为 113.70/113.80，其中 113 为大数，70/80 为小数。一般在一个交易日内，外汇市场上汇率波动不大，交易员为了节省时间、尽力求简，只报汇率的最后两位数，能让熟悉行情的对方明了即可。例如，美元兑欧元汇率只报出 15/25，至于前面大数可省略不报。

另外，外汇交易员的报价必须以美元为中心，即几乎全部的外汇交易均采用以某种货币对美元的买进或卖出的形式进行，除非有特殊说明。

2）规则二：使用统一的标价方法。汇率的标价方法有直接标价法、间接标价法。为了使交易迅速顺利地进行，交易各方使用统一的标价方法，即除英镑、澳大利亚元、新西兰元和欧元等采用间接标价法外，其他交易货币一律采用直接标价法。

3）规则三：交易额通常以 100 万美元为单位进行买卖。例如，交易中 one dollar 表示 100 万美元，five dollar 表示 500 万美元。如果交易额低于 100 万美元，应预先说明是小额的，然后报出具体金额。

4）规则四：交易双方必须恪守信用，共同遵守"一言为定"的原则和"我的话就是合同"的惯例。交易一经成交，不得反悔、变更或要求注销。

5）规则五：交易术语规范化。迅速变化着的汇率要求交易双方以最短的时间达成一项交易。因此，交易员为了节省时间，常使用简语或行话。例如，买入可用"bid""buy""pay"，卖出可用"offer""sell"等；我卖给你 500 万美元可用 five yours。

三、外汇交易的程序

1. 银行同业间交易的程序

银行同业间交易一般是由银行内部的资金部门或外汇交易室通过路透交易系统、德励财经交易系统、传真和电话来完成的。以路透交易系统为例，交易员可通过交易机的键盘输入某银行的英文代号，呼叫该银行，待叫通后，荧光屏上即开始显示双方交易的对话内容。交易完毕后，将对话内容打印出来可作为交易的原始凭证或交易合约。一笔交易成交之后，交易员须根据交易内容填写相应的交易单（dealing slip），并在头寸登记表（position sheet）上记录交易头寸。交易单将作为清算机构进行资金清算和会计处理的凭证，而头寸登记表可以帮助交易员掌握头寸情况和盈亏变化，也便于事后核查。

随着计算机系统在金融领域的广泛应用，一些银行的交易室已经采用先进的计算机风险管理系统，实现了"无纸化"操作。交易员无须填写交易单和头寸登记表，计算机联网的交易系统可以自动记录每笔交易，并把交易头寸和盈亏情况显示出来。各级交易主管也能通过该系统随时了解其下属交易员的交易情况，可以更为有效地进行风险管理。

2. 通过外汇经纪人进行交易的程序

银行根据自己的需要或客户订单的要求，通过路透交易系统或电传、电话直接呼叫，请经纪人报价；外汇经纪人报价后，银行当即决定买入或卖出货币，交易便告成功。然后，外汇经纪人通知该笔交易是与哪家银行做成的，双方互相交付货币。有时，银行或客户定下买卖的基准，通过电话、电传等以订单形式交给外汇经纪人，外汇经纪人根据众多订单的要求，把买方或卖方的订单结合起来，然后以电传的形式通知买卖双方，以交易证实书确认，并开出该笔交易的佣金收取通知单。

无论是银行同业间的交易，还是通过外汇经纪人进行的交易，交易清算都是重要的环节，即交易双方各自按对方的要求，将卖出的货币及时解入对方指定的账户进行账务处理。交易成交，交易单送交清算机构后，清算人员首先对交易单的内容进行审核，核对交易内容与所附的交易记录是否吻合；交易单核对无误后，清算人员会将交易逐笔输入清算系统，制作交易证实书发送给交易对手。交易证实书应包括整笔交易的全部详细内容，主要有交易银行的名称、汇价、买入卖出货币金额、起息日、双方账户行等。清算机构也会收到交易对手送达的交易证实书，需要同交易单进行核对。如果两者有出入，应立即向交易室查询，随后向交易对手查询。清算人员根据交易进行相应的账务处理，调拨资金，同时也起到风险监控的作用。清算机构通过对所有外汇交易头寸进行汇总、统计，就能反映出各项资金的变化状况，了解是否有异常情况发生，及时将资金风险状况反馈给交易室。先进的计算机风险管理系统能使交易系统和清算系统连为一体，提高资金清算和会计处理的工作效率，并能随时反映资金和风险的变化情况。

四、外汇交易的种类

外汇交易的方式和交易工具种类繁多，市场参与者可以根据自身的需要灵活选取。

1）即期外汇交易，又称现汇交易，是指外汇交易双方以即时外汇市场的价格成交，并在合同签订后的两个营业日内进行交割的外汇交易。

2）远期外汇交易，又称期汇交易，是指外汇交易双方先签订合同，规定交易的币种、金额、汇率及交割的时间、地点等，并于将来某个约定的时间按照合同规定进行交割的一种外汇交易。

3）掉期交易，是指货币、金额相同但方向相反，交割期不同的两笔或两笔以上的外汇交易同时发生，其目的是避免汇率波动的风险。

4）套汇交易，是指套汇者在不同交割期限、不同外汇市场利用汇率上的差异进行外汇买卖，以防范汇率风险和牟取差价利润的行为。

5）套利交易，是指套利者利用不同国家或地区短期利率的差异，将资金从利率较低的国家或地区转移至利率较高的国家或地区，从中获取利息差额收益的行为。

6）外汇期货交易，是指交易双方按照合同规定在将来某一指定时间以既定汇率交割标准数量外汇的外汇交易。

7）外汇期权交易，是指期权买方支付给期权卖方一笔期权费用后，享有在合约到期日或期满前以合约规定的价格购买或出售一定数额的某种外汇资产的权利。

人们从事外汇交易的动机是多种多样的，目的不同，交易的方式也会有所差异，第七章将详细介绍几种主要的外汇交易。

思考与练习

实践题

利用网络查询我国外汇交易中心的组织结构，并说明其历史沿革。

第七章 外汇交易业务

📖 学习目标

- 了解银行与客户间的即期外汇交易、远期外汇交易的原理机制及实务运用。
- 了解期货交易所推出的外汇期货交易、外汇期权交易的原理机制及实务运用。

📚 关键词

即期外汇交易 远期外汇交易 外汇期货交易 外汇期权交易

⚙ 案例导入

索罗斯狙击泰铢 亚洲金融危机爆发

20世纪90年代中期，连续几年的国际贸易收支逆差迫使泰国政府抛出大量外汇，泰铢明显出现被高估情况，"金融大鳄"们预测泰铢会贬值，便将其当成了"猎物"。

1997年2月初，国际投资机构（以索罗斯为主）大肆抛售银行以及财务公司股票，泰国储户大量提款出场。与此同时，向泰国银行借入高达150亿美元的数月期限的远期泰铢合约，而后于现汇市场大规模抛售，泰铢汇率大幅度变动，引发金融市场动荡。5月7日，货币投机者通过经营离岸业务的外国银行，建立即期和远期外汇交易头寸。从5月8日起，货币投机者从泰国本地银行借入泰铢，采用在即期和远期市场大量卖泰铢的方式沽空泰铢，造成泰铢即期汇价的急剧下跌，沽空行为持续到7月。结果泰国金融市场一片混乱，金融危机爆发，金融大鳄索罗斯是这次金融危机的最大获益者。泰国政府动用了300亿美元的外汇储备和150亿美元的国际贷款试图挽救这场危机，但这笔数字相对数量庞大的游资而言无异于杯水车薪。

在击破泰铢城池之后，索罗斯并不以此为满足，他断定，如果泰铢大贬，其他货币也会随之崩溃，因此下令继续扩大"战果"，这股飓风瞬间席卷了印度尼西亚、菲律宾、缅甸、马来西亚等国家。然而，与泰国类似的是，这些地区中央银行的救援再度陷入"弹尽粮绝"的境地。此后的局势发展开始变得无法控制：泰国宣布放弃固定汇率机制，实行浮动汇率机制，外汇及其他金融市场陷入混乱。在泰铢波动的影响下，菲律宾比索、印度尼西亚盾、马来西亚林吉特相继成为国际炒家的攻击对象。

（资料来源：佚名, 2017. 贸易保护主义或引发更大风险[EB/OL].（2017-03-24）[2023-12-08]. http://www.jjckb.cn/2017-03/24/c_136153904.htm，有改动。）

第一节 即期外汇交易

一、即期外汇交易的含义

即期外汇交易也称现汇交易，是指外汇市场上买卖双方成交后，在当天或第二个营业日办理交割的外汇交易形式。即期外汇交易是国际外汇市场上普遍的一种交易形式，其基本功能是完成货币的调换。即期外汇交易的作用是满足临时性的付款需要，实现货币购买力国际转移；通过即期外汇交易调整多种外汇的头寸比例，保持外汇头寸平衡，以避免经济波动的风险。

交易达成后，交易双方进行钱货两清的行为被称为交割。交易双方进行资金交割的日期称为交割日（delivery day）。交割日为成交当天，称为当日交割（value today）；交割日为成交后第一个营业日，称为翌日或明日交割（value tomorrow）；交割日为成交后的第二个营业日，称为即期交割或即交割（value spot）。

如果买卖双方是两个清算国银行，营业日须是两个清算国银行都开门营业的日期，一国如果遇到节假日，交割日按节假日天数顺延，以免任何一方由于交割时间的差异而遭受损失。

二、即期外汇交易的报价

报价是交易双方达成交易的关键和基础。在外汇市场上通常把提供交易价格的机构称为报价者，一般由外汇银行充当这一角色。与之相对应的，把向报价者索价并在报价者所提供的汇价上成交的其他外汇银行、外汇经纪人、非金融机构和个人、中央银行等称为询价者。截至 2021 年 4 月 15 日 18:10 的即期外汇报价如表 7-1 所示。

表 7-1　即期外汇报价

币种/代码	现价	涨跌额	涨跌幅/%	开盘	最高	最低	买入价/卖出价
美元/俄罗斯卢布（USD/RUB）	76.83	1.59	1.202 0	75.86	77.528	75.714 2	76.830 0/76.847 0
新西兰元/美元（NZD/USD）	0.717 5	0.52	0.003 7	0.713 6	0.718	0.713 6	0.717 5/0.717 7
澳大利亚元/美元（AUD/USD）	0.775 3	0.43	0.003 3	0.772 3	0.776 1	0.770 3	0.775 3/0.775 5
英镑/美元（GBP/USD）	1.380 5	0.20	0.002 7	1.377 5	1.380 8	1.376 3	1.380 5/1.380 6
美元/港币（USD/HKD）	7.767 6	0.04	0.002 9	7.765 8	7.767 9	7.764 1	7.767 6/7.767 9
欧元/美元（EUR/USD）	1.197 9	0.01	0.000 1	1.198 3	1.199 3	1.196 8	1.197 9/1.198 3
美元/瑞士法郎（USD/CHF）	0.922	-0.04	-0.000 4	0.922 6	0.923 9	0.921 3	0.922 0/0.922 4
美元/人民币（USD/CNY）	6.520 2	-0.14	-0.009 0	6.529 3	6.541 1	6.519 1	6.520 2/6.528 2
美元/日元（USD/JPY）	108.73	-0.17	-0.180 0	108.88	108.95	108.65	108.730 0/108.740 0
美元/加拿大元（USD/CAD）	1.248	-0.32	-0.004 0	1.251 3	1.252 8	1.247 2	1.248 0/1.248 4

在即期外汇交易中，外汇银行在报价时都遵循一定的惯例。

1. 双向报价

在外汇交易成交之前，询价者通常不会向报价者透露其交易意图，因此报价银行必须同时报出买入价和卖出价。买入价和卖出价的差额称为差价。汇率一般用 5 位有效数字表示，由大数和小数两个部分组成，大数是汇价的基本部分，小数是汇价的最后两位数字。报价的最小单位称为基点，每个基点为万分之一，即 0.000 1。

如表 7-1 所示，即期外汇报价为 USD/CNY＝6.520 2/6.528 2，其中 6.52 是大数，02 和 82 是小数，02 和 82 之间的差额 80 为 80 个基点的差价。

2. 简化报价

国际外汇市场上，外汇交易员非常繁忙，因此他们会尽可能简化报价，在通过电信报价时，报价银行只报汇价的小数，只有在须证实交易或者变化剧烈的市场，报价银行才会报出大数。

3. 美元报价

一般货币的汇价是针对美元的，在外汇市场上，外汇交易银行所报出的买卖价格，如果没有特殊说明，均是指所报货币与美元的比价。

4. 直接标价法报价

报价汇率斜线左边的货币称为基准货币（base currency），右边的货币称为标价货币（quoted currency）。

三、即期外汇交易的应用

1. 为客户保值

通过即期外汇买卖业务，个人客户或企业客户可达到保值目的。

【例 7-1】某年 4 月 2 日，美元兑日元的汇率为 133.50。根据贸易合同，某进口商将在同年 9 月 10 日支付 2 亿日元的进口货款，该进口商的资金来源只有美元，该进口商由于担心美元兑日元贬值增加换汇成本，需要通过外汇买卖对汇率风险进行保值，该进口商通常可做即期外汇买卖，用美元按即期价格 133.50 买入日元，并将日元存入银行，到 6 个月后支付。

2. 外汇投机

这种投机行为既有可能带来丰厚利润，也可能造成巨额亏损。

【例 7-2】在东京外汇市场上，美元兑日元的汇率经过一段时间的下跌，停留在 1 美元兑 120 日元的水平上。某投机商预测美元汇率在近期内将会出现反弹回升，于是就将手中持有的 120 万日元在即期外汇市场上购进 1 万美元，15 天后，美元汇率上升到 132 日元，该投机商又按这个汇率抛出美元购回 132 万日元，这项成功的投机交易，使他赚到了 12 万日元。相隔 15 天，他赚得的利润率高达 10%。但是投机交易是有风险的，假如投机商预测失败，日后美元的汇率不上升，反而进一步下跌，那么将给他带来损失。

第二节　远期外汇交易

一、远期外汇交易概述

1. 远期外汇交易的含义

远期外汇交易是在外汇市场上进行外汇远期买卖的一种行为，也是即期外汇交易的对称，是外汇市场上重要的交易形式，通常是由经营即期外汇交易的外汇银行与外汇经纪人来经营。远期外汇交易一般是买卖双方先订立买卖合同，规定外汇买卖的数量、期限和汇率等，只有到约定日期才能按合约规定的汇率进行交割。远期外汇交易的交割期限一般为 1 个月、3 个月、6 个月，个别可到 1 年。这种交易的目的在于尽量减少或避免汇率变动可能带来的损失。

远期外汇交易交割日的确定有以下惯例。

① 任何外汇交易都以即期外汇交易为基础，所以远期交割日是以即期交割日加月数或星期数。如果远期合约以天数计算，其天数以即期交割日后的日历日的天数为基准，而非营业日。

② 远期交割日不是营业日，则顺延至下一个营业日。顺延后跨月份的则必须提前到当月的最后一个营业日为交割日。

③ "双底"惯例。假定即期交割日为当月的最后一个营业日，则以该即期交割日为基础的所有远期交割日是相应各月的最后一个营业日。

2. 远期外汇交易的类型

远期外汇交易根据交割日是否固定分为以下两种类型。

① 固定交割日的远期外汇交易（fixed forward transaction），即事先规定具体交割时间的远期外汇交易。远期外汇交易的目的在于避免一段时间内汇价变动造成的风险。固定方式的交割期以星期和月份为单位，如 1 个星期、2 个月（60 天）、6 个月（180 天）等，这是实际中较常用的远期外汇交易形式。

② 选择交割日的远期外汇交易（optional forward transaction），又称为择期远期外汇交易，是指交易的一方可在成交日的第 3 天起至约定的期限内的任何一个营业日，要求交易的另一方，按照双方约定的远期汇率进行交割的交易。择期远期外汇交易在外汇买卖当中发展迅速，这是因为在实际贸易中，进出口商往往事先并不知道外汇收入或支出的准确时间，但他们仍然希望通过远期市场避免汇率变动风险。因此，他们便与银行签订一项合同，保证按双方约定的汇率，在将来规定的期限内进行外汇买卖。例如，我国一出口商在 2021 年 1 月 25 日成交一笔出口交易，预期 3 个月内收到货款。这样，该出口商马上在外汇市场上卖出一笔 3 个月的远期外汇，并约定择期日期为 1 月 27 日至 4 月 25 日。这就意味着该出口商在这段时间内随时可以将收到的外汇卖给银行。

二、远期外汇交易的报价

（一）远期外汇交易的报价方式

1. 完整汇率报价

完整汇率报价又称直接报价，外汇银行按照期限的不同直接报出某种货币的远期外汇交易的买入价和卖出价。这种方式比较直观，如表7-2和表7-3所示。

表 7-2　中国银行美元兑人民币远期外汇牌价

单位：人民币/100 美元

货币名称	货币代码	交易期限	买入价	卖出价	中间价	汇率日期
美元	USD	1 周	722.23	736.09	729.16	2024/6/17
		1 个月	720.21	734.17	727.19	
		2 个月	717.935	731.895	724.915	
		3 个月	715.385	729.345	722.365	
		4 个月	712.873 5	726.833 5	719.853 5	
		5 个月	710.443 1	724.403 1	717.423 1	
		6 个月	708.012 6	721.972 6	714.992 6	
		7 个月	705.422	719.582	712.502	
		8 个月	702.931 6	717.091 6	710.011 6	
		9 个月	700.682 1	714.842 1	707.762 1	
		10 个月	698.204 8	712.364 8	705.284 8	
		11 个月	695.959 8	710.119 8	703.039 8	
		1 年	693.56	707.72	700.64	

表 7-3　中国银行英镑兑人民币远期外汇牌价

单位：人民币/100 英镑

货币名称	货币代码	交易期限	买入价	卖出价	中间价	汇率日期
英镑	GBP	1 周	914.926 1	934.073 5	924.499 8	2024/6/17
		1 个月	912.451 2	931.816 4	922.133 8	
		2 个月	909.749 1	929.126	919.437 55	
		3 个月	906.768 6	926.058 2	916.413 4	
		4 个月	903.569 1	923.222 8	913.395 95	
		5 个月	900.721 9	920.275 8	910.498 85	
		6 个月	897.811 7	917.373 9	907.592 8	
		7 个月	894.765 7	914.489 8	904.627 75	
		8 个月	891.490 5	911.509 8	901.500 15	
		9 个月	888.859 7	908.728	898.793 85	
		10 个月	885.766 7	905.572 2	895.669 45	
		11 个月	883.055 1	902.735 6	892.895 35	
		1 年	879.686 5	900.026	889.856 25	

中国银行的远期外汇交易所报币种除了美元、英镑，还包括港币、欧元、瑞士法郎、日元、加拿大元、新西兰元、新加坡元、澳大利亚元、哈萨克斯坦坚戈、韩元。

2. 掉期率报价

掉期率（swap rate）也称远期汇水，是指某一时点远期汇率与即期汇率的差。远期汇水有以下三种形态。

① 当远期汇率高于即期汇率时，称为升水或溢价（at premium）。

② 当远期汇率低于即期汇率时，称为贴水或折价（at discount）。

③ 当远期汇率与即期汇率相同时，称为平价（at par）。

在实务中，报价银行通常只报出远期汇率的升水和贴水"点数"，并不标明是升水还是贴水，询价者需要根据报价规则自行判断远期汇率变化。

计算远期汇率的方法：在直接标价法下，比较远期汇水点数的大小，如果前小后大，基准货币远期为升水；如果前大后小，基准货币远期为贴水。在间接标价法下，则与直接标价法完全相反。

其实，无论银行使用何种标价方法，在计算远期汇率时，都可以使用以下规则：

远期汇率＝即期汇率＋远期差价点数（远期差价点数前小后大）

远期汇率＝即期汇率－远期差价点数（远期差价点数前大后小）

【例 7-3】某日，我国香港外汇市场的外汇报价：即期汇率为 USD/HKD＝7.767 4/7.767 8，3 个月远期差价为 10/20。计算 USD/HKD 的 3 个月远期汇率。

分析：因为我国香港外汇市场采用直接标价法，且所报点数的小数在前、大数在后，所以美元远期升水，港币远期贴水。

$$
\begin{array}{cc}
7.767\ 4 & 7.767\ 8 \\
+0.001\ 0 & +0.002\ 0 \\
\hline
=7.768\ 4 & =7.769\ 8
\end{array}
$$

即美元兑港币 3 个月远期汇率为 7.768 4/7.769 8。

【例 7-4】某日，纽约外汇市场的外汇报价：即期汇率为 USD/CAD＝1.249 5/1.249 7，6 个月远期差价为 30/20。计算 USD/CAD 的 6 个月远期汇率。

分析：因为纽约外汇市场采用间接标价法，且所报点数的大数在前、小数在后，所以美元远期升水，加拿大元远期贴水。

$$
\begin{array}{cc}
1.249\ 5 & 1.249\ 7 \\
-0.003\ 0 & -0.002\ 0 \\
\hline
=1.246\ 5 & =1.247\ 7
\end{array}
$$

即美元兑加拿大元 6 个月远期汇率为 1.246 5/1.247 7。

（二）远期汇率的决定与计算

远期汇率的决定事实上是指远期升水和贴水受制于什么因素，一般来说主要是受两国之间的利率差异影响，并且升水和贴水大致与两国之间的利率差异保持平衡，这个原理也就是利息平价学说。这是因为银行在为客户进行远期外汇交易时，有可能因两国利率的差异而蒙受损失，损失额就相当于利率差异的收益，为此银行就把这个风险转嫁给交易者，即通过提高或降低远期汇率来实现，升幅、降幅与损失程度相当。因此，在其他因素不变的情况下，远期汇率的升水率和贴水率大致等于两种货币的利率差。

一般来说，利率升水或贴水有如下关系：利率高的货币的远期汇率表现为贴水，利率低的货币的远期汇率表现为升水。计算升（贴）水数的公式为

升（贴）水数＝即期汇率×两种货币的年利率差×月数/12

或者

升（贴）水数＝即期汇率×两种货币的年利率差×天数/360

【例7-5】已知人民币年利率为3%，美元年利率为1%，某日我国外汇市场上即期汇率为USD/CNY＝6.541 8。计算USD/CNY的6个月远期汇率。

分析：升（贴）水数＝即期汇率×两种货币的年利率差×月数/12

＝6.541 8×（3%－1%）×6/12

≈0.065 4

因为人民币利率高，远期汇率会贴水，即6个月远期汇率USD/CNY＝6.541 8＋0.065 4＝6.607 2。

（三）远期套算汇率

当客户需要知道远期套算汇率时，需要先分别计算两种货币的远期汇率，再按照即期汇率的套算方法计算远期套算汇率。

【例7-6】某日伦敦外汇市场即期汇率报价为GBP/USD＝1.378 7/1.379 8，1个月远期汇水为10/20。东京外汇市场即期汇率报价为USD/JPY＝108.75/108.77，1个月远期汇水为30/20。计算GBP/JPY的1个月远期汇率。

分析：

① 计算GBP/USD的1个月远期汇率：1.378 7＋0.001 0＝1.379 7；1.379 8＋0.002 0＝1.381 8，即1个月远期汇率GBP/USD＝1.379 7/1.381 8。

② 计算USD/JPY的1个月远期汇率：108.75－0.30＝108.45；108.77－0.20＝108.57，即1个月远期汇率USD/JPY＝108.45/108.57。

③ 按一般交叉汇率计算方法计算GBP/JPY的1个月远期汇率：1.379 7×108.45≈149.63；1.381 8×108.57≈150.02，即1个月远期汇率GBP/JPY＝149.63/150.02。

三、远期外汇交易的应用

1. 规避外汇风险

在国际贸易中，合同中的货币与进口商手中持有的货币经常会出现不一致情况，而合同中的支付时间一般在将来的一定时期。为了避免在支付时外汇汇率发生变化，进口商可以事先进行远期外汇买卖，固定成本，避免在将来支付时因汇率变化带来外汇风险。

在国际借贷中，借款货币与实际经营收益（通常即还款的资金来源）的货币也经常会出现不一致的情况，而借款人的偿还一般又是在远期。为了避免在还款时外汇汇率发生变化，借款人可以事先进行远期外汇买卖，固定还款金额，避免将来在还款时因汇率变化带来外汇风险。

（1）出口收汇的远期外汇交易操作

出口商将出口货物装船后，立即开立以双方商定的结算货币计价的汇票，并在汇票下面附上有关单证，请银行议付，以便收回出口货款。银行将汇票等单据寄往开证行，按照汇票即期支付的条件，接收以外币支付的款项，并让支付行将应付款项记入自己的外币结算账户中。

【例7-7】某日本出口商向美国出口价值为10万美元的商品，约定3个月后付款。双方签订买卖合同时的即期汇率为USD/JPY=108.20/108.30，3个月远期汇率为108.40/50。按照即期汇率，出口该批商品可换得1 082万日元。但3个月后，若美元即期汇率跌至USD/JPY=106.20/106.30，则出口商只可换得1 062万日元，比按原汇率计算少赚了20万日元，可见延期收款因美元下跌将对日本出口商造成损失。因此，日本出口商在订立买卖合同时进行远期外汇交易，按USD/JPY=108.40的汇率，将3个月的10万美元期汇卖出，即把双方约定远期交割的10万美元外汇出售给日本的银行，届时就可收取1 084万日元的货款，从而避免了汇率变化带来的风险。

（2）进口付汇的远期外汇交易操作

进口付汇为进口商开出信用证的银行按照出口商开出的附有全部单证的即期汇票条件，将外币计价的进口货款通过外币结算账户垫付。然后向进口商提示汇票，请其按照即期付款条件支付。进口商以本币（或外币）向银行支付了进口货币，进口结算就完成了。

【例7-8】我国香港某进口商从美国进口价值为10万美元的商品，约定3个月后付款，如果买货时的即期汇率为USD/HKD=7.81，3个月远期汇率为USD/HKD=7.82。若现在付款，该批货物买价为78.1万港币。3个月后付款，若届时美元即期汇率升值到USD/HKD=7.88，那么这批商品价款就上升为78.8万港币，进口商延期付款因美元的升值导致多付出0.7万港币。因此，香港的进口商为避免遭受美元汇率变动造成的损失，在订立买卖合约时就向美国的银行买进3个月的远期美元，以此避免美元汇率上升所承担的成本风险，因为届时只要付出78.2万港币即可。

2. 谨慎进行外汇投机

在浮动汇率制下，汇率的频繁剧烈波动，会给外汇投机者进行外汇投机创造有利条件。外汇投机是指根据对外汇变动的预期，有意保持某种外汇的多头或空头，希望从汇率变动中赚取利润的行为。外汇投机的特点如下：一是投机活动并非基于对外汇有实际需求，而是想通过汇率涨落赚取差额利润；二是投机者与套期保值者不同，他们是通过有意识地持有外汇多头或空头来承担外汇风险，以期从汇率变动中获利。外汇投机既可以在现汇市场上进行，又可以在期汇市场上进行。二者的区别在于，在现汇市场上进行投机时，由于现汇交易要求立即进行交割，投机者手中必须有足够的现金或外汇；在期汇市场上，期汇交易只需缴纳少量保证金，无须付现汇，到期轧抵，计算盈亏，不必持有巨额资金就可以进行交易。因此，期汇交易较容易，成交额也较大，但风险也较高。

远期外汇投机有以下两种形式。

① 先买后卖，即买空或称多头。当投机者预期某种外币的汇率将上升时，就在外汇市场上预先以低价买进该种货币的期汇，若到时该种外币的汇率果真上升，投机者就可按上升后的汇率卖出该种货币的现汇来交割远期合约，从中赚取差价利润。

【例 7-9】在法兰克福外汇市场上，如果某德国外汇投机商预测英镑对美元的汇率将会大幅度上升，他就可以做买空交易，先以当时的 1 英镑＝1.555 0 美元的 3 月期远期汇率买进 100 万 3 个月英镑远期；然后，3 个月后，当英镑对美元的即期汇率猛涨到 1 英镑＝1.755 0 美元时，他就在即期市场上卖出 100 万英镑。轧差后他就会获得 20 万 [100 万×（1.755 0－1.555 0）]美元的投机利润。

当然，若交割日市场即期汇率的变动与投机者预测的相反，投机者将会遭受损失。若 3 个月后市场即期汇率不升反跌为 1 英镑＝1.455 0 美元，则该投机者将遭受 10 万 [100 万×（1.555 0－1.455 0）]美元的损失。

② 先卖后买，即卖空或称空头。当投机者预期某种外币的汇率将下跌时，就在外汇市场上预先以较高的价格卖出该种货币的期汇，若到时该种外币的汇率果真下跌，投机者就可按下跌后的汇率低价补进该种货币的现汇来交割远期合约，从中赚取差价利润。

【例 7-10】在东京外汇市场上，某年 3 月 1 日，某日本投机者判断美元在 1 个月后将贬值，于是他立即在远期外汇市场上以 1 美元＝110.03 日元的价格抛售 1 月期 1 000 万美元，交割日是 4 月 1 日。到 4 月 1 日时，即期美元的汇率果真贬值为 1 美元＝105.03 日元。该日本投机者在即期外汇市场购买 1 000 万美元现汇实现远期合约交割，实现收益 5 000 万[1 000 万×（110.03－105.03）]日元。

但如果美元不跌反升，为 1 美元＝115.03 日元，该投资者就要遭受 5 000 万[1 000 万×（115.03－110.03）]日元的损失。

可见，远期外汇投机具有很大的风险。万一投机者预测汇率的走势出现错误，就会遭到很大的损失。

3. 平衡外汇头寸

进出口商等顾客为避免外汇风险而进行期汇交易，实质上就是把汇率变动的风险转嫁给外汇银行。外汇银行之所以有风险，是因为它在与客户进行了多种交易以后，会产生一天的外汇综合持有额或总头寸，在这当中难免会出现期汇和现汇的超买或超卖现象。这样，外汇银行就处于汇率变动的风险之中。为此，外汇银行就设法把它的外汇头寸予以平衡，即要对不同期限、不同货币头寸的余缺进行抛售或补进，由此求得期汇头寸的平衡。

【例 7-11】我国香港某外汇银行发生超卖现象，表现为美元期汇头寸"缺" 10 万美元，为此银行就设法补进。假定即期汇率为 USD/HKD=7.70，3 个月远期汇率为 USD/HKD= 7.88，即美元 3 个月期汇汇率升水港币 0.18 元。3 个月后，该外汇银行要付给客户 10 万美元，收入港币 78.8 万元。该外汇银行为了平衡这笔超卖的美元期汇，必须到外汇市场上立即补进同期限（3 个月）相等金额（10 万）的美元期汇。如果该外汇银行没有马上补进，而是延至当日收盘时才成交，这样就可能因汇率已发生变化而造成损失。假定当日收市时美元即期汇率已升至 USD/HKD=7.90，3 个月期汇即美元 3 个月期汇仍为升水港币 0.18 元，这样，该外汇银行补进的美元期汇就按 USD/HKD=8.08（7.90＋0.18）的汇率成交。10 万美元合 80.8 万港币，结果银行因补进时间不及时而损失 2 万（80.8 万－78.8 万）港币。

因此，银行在发现超卖情况时，就应立即买入同额的某种即期外汇。在例 7-11 中，即期汇率为 USD/HKD=7.70，10 万美元合 77 万港币。若这一天收盘时外汇银行就已补进了 3 个月期的美元外汇，这样，即期港币外汇已为多余，因此，又可把这笔即期港币外汇按 USD/HKD=7.90 汇率卖出，因此可收入 79 万港币，该外汇银行可获利 2 万（79 万－77 万）港币。

由此可见：首先，在出现期汇头寸不平衡时，外汇银行应先买入或卖出同类同额现汇，再抛补这笔期汇，即用买卖同类同额的现汇来掩护这笔期汇头寸平衡前的外汇风险；其次，银行在平衡期汇头寸时，还必须着眼于即期汇率的变动和即期汇率与远期汇率差额的大小。

第三节　外汇期货交易

一、外汇期货交易概述

1. 外汇期货交易的含义

外汇期货交易是交易双方约定在未来某一时间，依据现在约定的比例，以一种货币交换另一种货币的标准化合约的交易，是指以汇率为标的物的期货合约，用来回避汇率风险。它是金融期货中最早出现的品种。它不仅为广大投资者和金融机构等经济主体提供了有效的套期保值的工具，还为套利者和投机者提供了新的获利手段。

1972 年 5 月，芝加哥商业交易所（Chicago Mercantile Exchange，CME）正式成立国际货币市场分部，推出了七种外汇期货合约，从而揭开了期货市场创新发展的序幕。从 1976 年以来，外汇期货市场迅速发展，交易量激增了数十倍。1978 年，纽约商业交易所（New York Mercantile Exchange，NYMEX）也增加了外汇期货业务；1979 年，纽约证券交易所（New York Stock Exchange，NYSE）也宣布设立一个新的交易所来专门从事外币和金融期货。1981 年 2 月，芝加哥商业交易所首次开设了欧洲美元期货交易。随后，澳大利亚、加拿大、荷兰、新加坡等国家和地区也开设了外汇期货交易市场。从此，外汇期货市场便蓬勃发展起来。

目前，外汇期货交易的主要品种有美元、英镑、欧元、日元、瑞士法郎、加拿大元、澳大利亚元等。从世界范围看，外汇期货的主要市场在美国，其中又基本上集中在芝加哥商业交易所的国际货币市场、中美洲商品交易所（MidAmerica Commodity Exchange，MCE）和费城期货交易所。

此外，外汇期货的主要交易所还有伦敦国际金融期货与期权交易所 [London International Financial Futures and Options Exchange，LIFFE；2002 年 1 月 LIFFE 被泛欧证券交易所（Euronext）合并，合并后名称为 Euronext.LIFFE]、新加坡交易所（Singapore Exchange，SGX）、东京国际金融期货交易所（Tokyo International Financial Future Exchange，TIFFE）等，每个交易所基本都有本国货币与其他主要货币交易的期货合约。

2. 外汇期货交易的特点

与远期外汇交易相比，外汇期货交易具有以下几个特点。

① 市场参与者不同。远期外汇交易的参与者主要是银行等金融机构及跨国公司等大

企业；外汇期货交易则以其灵活的方式为各种各样的企业提供了规避风险的管理工具。

② 合约的流动性不同。远期外汇交易由于参与者在数量上的局限性，一般而言，合约的流动性较低；外汇期货交易则由于参与者众多，并且有大量的投机者和套利者，合约的流动性较好。

③ 交易手段不同。远期外汇交易的市场是无形的，是由金融机构与其客户使用各种通信手段构建的；外汇期货交易则是在专门的交易所中进行的，是有形市场交易。

④ 合约的标准化程度不同。远期外汇交易的合约内容是由金融机构与客户根据其要求协商而定；外汇期货交易的合约则是标准化的合约，交易品种、单位、变化幅度、涨跌停板、交割时间等项目都是事先确定的。

⑤ 信用风险不同。远期外汇交易双方的交易主要建立在对方信用的基础上，相对而言风险较大；外汇期货交易由交易所或结算机构作担保，风险由交易所承担。

⑥ 履约方式不同。远期外汇交易的履约主要是外汇的全额现金交收；外汇期货交易则大多采取对冲方式，一小部分采取现金交割方式。

3. 外汇期货的标准化合约内容——以英镑期货和日元期货为例

英镑期货的标准化合约内容如表 7-4 所示。

表 7-4　英镑期货的标准化合约内容

分类	内容
交易单位	62 500 英镑
最小变动价位	0.000 2 英镑（每张合约 12.50 英镑）
每日价格最大波动限制	开市（上午 7:20～7:35）限价为 150 点，7:35 以后无限价
合约月份	1、3、4、6、7、9、10、12 月和现货月份
交易时间	7:20～14:00（芝加哥时间），到期合约最后交易日交易截止时间为 9:16，市场在节假日或节假日之前将提前收盘，具体细节与交易所联系
最后交易日	从合约月份第三个星期三往回数的第二个工作日上午
交割日期	合约月份的第三个星期三
交易场所	芝加哥商业交易所

日元期货的标准化合约内容如表 7-5 所示。

表 7-5　日元期货的标准化合约内容

分类	内容
交易单位	12 500 000 日元
最小变动价位	0.000 001 日元（每张合约 12.50 日元）
每日价格最大波动限制	开市（上午 7:20～7:35）限价为 150 点，7:35 以后无限价
合约月份	1、3、4、6、7、9、10、12 月和现货月份
交易时间	7:20～14:00（芝加哥时间），到期合约最后交易日交易截止时间为 9:16，市场在节假日或节假日之前将提前收盘，具体细节与交易所联系

续表

分类	内容
最后交易日	从合约月份第三个星期三往回数的第二个工作日上午
交割日期	合约月份的第三个星期三
交易场所	芝加哥商业交易所

二、外汇期货交易的运用

（一）套期保值

套期保值是指某一时间点，在现货市场和期货市场对同一种类的商品同时进行数量相等但方向相反的买卖活动，即在买进或卖出实货的同时，在期货市场上卖出或买进同等数量的期货，经过一段时间，当价格变动使现货买卖上出现盈亏时，可由期货交易上的亏盈得到抵消或弥补，从而在"现"与"期"之间、近期和远期之间建立一种对冲机制，以使价格风险降到最低限度。

什么人做套期保值呢？外汇持有者、贸易商、银行、企业等均可采用套期保值规避外汇风险。一般出口商运用卖出期货，进口商买进期货。例如，在国际进出口业务中，出口商担心在未来时间内应收外汇汇率下跌，可在出口货物的同时，在外汇期货市场卖出与出口货物价值相等的外汇期货，那么，即使在将来外汇汇率下跌，出口利润受损，期货的盈利却能够弥补出口商的外汇损失；进口商或有短期负债者，为防范在未来时间内外汇汇率的上升，在签订进口合约时，可在外汇期货市场买进与货款金额相等的外汇期货，如果进口货款的货币汇率上升，进口商在外汇现货上遭受损失，但期货盈利也可以弥补进口损失。

在国际金融市场做信贷业务，发生的对外应收款项或给国外附属分公司贷款，为了防范贷款货币贬值，就必须到期货市场做卖出外汇期货。银行为避免某种货币因汇率变化造成的损失，其交易员可通过在期货市场上买入或卖出相应货币的期货合约来达到控制汇率风险的目的。如果交易员预期某种货币将升值，则可以买入相应的期货合约；如果交易员预期某种货币将贬值，则可以卖出相应的期货合约。

套期保值可分为买入套期保值和卖出套期保值。

1. 买入套期保值

买入套期保值又称多头套期保值，是指在现货市场处于空头地位者，在期货市场上买进期货合约，目的是防止汇率上升带来的风险。它适用于进口商和短期负债者。

【例 7-12】美国某公司在 3 月买进英国分公司设备 100 万英镑，双方商定 3 个月后付款。美国公司担心 3 个月内英镑升值，公司会更多地支付美元货款。为此，美方决定通过期货市场防范风险。设 3 月 1 英镑＝1.800 0 美元，此时，期货市场 6 月汇率 1 英镑＝1.950 0 美元，于是美国公司以 6 月期货汇率价格买进 100 万英镑期货合约，到 6 月美国公司向英方付款 100 万英镑，现货（即期）汇率果然升值至 1 英镑＝1.980 0 美元。与此同时，英镑 6 月期货汇率价 1 英镑＝2.150 0 美元。这时，美国公司及时在期货市场抛出

100 万英镑期货，从而结束了套期保值，如表 7-6 所示。

表 7-6　进口商套期保值

现货市场	期货市场
3 月现汇 1 英镑＝1.800 0 美元，3 个月后支付 100 万英镑	3 月买进 6 月英镑期货合约 100 万英镑，期货价（汇率）：1 英镑＝1.950 0 美元
6 月美国公司支付 100 万英镑货款 现货汇率：1 英镑＝1.980 0 美元	6 月期货价（汇率）：1 英镑＝2.150 0 美元，立即卖出 6 月英镑期货合约 100 万英镑
亏：［（1.980 0－1.800 0）×100 万］美元＝18 万美元	盈：［（2.150 0－1.950 0）×100 万］美元＝20 万美元

在避险操作中，由于实际的外汇收付日期很难与期货交割日相吻合，通常公司会选择与实际的外汇收付期限相近的合约作为避险工具。

2. 卖出套期保值

卖出套期保值又称空头套期保值，是指在现货市场处于多头地位者，在期货市场上卖出期货合约，目的是防止汇率下跌带来的风险。这样即使汇率下降，交易者也可从期货交易中获得补偿。它适用于出口商、应收款的债权者等。

【例 7-13】美国某出口商于 6 月 3 日与日本某公司订立一份出口合同，3 个月后商品到货后可取得 5 000 万日元货款，签约时汇率为 100 日元＝1.010 0 美元，该出口商预期可得到 50.5 万美元。为了避免日元兑美元贬值，给该出口商带来损失，其预先在期货市场上进行套期保值，如表 7-7 所示。

表 7-7　出口商套期保值

现货市场	期货市场
6 月 3 日签订出口合同，预计 9 月初获得 5 000 万日元。现汇率为 1 美元＝99 日元（相当于 100 日元＝1.010 0 美元），该笔款项折合 50.5 万美元	6 月 3 日卖出 4 份 9 月日元期货合约（每份 1 250 万日元），期货价（汇率）为 100 日元＝1.010 0 美元，价款为 50.5 万美元
9 月 3 日汇率为 1 美元＝103.090 0 日元（相当于 100 日元＝0.970 0 美元）（日元贬值），收到 5 000 万日元，折合 48.5 万美元	9 月 3 日买回 4 份 9 月日元期货合约，期货价为 100 日元＝0.970 0 美元，付款 48.5 万美元
结果：现货市场因日元贬值，净损失 2 万（50.5 万－48.5 万）美元	结果：期货市场获得利润 2 万（50.5 万－48.5 万）美元
结论：现货市场的亏损刚好由期货市场的盈利完全补偿。	

例 7-13 所举的期货收益与现货亏损完全相同的情况并不多见，但只要遵循"均等而相对"的原则，大部分损失会得到补偿。

银行也可以利用外汇期货交易进行保值。例如，国内某银行希望回避长美元短日元的敞口风险，在即期市场不利的情况下，交易员也可以通过在外汇期货市场上卖出美元期货合约进行汇率风险控制。到期时，如果美元对日元汇率下跌，虽然外汇市场上原有敞口表现为亏损，但可以通过期货市场上的盈利进行弥补。

需要指出，市场汇率并未按预想的方向变动时，如与例 7-13 相反，期货交易可能出现亏损，而现货盈利。这是否说明不该做套期保值呢？不是，因为不进行套期保值，一旦汇率变动不利，则可能给贸易商造成巨大的损失，而进行了套期保值，则不管汇率朝哪个方向变动，交易者都不会蒙受损失。这也正说明套期保值的目的不在于盈利而在于避险。

外汇期货合约是规避汇率风险的有效工具，但在实际运用时，交易员还需要考虑支付期货交易的佣金和保证金的成本。

（二）运用货币期货投机获利

并不是所有的货币期货参与者都为了避险，有些人参与期货交易的目的是利用汇率变动牟利。投机的原则为：当预期某种外币的价格会上升时，投机者就可买进该种货币的期货合约，等外币价格上涨后再卖出，即先贱买后贵卖，从中获利；反之，当预计某种外币价格下跌时，则卖出该种货币的期货合约，即先贵卖后贱买，从中获利。

【例 7-14】某投机商认为日元对美元的汇率短期还会上升，于是在外汇期货市场买入 2 份某月交割的日元合约。成交价 100 日元＝0.781 3 美元，成交额 2 500 万日元。1 个月后，100 日元＝0.819 7 美元，日元汇率果然上升，投机商对冲未到期的在手合约，即卖出 2 份合约（2 500 万日元）平仓，盈利 96 万日元。投机交易存在着巨大风险，一旦投机者对汇率行情判断有误，则会造成巨额损失。

第四节　外汇期权交易

一、外汇期权交易的含义及种类

（一）外汇期权交易的含义

外汇期权又称货币期权，是指期权的买方向期权出售者（卖方）支付相应期权费后获得的一项权利，即在约定的时间内，期权的买方有权以某种外国货币或外汇期货合约为交易对象，以商定的汇率和金额向期权出售者买卖约定的外汇。外汇期权交易的对象是外汇合约，主要以美元、欧元、日元、英镑、瑞士法郎、加拿大元、澳大利亚元等为标的物。期权实际是一种选择权，期权合约的买方可根据市场情况有决定买或不买、卖或不卖的权利。

【例 7-15】某美国进口商 3 个月后需要支付一笔英镑货款，但该进口商不能肯定英镑汇率是上升还是下降，这时该进口商就可购入英镑买进期权。如果 3 个月后，英镑汇率上升、美元汇率下跌，该进口商就可以按照 3 个月前签订的合约，即按约定汇率和约定数量行使买的权利；如果 3 个月后，英镑汇率下跌、美元汇率上升，这时该进口商就可让期权过期作废，即行使不买的权利，按照当时即期汇率从现汇市场上购入英镑，从中取得英镑汇率下跌的好处。

（二）外汇期权交易的种类

1. 根据外汇交易和期权交易的特点划分

根据外汇交易和期权交易的特点，外汇期权交易分为现汇期权交易和外汇期货期权交易。

现汇期权交易是指期权的买方有权在期权到期日或之前，以协定的汇率购入或出售一定数量的某种外汇现货。经营国际现汇期权交易的主要是美国的费城证券交易所。芝加哥的国际货币市场和英国的伦敦国际金融期货期权交易所。

外汇期货期权交易是指期权的买方有权在到期日或之前，以协定的汇率购入或出售一定数量的某种外汇期货，即买入延买期权可使期权的买方按协定价取得外汇期货的多头地位；买入延卖期权可使期权的卖方按协定价建立外汇期货的空头地位。经营外汇期货期权交易的主要有芝加哥的国际货币市场和伦敦国际金融期货期权交易所两家。

2. 根据行使权力的时限划分

根据行使权力的时限，外汇期权交易分为欧式期权和美式期权。欧式期权是指期权的买方只能在合约到期日，方能行使是否按约定的汇率买卖某种货币的权利；而美式期权的灵活性较大，在合约到期日之前的任何一个交易日（含合约到期日）都可以行权，因而费用价格也高一些。

3. 根据期权内容划分

根据期权内容，外汇期权交易分为看涨期权和看跌期权。

1）看涨期权（call option）又称认购期权、买权、延买期权或"敲进"，是指期权的买方拥有在期权合约有效期内按约定的汇率从对方买进一定数量外币的权利。这是买方在预计某一货币将会升值时所采取的交易策略。

2）看跌期权（put option）又称认沽期权、卖权、卖出期权或"敲出"，是指期权的买方拥有在期权合约有效期内按约定的汇率向对方卖出一定数量外币的权利。这是买方在预计某一货币将会贬值时所采取的交易策略。

二、外汇期权合约的要素

1. 期权的主体

期权交易如同其他一些商品交易，期权都是由买卖双方构成的，如果有期权的买方，就必定有期权的出售者。期权的买方是指购买期权的一方。合约赋予买方在合约的有效期内以事先确定的履约价格买进或卖出一定数量的相关商品或期货合约的权利，但不负有必须买进或卖出的义务。因此，对于买方来说，期权只有权利而无义务。

2. 货币交易方向

因为外汇买卖意味着买入一种货币的同时也卖出另一种货币，所以必须明确它是哪种货币的买权（看涨期权）和哪种货币的卖权（看跌期权）。

例如，一项期权的内容是 USD CALL EUR PUT，称为美元买权、欧元卖权，表明期权的买方有从卖方买入美元，同时卖出欧元的权利。卖方则承担从买方购买欧元并卖出美元的义务。买卖双方买权和卖权的关系如表 7-8 所示。

表 7-8 买卖双方买权和卖权的关系

类型	买方（期权合约购买者）	卖方（期权合约出售者）
买权	买进特定货币的权利	卖出特定货币的义务
卖权	卖出特定货币的权利	买进特定货币的义务

3. 协定价格

协定价格也称执行价格、约定价格，是指期权合约规定的期权持有者在期满日或期满日之前执行期权也即购买或出售某种外汇的价格。协定价格确定后，在期权合约规定的期限内，无论价格怎样波动，只要期权的买方要求行使期权，卖方就必须以此价格履行义务。

4. 期权费

期权费（option premium）又称权利金、期权保险费，是期权的价格。权利金是期权合约中唯一的变量，是由买卖双方在国际期权市场公开竞价形成的，是期权的买方为获取期权合约所赋予的权利而必须支付给卖方的费用。对于期权的买方来说，权利金是其损失的最高限度。对于期权的卖方来说，卖出期权即可得到一笔权利金收入，而不用立即交割。

5. 合约到期日

合约到期日是指期权合约必须履行的最后日期。欧式期权规定只有在合约到期日方可执行期权。美式期权规定在合约到期日之前的任何一个交易日（含合约到期日）均可执行期权。同一品种的期权合约的有效期在时间长短上不尽相同，按周、季度、年及连续月等不同时间期限划分。

三、影响期权费的因素

1. 标的货币的市场价格

1）看涨期权标的货币的即期市场价格升高，期权费会相应升高。

2）看跌期权标的货币的即期市场价格升高，期权费会相应下跌。

2. 汇率的波动性

汇率的波动性越大，期权持有人获利的可能性就会增大，期权出售者承担的风险也会越大，期权费就会越高；相反地，汇率的波动性越小，期权费就会越低。因此，投资者可以根据汇率的变化来把握外汇期权价格的变化趋势，从而获得更高的投资收益。

3. 期权的执行价格与市场即期汇率

1）看涨期权，执行价格越高，买方的获利可能性就会越小，期权费就会越低，其执行价格与期权价格呈反向的变动关系。

2）看跌期权，执行价格越高，买方的获利可能性就会越大，期权费就会越高，其执行价格与期权价格呈正向的变动关系。

4. 期权合约的到期时间

期权合约的到期时间越长，价格发生变化的可能性就会越高，期权出售者承担的风险也就越大，期权费越高；相反地，期权合约的到期时间越短，期权费越低。

5. 国内外利率水平

利率与看涨期权的价格成正比，与看跌期权的价格成反比。

四、外汇期权交易的运用

1. 利用外汇期权进行保值

【例 7-16】我国某企业从美国进口一套设备，须在 3 个月后向美国出口商支付 100 万美元，若按当时 1 美元＝6.73 元人民币的汇率计算，该企业只需花费 673 万元人民币即可完成 100 万美元的兑换。为提高资金的使用效率，同时固定进口成本和避免汇率变动的风险，该企业向我国境内某银行支付 1 万元人民币的期权费购买一份美元看涨期权，规定期权协定价格为 1 美元＝6.73 元人民币。假设 3 个月后，根据汇率变化分别出现下列三种情况：1 美元＝6.78 元人民币；1 美元＝6.68 元人民币；1 美元＝6.73 元人民币。三种情况下企业分别如何操作？分析每种情况下的盈亏。

分析：

1）假设 3 个月后汇率由 1 美元＝6.73 元人民币上涨至 1 美元＝6.78 元人民币，此时该企业行使美元看涨期权，按合约汇率 1 美元＝6.73 元人民币进行交割，支付 673 万元人民币购进 100 万美元，加上 1 万元人民币的期权费，共支付 674 万元人民币。但若该企业没有购买期权，按当时即期汇率购买 100 万美元，则需要支付 100 万×6.78＝678 万元人民币才能买进 100 万美元。通过利用期权交易，尽管该企业支付了 1 万元人民币的期权费，但有效避免了 4 万（678 万－674 万）元人民币的外汇风险损失。

2）假设 3 个月后汇率由 1 美元＝6.73 元人民币下跌至 1 美元＝6.68 元人民币，此时该企业应放弃行使期权，只损失 1 万元人民币的期权费。

3）假设 3 个月后汇率仍为 1 美元＝6.73 元人民币，此时该企业执行期权与否的结果是一样的，只损失了 1 万元人民币的期权费。

2. 利用外汇期权进行投机

【例 7-17】外汇市场上某投资者认为，英镑在未来 3 个月中将非常不稳定，有可能发生大幅的贬值或升值，并且幅度会超过期权市场上英镑买权的期权费。该投资者购买了 3 个月后到期的 1 万英镑的美式买权，协议利率是 1 英镑＝1.5 美元，到期日是 12 月 15 日。

分析：该投资者在 12 月 15 日到期前的任何一天，都有权利按 1.5 美元的价格买入 1 万英镑。在此期间，外汇市场上英镑兑美元汇率在 1.5 以上时行使期权，按协议利率买入 1 万英镑；若英镑兑美元汇率在 1.5 以下时，不执行这项期权。

思考与练习

一、简答题

1. 什么是即期外汇交易?
2. 远期外汇交易和即期外汇交易的区别是什么?
3. 外汇期货交易的运用有哪些?
4. 什么是外汇期权交易?
5. 影响外汇期权交易中期权费的主要因素有哪些?

二、案例分析题

1. 某企业与外商签订进口合同,6 个月后须支付货款 1 200 万美元,换汇成本价为 1 美元=6.291 0 元人民币,该企业为防止美元升值使企业遭受损失,按当天即期美元购汇价购进美元,为此该企业须支付人民币 7 549.2 万元,如果该企业不购买即期美元,等 6 个月后再购买,若 6 个月后汇率低于 6.291 0,该企业便能避免损失;若高于 6.291 0,成本则会增加。但是如果该企业买入 6 个月远期美元,按当天 6 个月远期美元卖出价是 6.212 3,该企业须与银行签订一份远期外汇交易合约。分析该企业与银行签订远期外汇交易合约的做法对其有哪些好处?

2. 假定美国某家公司 1 个月后有一笔外汇收入 500 000 英镑,即期汇率为 1.320 0 美元,为避免 1 个月后英镑贬值的风险,决定卖出 8 份 1 个月后到期的英镑期货合约,成交价为 1 英镑=1.322 0 美元,1 个月后英镑果然贬值,即期汇率为 1 英镑=1.280 0 美元,相应的英镑期货合约的价格下降到 1 英镑=1.282 0 美元。假定不考虑佣金、保证金及利息,计算净盈亏。

3. 美国某出口商 4 月出口一批货物到瑞士,总价值为 625 000 瑞士法郎,该出口商收汇时间是 7 月。该出口商担心瑞士法郎的比值会下跌,于是购买了 10 笔瑞士法郎看跌期权,每笔为 62 500 瑞士法郎,每瑞士法郎的期权费为 0.002 0 美元,该期权的执行价格为 1 瑞士法郎=0.670 0 美元。

问题:

1)该出口商支付期权费总额是多少?

2)当前汇市如果为 1 瑞士法郎=0.700 美元,该出口商是放弃还是执行期权?盈亏如何?

3)当前汇市如果为 1 瑞士法郎=0.628 0 美元,该出口商是放弃还是执行期权?盈亏如何?

第八章　外汇风险及其防范

📖 学习目标

● 熟悉汇率波动的影响因素。
● 了解外汇风险的类型及度量。
● 掌握外汇风险管理原则、战略与方法。

📚 关键词

外汇风险　交易风险　折算风险　外汇风险管理

✺ 案例导入

中信泰富外汇衍生品投资亏损

中信泰富在澳大利亚有一个名为 Sino-Iron 的铁矿项目，项目中需要的设备和大量成本支出都必须以澳元来支付。为了降低澳元升值带来的外汇风险，锁定公司成本开支，中信泰富签订了 24 款累计期权（knock out discount accumulator，KODA）杠杆式外汇合约。

中信泰富与汇丰、花旗和渣打等 13 家银行签约承诺，合约规定每份澳元合约都有最高利润上限，当达到这一利润水平时，合约自动终止。因此，当澳元兑美元汇率高于 0.87 时，中信泰富可以赚取差价；但如果该汇率低于 0.87，却没有自动终止协议，中信泰富必须不断以高汇率接盘，理论上亏损可以无限大。据报道，当时中信泰富的真实澳元需求只有 30 亿，当澳元兑美元的价格走势对其有利时，最多需买 36 亿，而当价格大幅下跌时则须购入最多 90 亿澳元，严重的投机行为给日后澳元贬值造成巨额损失埋下了祸根。

起初市场普遍认为澳元会升值，中信泰富也是为了锁住利润运用了衍生品，但由于后来金融危机爆发，2008 年 7 月以来美元对各国主要货币开始持续升值。在长达 3 个月的澳元贬值中，中信泰富却没有做对冲并及时停止交易，最终导致巨额亏损。2008 年 10 月 20 日，中信泰富发布公告称，因澳元贬值跌破锁定汇价，澳元累计认购期权合约公允价值损失约 147 亿港币，年末巨额亏损已扩大到 186 亿港币。几个月之内，公司股价暴跌，因中信泰富涉嫌延迟披露、非法陈述，我国香港证监会（香港证券及期货事务监察委员会）确认对其展开调查。该事件说明，在运用衍生品进行汇率风险管理时切不能只考虑单边风险因素，同时在发现和预判走势结果相反时应当及时修正操作，而不能把风控行为变成投机行为。

（资料来源：丁洪，2009. 中信泰富外汇衍生品投资亏损案例分析与启示[J]. 南方金融（3）：29-31.）

第一节　外汇风险概述

外汇风险是当今跨国企业必须面对的经营风险。进入 21 世纪，随着经济全球化的发展，各国企业组建跨国公司、经营国际业务逐渐成为一股不可阻挡的潮流。由于现代企业的经营目标是企业的市场价值最大化，当其发展受到本国市场的限制后，为获取更大的市场价值就需要突破国界限制，开拓海外市场。近年来，我国企业也积极地参与国际贸易中。改革开放以来，我国已经发展为开放型的经济大国，2013 年我国经济的对外依存度约为 46%，仍保持着较高水平。2001 年，我国加入世界贸易组织后，在加速对外开放的同时，我国企业开展国际业务的环境也得到改善，贸易壁垒比以前有所减少。利用国外的原材料、资金、技术及其他资源优势，组织商品生产，架设我国与国外的商品通道，获取更大的比较利益，是我国企业谋求发展的必由之路。因此，建立大型企业集团，鼓励企业进行跨国投资，成为近年来我国经济的一大特征。企业跨国经营的一大特点就是需要运用多种货币。企业的跨国经营涉及两个以上的主权国家，涉及资金在不同国家之间的流动。因此，只有将一种货币兑换为另一种货币才能实现国际贸易、跨国投资和融资、红利分配等。在越来越多的国家选择浮动汇率制度的情况下，汇率的波动给跨国企业的国际经营带来了风险，使它们的现金流不确定、企业的价值受到不利影响，即承担了外汇风险。

一、汇率波动的影响因素

作为权力象征的货币铸造权一直都掌握在国家手中，这说明宏观层面对货币币值的影响力要远远大于微观企业买卖的作用。也就是说，国家宏观经济状况和实力是影响该国货币汇率变动的基本因素。如果国家生产力水平高，财政收支状况良好，出口贸易增加，那么该国货币升值；反之，如果国家发展迟缓，财政赤字扩大，通货膨胀频发，出口贸易减少，那么该国货币终将贬值。总之，宏观经济中对汇率产生影响的因素主要有以下几个方面。

（一）经济因素

1. 国际收支状况

国际收支是一国对外经济活动的综合反映，它对一国货币汇率的变动产生直接影响。从外汇市场交易来看，国际贸易构成了外汇交易的基础，因此也决定了汇率的基本走势。当一国进口增加而产生逆差时，该国对外国货币产生额外的需求，这时，在外汇市场就会引起外汇升值，本币贬值；反之，当一国的经常项目出现顺差时，就会引起外国对该国货币需求的增加与外汇供给的增长，本币汇率就会上升。例如，自20世纪 80 年代中后期开始，美元在国际市场上长期处于贬值的状况，而日元正好相反，一直不断升值，其主要原因就是美国长期以来出现国际收支逆差，而日本持续出现巨额顺差。

2. 通货膨胀率差异

通货膨胀是影响汇率变动的一个长期、主要而又有规律性的因素。在纸币流通条件下，两国货币之间的比率，从根本上说是根据其所代表的价值量的对比关系来决定的。因此，在一国发生通货膨胀的情况下，该国货币所代表的价值量就会减少，其实际购买力也就下降，于是其对外比价也会下跌。当然如果对方国家也发生了通货膨胀，并且幅度恰好一致，两者就会相互抵消，两国货币间的名义汇率可以不受影响，然而这种情况十分少见。一般来说，两国通货膨胀率是不一样的，通货膨胀率高的国家货币汇率下跌，通货膨胀率低的国家货币汇率上升。特别值得注意的是通货膨胀对汇率的影响一般要经过一段时间才能显现。

3. 经济增长率差异

在其他条件不变的情况下，一国实际经济增长率相对别国来说上升较快，其国民收入增加也较快，会使该国增加对外国商品和劳务的需求，结果会使该国对外汇的需求相对于其可得到的外汇供给来说趋于增加，导致该国货币汇率下跌。不过在这里需注意两种特殊情形：一是对于出口导向型国家来说，经济增长是由于出口增加而推动的，那么经济较快增长伴随着出口的高速增长，此时出口增加往往超过进口增加，其汇率不跌反而上升；二是如果国内外投资者把该国经济增长率较高看成是经济前景看好和资本收益率提高的反映，那么就可能扩大对该国的投资，以至抵消经常项目的赤字，这时，该国汇率也可能上升。

4. 利率差异

利率高低会影响一国金融资产的吸引力。一国利率上升，会使该国金融资产对本国和外国投资者来说更有吸引力，从而导致资本内流，本币升值。当然这里也要考虑一国利率与别国利率的相对差异，如果一国利率上升，但别国也同幅度上升，则汇率一般不会受到影响；如果一国利率虽有上升，但别国利率上升更快，则该国利率相对来说反而下降了，其本币也会趋于贬值。另外，利率的变化对资本国际流动的影响还要考虑到汇率预期变动的因素，只有当外国利率加汇率的预期变动率之和大于本国利率时，把资金移往外国才会有利可图，这便是在国际金融领域十分著名的国际资金套买活动的"利率平价理论"。

5. 财政收支状况

政府的财政收支状况常常也被作为预测该国货币汇率的主要指标。当一国出现财政赤字时，其货币汇率是上升还是下降，主要取决于该国政府所选择的弥补财政赤字的措施。一般来说，一国政府可采取以下四种措施来弥补财政赤字。

① 通过提高税率来增加财政收入。税率提高会降低个人的可支配收入水平，使个人消费需求减少。同时，税率提高会降低企业投资利润率从而导致投资积极性下降，投资需求减少，导致资本品、消费品进口减少而出口增加，进而导致汇率升值。

② 减少政府公共支出。这样会通过乘数效应使该国国民收入减少，进口需求减少，

促使汇率升值。

③ 增发货币。这样将引发通货膨胀，如前所述，将导致该国货币贬值。

④ 发行国债。从长期看，这将导致更大幅度的物价上涨，也会引起该国货币汇率下降。

6. 外汇储备高低

一国中央银行所持有外汇储备充足与否反映了该国干预外汇市场和维持汇价稳定的能力大小，因而外汇储备的高低对该国货币的稳定起主要作用。一国外汇储备太少，往往会影响外汇市场对该国货币稳定的信心，从而引发贬值；相反，一国外汇储备充足，往往该国货币汇率也较坚挺。例如，1995年3月至4月中旬，国际外汇市场爆发美元危机，主要原因就是当时美国总统克林顿为缓和墨西哥金融危机动用了200亿美元的总统外汇平准基金，动摇了外汇市场对美国政府干预外汇市场能力的信心。

（二）心理预期因素

在外汇市场上，人们买进还是卖出某种货币，与交易者对未来的预期有很大关系。当交易者预期某种货币的汇率在今后可能下跌时，为了避免损失或获取额外的利益，便会大量地抛出这种货币，而当他们预期某种货币汇率今后可能上涨时，则会大量地买进这种货币。由于外汇交易者心理预期的形成大体上取决于一国的经济增长率、货币供应量、利率、国际收支和外汇储备的状况、政府经济改革、国际政治形势及一些突发事件等复杂的因素，因此，心理预期不但对汇率的变动有很大影响，而且带有捉摸不定、十分易变的特点。

（三）信息因素

现代外汇市场由于通信技术的高度发达、各国金融市场的紧密连接和交易技术的日益完善，已逐渐发展成为一个高效率的市场。市场上出现的任何微小的盈利机会，都会立刻引起资金大规模的国际移动，会迅速使这种盈利机会归于消失。在这种情况下，谁最先获得能影响外汇市场供求关系和心理预期的"新闻"或信息，谁就有可能在其他市场参与者尚未了解实情之前立即做出反应从而获得盈利。因此，信息因素在外汇市场日趋发达的情况下，对汇率变动已具有相当微妙而强烈的影响。

（四）政府干预因素

由于汇率波动会对一国经济产生重要影响，目前各国政府（或中央银行）为稳定外汇市场，维护经济的健康发展，经常对外汇市场进行干预。政府干预外汇市场的途径主要有以下四种。

① 直接在外汇市场上买进或卖出外汇。

② 调整国内货币政策和财政政策。

③ 在国际范围内发表表态性言论以影响市场心理。

④ 与其他国家联合，进行直接干预或通过政策协调进行间接干预等。

扩展阅读

美联储针对新冠疫情推出的政策

全球新冠疫情暴发后，为了刺激经济复苏，美联储推出了极限宽松货币政策与大规模财政刺激政策。受新冠疫情冲击，2020 年 2～3 月全球股票市场大跌，美日欧主要股指自年初高点跌幅都超过 30%。但 3 月起美国推出一系列货币和财政救援政策，特别是 3 月 23 日美联储宣布采取"无上限"QE 政策措施及 3 月 27 日推出 2 万亿财政刺激法案后，美股快速反弹，年初低点以来回弹 36.1%，在主要指数中回弹幅度最高。表 8-1 是美联储自 2020 年 3 月以来的具体政策与措施。

表 8-1　美联储 2020 年 3 月主要货币政策及措施梳理

时间	政策与措施
2020 年 3 月 3 日	美联储紧急降息 50 个基点至 1.0%～1.25%
2020 年 3 月 12 日	纽约联邦储备银行宣布规模高达 1.5 万亿美元的刺激措施
2020 年 3 月 15 日	美联储将与加拿大央行、英国央行、日本央行、欧洲央行、瑞士央行通过现有美元流动性互换协议采取协调行动，为全球市场提供更多流动性支持；再次降息 100 个基点至 0.00%～0.25%，重启量化宽松共 7 000 亿美元，其中 5 000 亿美元用于购买国债，2 000 亿美元用于购买 MBS
2020 年 3 月 16 日	美联储将贴现窗口中的一级信贷利率下调 150 个基点至 0.25%。26 日起将存款准备金率下调至 0。重启中央银行流动性互换；支持银行动用银行资本和流动性缓冲；支持存款机构动用当日信用交易
2020 年 3 月 17 日	美联储设立商业票据融资机制（commercial paper funding facility, CPFF），以支持向家庭和企业的信贷流动，CPFF 将通过特殊目的载体（special purpose vehicle, SPV）绕开银行直接为实体企业提供资金支持。美国财政部通过外汇稳定基金（exchange stabilization fund, ESF）向美联储提供与 CPFF 相关的 100 亿美元信贷保护；美联储设立一级交易商信贷机制（primary dealers credit facility, PDCF），以支持家庭和企业的信贷需求。PDCF 将提供隔夜和期限最长为 90 天的有期资金，将持续至少 6 个月
2020 年 3 月 18 日	美联储设立货币市场共同基金流动性工具（money market mutual fund liquidity facility, MMLF），扩大对家庭和企业信贷流动的支持计划，美国财政部通过 ESF 向美联储提供与 MMLF 相关的 100 亿美元信贷保护
2020 年 3 月 19 日	美联储将与澳大利亚储备银行、巴西中央银行、韩国中央银行等 9 家中央银行建立临时美元流动性互换协议，以缓解全球美元融资市场面临的压力
2020 年 3 月 23 日	美联储宣布当周每天都将购买 750 亿美元国债和 500 亿美元 MBS，每日和定期回购利率报价重设为 0%；不限量按需买入美债和 MBS，美联储启动无上限 QE；将设立"主街商业贷款项目"以支持中小型企业贷款；为企业债新设两个流动性工具；设立用于发行新债券和贷款的一级市场公司信贷融资工具（primary credit facility, PMCCF）和用于为未偿还公司债券提供流动性的二级市场公司信贷融资工具（secondary market corporate credit facility, SMCCF），以及设立定期资产支持证券贷款工具（term asset-backed securities loan facility, TALF），支持信贷流向消费者和企业
2020 年 3 月 27 日	美国 2 万亿美元财政刺激计划生效

（资料来源：佚名，2020. 2020 年美联储 3 月货币政策及美国 2 万亿财政刺激法案要点汇总解读[EB/OL].（2020-06-20）[2022-06-20].https://www.reportrc.com/article/20200620/9970.html.）

在美联储实施了一系列宏观经济政策之后，在岸人民币汇率自 2020 年 3 月至 2021 年 6 月，从最高 7.177 5 USD/CNY 到最低的 6.357 3 USD/CNY。

二、外汇风险的含义与特点

（一）外汇风险的含义

外汇风险（foreign exchange risk）又称汇率风险，是指在一定时期的国际经济交易中，以外币计价的资产（或债券）与负债（或债务），由于汇率的波动，其价值出现涨跌的可能性。

从外币资产或负债所有者的角度看，外汇风险可能产生两个不确定的结果，即遭受损失和获得收益。风险的承担者包括政府、企业、银行、个人及其他部门。

从国际外汇市场外汇买卖的角度看，买卖盈亏未能抵消的那部分就面临着发生汇率波动的风险。人们通常把这部分承受外汇风险的外币金额称为外汇敞口或受险部分，其包括直接受险部分（direct exposure）和间接受险部分（indirect exposure）。直接受险部分是指经济实体和个人参与以外币计价结算的国际经济交易而产生的外汇风险，其金额是确定的；间接受险部分是指因汇率变动、经济状况变化及经济结构变化产生的间接影响，那些不使用外汇的部门和个人也承担风险，其金额是不确定的。

在当代金融活动中，国际金融市场动荡不安，外汇风险的波及范围越来越大，几乎影响到所有的经济部门。即使风险敞口为零也可能间接受到汇率波动的影响，这使风险管理变得十分重要。

（二）外汇风险的特点

1. 或然性

外汇风险的或然性是指外汇风险可能发生也可能不发生，不具有必然性。

2. 不确定性

外汇风险的不确定性是指外汇风险给持有外汇或有外汇需求的经济实体带来的可能是损失也可能是盈利，它取决于在汇率变动时经济实体是处于债权地位还是处于债务地位。

3. 相对性

外汇风险的相对性是指如果外汇风险给一方带来的是损失，那么给另一方带来的必然是盈利。

三、外汇风险的类型

根据外汇风险的作用对象、表现形式，外汇风险划分为以下三种类型。

（一）交易风险

交易风险（transaction exposure）是指企业或个人在交割、清算对外债权债务时因汇率变动而导致经济损失的可能性。这些债权债务在汇率变动前已经发生，但在汇率变动后才清算。交易风险是一种常见的外汇风险，存在于应收款项和所有货币负债项目中。由于进行本国货币与外币，或者不同外币的交换才会产生外汇风险，开办外汇买卖业务的商业银行因此面临大量的外汇交易风险；工商企业在以外币进行贸易结算、贷款或借款，以及伴随外币贷款、借款而进行外汇交易时，也要发生同样的交易风险；个人买卖外汇也不例外。此外，一些表外业务中也包含着外汇交易风险，如买入和卖出外汇远期合约、期货合约、期权合约及互换合约等外汇工具，还有购买尚未清算的、客户的价格早已确定的涉外商业合同等。

【例 8-1】我国某金融机构在日本筹集一笔总额为 100 亿日元的资金，以此向国内某企业发放 1 年期美元固定利率贷款。按当时美元兑日元汇率，1 美元兑 200 日元，该机构将 100 亿日元折成 5 000 万美元。1 年后，美元兑日元汇率变成 1 美元兑 110 日元，仅 100 亿日元本金就需要 9 090.9 万美元。该金融机构到期收回本金 5 000 万美元与利息（按年利率 14% 计）700 万美元，总计 5 700 万美元，连借款的本金都难以弥补，这就是该金融机构因外币汇率下跌所蒙受的风险。

（二）折算风险

折算风险又称会计风险（accounting exposure），是指由汇率波动引起企业资产负债表某些外汇项目变动的风险，由于企业进行会计处理时将外币折算成本国货币时使用的是不同时期的汇率，因此可能出现会计账面损益。

折算风险是一种存量风险。虽然当汇率波动时，其外币资产负债数额美元发生变化，但在会计账目中，其本币数目发生了变化。折算风险尽管只是一种账面上的评价，并非真实的损益，但这并不是不会对未来产生实质性影响。账面上的资产和负债是要向股东和社会公众公布的，汇率的大幅波动会影响投资者对企业的评价，进而影响股价，以致减弱企业的融资能力，引发风险。

【例 8-2】美国某银行在其英国分行的往来账户余额为 1 000 万英镑。年初时 GBP 1＝USD 1.600，即账户余额是 1 600 万美元。年末美元升值，英镑贬值，GBP 1＝USD 1.500，即到了年末，英国分行账户余额折算成美元只有 1 500 万美元，英镑余额价值降低了 100 万美元。根据美国会计制度规定，这笔损失应计入公司损益中，或者通过一个备抵账户直接冲销股东收益。

在以外币表示的资产和负债折算成以母国货币表示的资产和负债时，产生的折算风险受不同国家会计制度的影响。在不同的折算方法下，外汇资产和负债的评价各异，损益情况也不一样。当货币折算时，可以选择现行汇率和历史汇率（即资产平衡表和损益表中的项目发生时使用的即期汇率）。当选择哪些项目使用现行汇率、哪些项目使用历史汇率时产生了流动/非流动法（the current/non-current method）、货币/非货币法（the monetary/non-monetary method）、时间度量法（the temporal method）和现行汇率法（the current rate method）。

1. *流动/非流动法*

流动/非流动法是指将流动资产和流动负债按现行汇率折算，而将非流动资产和非流动负债按资产和负债形成时的历史汇率折算。

2. 货币/非货币法

货币/非货币法是指将货币性资产和货币性负债按现行汇率折算,而将非货币性资产和非货币性负债按历史汇率折算。

3. 时间度量法

时间度量法类似第二种方法,但对真实资产的处理方法略有不同。真实资产如果以现行市场价表示,则按现行汇率折算;如果以历史成本表示,则按历史汇率折算。

以上三种方法的相同点:收益表中的费用和收入除了一些与非流动资产和非流动负债有关的项目(固定资产折旧和无形资产摊销),一般采用报告期的平均汇率来换算。

4. 现行汇率法

现行汇率法的会计处理方法简单,是指将资产负债表中的所有项目均按现行汇率折算。这种方法首先由英格兰及威尔士特许会计师协会(The Institute of Chartered Accountants in England and Wales, ICAEW)和苏格兰特许会计师协会(The Institute of Chartered Accountants of Scotland, ICAS)倡导,被英国公司广泛采用。美国财务会计准则委员会(Financial Accounting Standards Board, FASB)在 1981 年公布的第 52 号《财务会计准则公告》(以下简称 FASB-52)中推荐现行汇率作为可参考的公认会计准则,与时间度量法同时适用。

(三)经济风险

经济风险(economic exposure)指由于外汇汇率变动使企业在将来特定时期的收益发生变化的可能性,即企业未来现金流量折现值的损失程度。收益变化幅度的大小,主要取决于汇率变动对企业产品数量、价格成本可能产生影响的程度。例如,当一国货币贬值时,出口商一方面因出口货物的外币价格下降,刺激出口使其出口额增加而获益;另一方面,如果出口商在生产中所使用的主要原材料为进口品,因本国货币贬值会提高本币表示的进口品的价格,出口产品的生产成本增加。结果该出口商将来的纯收入可能增加,也可能减少,其市场竞争能力、市场份额将发生相应的变化,进而影响该出口商的生存与发展潜力,此种风险就属于经济风险。

【例 8-3】2019 年,某银行将筹集的 7 150 万元人民币以即期汇率 1 美元＝7.150 0 元人民币的汇率折合为 1 000 万美元,按 2 年期的贷款授信给美国 A 企业,并按 2 年共计 10%利息,一次还本付息。2021 年,由于人民币升值的影响,汇率变为 1 美元＝6.450 元人民币,此时该银行仅能收回 7 095 万元人民币。在不考虑通货膨胀的情况下,该银行将损失 55 万元人民币。

经济风险与交易风险、折算风险相比,它产生的影响是长期的、复杂的,而交易风险和折算风险是一次性的。需要注意的是,第一,经济风险针对的是意料之外的汇率变动,意料之中的汇率变动不会带来经济风险;第二,经济风险针对的是计划收益,因为意料之中的汇率变动对收益的影响已经在计算计划收益的过程中加以考虑了,所以经济风险并未包含汇率变动对收益的全部影响。

经济风险能否避免很大程度上取决于企业的预测能力，预测的准确度将直接影响其在销售和融资等方面的战略决策。因而，经济风险不仅影响国内经济行为与效益，还直接影响涉外经营效益或投资效益。在外汇风险中，交易风险和经济风险是主要的风险。

虽然交易风险、折算风险与经济风险都是因未预期的汇率变动引起外汇资产或负债在价值上的变动，但侧重点各有不同。

第一，从损益结果的计量来看，交易风险可以在会计程序中体现，用一个具体的数字表示，具有静态性和客观性的特点；经济风险的测量不是来源于会计程序，而是来源于经济分析，侧重于全局，是从整体上进行预测、规划和分析，它涉及财务、价格、市场等方面，带有一定的动态性和主观性。

第二，从测量时间来看，交易风险和折算风险只突出过去已经发生的交易在某一时点的汇率风险的受险程度；经济风险则要测量将来某一段时间出现的汇率风险。

外汇风险可能会带来损失，也可能会带来收益，但稳健经营的企业不是想从汇率波动中获得好处，而是尽量减少或规避汇率波动的不确定性。因而一旦发生损失，其灾难性的后果是不可估量的。因此，对以上三种风险进行分析测量，并采取措施加以防范管理是必不可少的。

第二节　外汇风险的度量

一、汇率预测

汇率预测是指对货币间比价关系的波动范围及变化趋势做出判断与推测。汇率波动是造成外汇风险的决定性因素，准确预测汇率波动方向和幅度是确定风险大小、风险危害程度的首要工作。

一般地，企业都是外汇风险的规避者。企业跨国经营不仅要受到汇率变动的直接影响，还要受到汇率变动所导致的利率和物价等间接因素变动的影响，在这些因素的共同作用下，从事国际业务企业的未来收益、现金流量存在较大的不确定性，需要企业衡量汇率波动造成的收益或损失的可能性，并且采取适当的处理措施，把损失的可能性尽量缩小。因此，汇率预测是企业外汇风险计量及企业战略调整的基础。

汇率预测工作也存在较大的困难。影响汇率波动的基本因素有相对利率、相对通货膨胀率、相对收入水平、政府管制及人们的心理预期，此外还有投机活动和政治经济等各种突发因素。这其中既包括经济因素，又包括政治因素、国际因素和心理因素等。同一个因素在不同的国家、不同的时间所起的作用也不尽相同。汇率预测涉及领域的广泛性远超过任何一个人的知识结构广度，同时这些基础因素之间往往存在相关性，一个因素变化时，其他因素会发生方向相同或相反的对应性变化。汇率波动影响因素之间的种种相关性，使汇率预测的难度进一步提高。

但随着科技发展和持续的研究探索，人们已经总结出几种较为有效的汇率预测方法。相信随着金融、统计等学科的发展，未来的汇率预测准确率会进一步提高。

扩展阅读

汇率市场化改革

2005 年 7 月 21 日，汇率市场化改革（简称汇改）在中国开始实施，这标志着人民币汇率的形成机制真正开始市场化、透明化。2007 年 5 月 21 日将人民币兑美元交易价浮动幅度由 3‰扩大到 5‰；2010 年 6 月 19 日宣布重启汇改，增强人民币汇率弹性。自汇改重启以来，人民币小幅升值，双向浮动特征明显，汇率弹性显著增强，以中间价为计，人民币升值幅度已达 5%。在 2015 年的"8·11"汇率改革中，中国人民银行宣布调整人民币兑美元汇率中间价报价机制，这是中国人民银行推动汇率市场化改革的又一次重要尝试，推动外汇市场有效性进一步提升。2016 年 10 月 1 日，人民币正式加入 SDR，人民币国际化迈上新台阶，人民币汇率形成机制改革也取得了突破性的进展。

由于人民币国际化与汇率稳定存在着一种此消彼长的关系，人民币国际化的快速推进必然会影响汇率稳定，扩大汇率波动幅度。同时，由于市场间存在溢出性，外汇市场的稳定关乎整个金融市场的健康发展，而随着我国经济的快速发展和国际地位的迅猛提升，人民币汇率波动对其他经济体也会产生不同程度的影响。在此背景下，正确认识人民币外汇市场的结构特征，准确预测人民币汇率波动，对于我国加强金融风险管理、贯彻新发展理念、构建新发展格局、实现新发展目标具有重要意义。

（资料来源：作者根据相关资料编写。）

作为金融市场的理论基石，传统有效市场理论常被用于研究市场波动性特征，但该理论无法对市场上出现的一月效应、杠杆效应等"异常现象"进行较好的解释。分形市场假说基于非线性动力系统，利用流动性和投资者投资起点差异很好地解释了"异"市场现象，基于该理论对金融市场的研究与真实情况更为接近，并且有效市场属于分形市场的一种特殊形式，这使分形市场理论的适用范围更广，为金融市场研究开辟了新视角。

在传统的波动率预测模型中，GARCH（generalized autoregressive conditional heteroskedasticity，广义自回归条件异方差）模型与 SV（stochastic volatility，随机波动率）模型能够较好地刻画时间序列的波动集聚性特征，对序列波动性具备一定的预测能力。但与此同时，传统模型无法体现不同时间标度下价格波动差异之间的关系，对于金融市场复杂波动行为的解释能力不足。基于分形理论下的多重分形波动分析以非线性范式反映金融市场的真实状况，可以充分发掘市场上固有波动信息，相较于传统模型可以包含更多信息，对市场真实波动率预测的准确度也会大幅提升。

1）汇率波动会影响个人的国外旅游。

【例 8-4】张伟年初制订了耗资 4 000 英镑的全家英国旅游计划，旅行日期定在 9 月。为此，按照年初 1 英镑＝12.3 元人民币的汇率，张伟准备了 49 200 元人民币。但是到了 9 月，汇率变为 1 英镑＝13.5 元人民币。如果要继续英国之行，张伟需要追加 4 800 元人民币。受资金不足的限制，张伟很可能取消预订的旅行计划。即使张伟能够携带 4 000 英镑现金或旅行支票赴英国旅游，按原计划还要到法国旅行 2 天，但英镑兑欧元下跌了 15%，这表明张伟即使把手头的英镑兑换成欧元后，也无法保障全家在法国的开支，所以恐怕不得不取消法国之行。

2）汇率波动会影响个人消费国外商品与劳务。

【例 8-5】李玉通过互联网向北京的一家书店订购一套由日本出版社出版的图书，并注意到书店的公告中有下列注意事项："标价均是当前的人民币价格，由于进口图书时汇率波动等原因，可能会变更人民币价格，特此预先通知。"从外国订购书刊，通常需要一段时间，由于此期间日元币值急剧上升，李玉拿到这套日本书籍时，所需支付的书款竟然比当初的预订金额高出 50%。

例 8-4 和例 8-5 表明，汇率风险对个人的财务安排和生活都会产生影响，与普通人的生活息息相关。当然，与企业相比，由于个人所持有的外汇规模有限，汇率风险带来的危害并不大，因而个人对汇率预测的准确性要求不高。

1. 汇率预测的类型

人们应根据特定的需要来确定不同的汇率预测类型。汇率预测有长期预测、短期预测和即期预测三种类型。

1）长期预测是指预测 1 年以上的汇率变化。它为企业或个人进行长期海外投资或借款、外汇长期理财产品的投资及国家外汇储备等提供决策依据。因为时间较长，所以长期预测的准确性一般较差。

2）短期预测是指预测 3 个月至 1 年的汇率变化。它为人们对应收、应付账款进行套期保值、外汇短期理财产品的投资及外汇交易的短线投资或投机等提供决策依据，对预测的准确性要求较高。

3）即期预测是指预测 3 个月内的汇率变化。它为国际贸易 3 个月内的支付和外汇交易等提供决策依据。

一般来说，时间维度越长，预测难度越大，预测的准确度要求就要相应降低。

2. 汇率预测的步骤

1）根据特定的需要确定预测的目标，包括预测何种外汇币种、时间维度和准确度要求等。例如，某出口商在 2 个月后收到 100 万美元，他便需要进行 2 月期美元的汇率预测。

2）根据预测的目标搜集和积累有关信息资料。首先，人们要根据预测的目标确定搜集资料的范围。其次，人们要选择资料的来源和搜集资料的方法。例如，利用互联网、外汇资讯、外汇报纸、外汇期刊、外汇专著和有关的统计手册等多种渠道获取大量相关信息，联合国及其专门机构也不断提供各种统计资料，另外，也可以进行直接的市场调查、向信息机构咨询。最后，人们需要对搜集到的信息进行整理，即对信息进行筛选和归类。

3）根据预测的目标选择预测的方法。一般来说，长期预测侧重于选择定性分析，而短期预测还需要进行定量分析。定性分析和定量分析方法各有利弊。定性分析是根据影响汇率波动的变量因素，如一国财政经济状况、货币政策、通货膨胀率、货币供求关系等，预测未来汇率走势的分析方法，因此具有较高的不确定性。定量分析主要是借助数学统计模型，利用历史数据来推断样本外数据的一种分析方法。

4）分析预测误差。由于国际金融市场价格预测的复杂性和信息成本的制约，汇率预测难免出现误差。在分析预测误差时，要先考察误差的性质，随机性预测误差一般不能说明预测方法存在缺陷，而系统性预测误差则要求人们分析误差发生的原因，从而改进预测方法。

3. 汇率预测的方法

汇率预测的方法有技术因素分析（技术分析）法和基本因素分析（基本分析）法两大类。

1）技术因素分析法，是指人们利用某些历史资料来判断整个汇市或个别外汇币种价格未来变动的方向和程度的分析方法。

2）基本因素分析法，是指人们通过分析各种因素的互相作用，对国际金融市场的汇率进行预测的方法。有人误认为基本因素分析法只是定性分析法，其实基本因素分析法包括定性分析法、数学模型分析法和德尔菲分析法三种常见类型。

① 定性分析法，是指根据特定的理论或经验对国际金融市场价格的大致走势做出判断，并不考虑各种基本因素与国际金融市场价格之间的数量关系。例如，在其他条件不变的前提下，一国通货膨胀率较高会导致该国货币汇率下降。

② 数学模型分析法，是指利用经过检验的数学模型预测汇率。与定性分析法相比，数学模型分析法在表述变量相互关系方面更加严格。但数学模型分析法固有的内在缺陷，导致其难以被一般市场交易者所理解和操作。

③ 德尔菲分析法，是指通过向专家进行滚动式问卷调查，从而对国际金融市场的价格进行预测的方法。它是具有较强实用价值的基本因素分析法，但它的固有缺陷，导致其难于被个人投资者所采用，适用于机构和大型企业。

上述三种基本因素分析法各有利弊，因而各有其使用价值。

扩展阅读

技术因素分析法的局限性

专业交易商和普通投资者大多会绘制汇率走势图、查看汇率行情、搜寻相关的财经消息，并且会使用各种软件进行行情及交易分析。一般而言，专业交易商在交易时间内坐在计算机屏幕前，查看财经消息、查阅图表、判断汇率变动情况，考虑所有可能的外汇买卖机会。普通投资者没有这样的时间，他们主要根据新闻里的建议及各种消息做出汇率行情判断，或者在发现某一图表中显露明显的技术指标后进行外汇买卖。普通投资者在计算机屏幕前往往坐上数小时而没有进行任何交易，因为他们缺乏一种系统的搜寻方法，难以选到有潜力的目标或有利可图的交易时机。尽管许多外汇交易软件可以帮助普通投资者根据一些标准（如价格、成交量或其他指标）找到所需的货币及外汇买卖时机，然而，这些软件工具通常要求使用者自己输入搜索的标准，而困难正在于大多数使用者并不真正知道汇率预测技术，以及得出可靠外汇买卖信号的条件。更为糟糕的是，大多数软件工具过于简单，投资者无论输入何种标准，均不能找出心目中所需的目标货币及买卖时机。对于普通投资者而言，如果希望通过外汇买卖盈利，比较好的方法是委托银行或专业交易商进行，或者通过支付一定的费用，获得专业人士提供的汇率行情预测及买卖建议。

（资料来源：作者根据相关资料编写。）

二、交易风险的度量

1. 交易风险的计量

交易风险是企业常见的外汇风险，因此也是外汇风险管理的重点。涉外企业和跨国公司日常经营中有大量的应收应付款，构成企业未来的现金流入或现金流出。由于这些现金流量往往由多种货币组成，在未来进行实际的交割或收付时，不同货币的汇率波动就会造成现金流入量或流出量的货币价值发生波动，有可能会增加，也有可能会减少。

一般地，计量交易风险需要两个步骤：第一步，确定各外币预计的流入量或流出量净额，即风险敞口；第二步，确定这些货币的总体风险。

净现金流量带来的交易风险：企业某一时点的净现金流量才是计算交易风险的对象。因为同一种货币的应收款和应付款二者方向相反，汇率波动对应收款有利时，必然以同样的幅度不利于应付款，反之亦然。如果企业某种货币的应收款恰好等于或基本等于应付款，该种货币的汇率波动不会给企业带来任何交易风险。只有应收款和应付款相互抵销后的净额，才是企业真正会受到汇率波动影响的部分，即风险头寸。用公式表示为

净外汇风险敞口（净暴露）＝（外币资产－外币负债）＋（外币购入－外币售出）
＝净外币资产＋净外币购入

对于单一币种的外汇风险敞口，我国通常用以下公式表示：

以本币计价的某种外币的亏损或盈利＝以本币计价的净外汇风险敞口×汇率变动值，以上公式的关系可用表 8-2 表示。

表 8-2 净外汇风险敞口与银行风险的关系

净外汇风险敞口	外币对本币	外汇损益
正值	升值	盈利
	贬值	亏损
负值	升值	亏损
	贬值	盈利

2. 交易风险的类型

以商业银行为例，其涉及外汇的业务主要有外币存贷款、中间业务[合格境内机构投资者（qualified domestic institutional investor，QDII）投资、合格境外机构投资者（qualified foreign institutional investor，QFII）进入国内则相应地需要通过国内银行托管资产，同时能够及时提供资金清算、汇兑、资产估值等服务]、汇兑、结售汇、跨境人民币贸易结算等。

金融机构外汇市场的头寸一般反映了以下四种交易活动。

1）为了使客户能够参与和完成国际贸易交易活动而买卖外汇。

2）为了使客户（或金融机构）能够参与国外的实际投资和金融投资而买卖外汇。

3）出于套期保值的目的，为了抵消与客户（或金融机构）进行某种外汇交易时的风险敞口而进行外汇买卖。

4）出于投机目的，通过预测汇率将来的变化走势而买卖外汇。

总体而言，金融机构外汇业务主要有外币资本借贷、外汇交易、金融衍生品交易三大类。

扩展阅读

货币相关性对净现金流量的影响

在运用净现金流量方法计量交易风险时，如果没有充分考虑各货币之间的相关性，就会夸大或缩小跨国公司的交易风险。例如，我国的两家跨国公司 A 和 B 已合并了所有子公司预测的各种外币净现金流量。假定跨国公司 A 面对的是大量加拿大元流入，而跨国公司 B 面对的是大量的、金额几乎相等的澳大利亚元流入和瑞士法郎流出。那么，哪家跨国公司面临更大的交易风险？单从表面现象看，人们很容易认为跨国公司 B 面临较大的交易风险，因为该公司面对的两种货币兑人民币的波动幅度较大；而跨国公司 A 似乎风险较小，因为加拿大元相当稳健。

然而这样的答案却是错误的，因为上述推理忽略了货币相关性这一重要概念。假设澳大利亚元和瑞士法郎同人民币高度正相关，这意味着在澳大利亚元对人民币升值时，瑞士法郎也会升值且幅度大致相同。同样，如果澳大利亚元对人民币贬值，瑞士法郎也会按照大致相同的幅度贬值。在这种情况下，跨国公司 B 拥有的未来澳大利亚元净流入头寸和瑞士法郎净流出头寸，在金额大体相等的情况下就会产生对冲，交易风险将大大减少，甚至可以忽略不计。因为这两种货币会同时对人民币贬值或升值。如果对人民币贬值，那么流入的澳大利亚元所兑换的人民币现金流入量减少，但是瑞士法郎流出所需支付的人民币金额也相应减少。一旦两种货币高度正相关，在经济表现上就很像是同一种货币：一种货币流入的交易风险和另一种货币流出的交易风险将相互抵消。

然而，各国货币受政治、经济、外交、文化等多种因素的影响，通常很少有货币是高度正相关的，货币之间很难出现恰好完全一致波动的情况。只要两种货币在一定程度上是同方向波动的，跨国公司在拥有一种货币净流入头寸而另一种货币净流出头寸时，这两种货币的净头寸就可以部分地相互抵消，汇率波动带来的交易风险总额就会有所减少。

如果跨国公司的多个货币净头寸方向不是相反的，而是更多地表现为单向的流入或流出，在这种情况下，只要跨国公司出现净头寸的货币不是太集中，即币种比较多，它也能够从重视和利用货币相关性中受益。跨国公司可以将这些净流入或净流出当作投资组合，构成组合的货币的相关性越低，现金流入或流出组合的总体变化或波动性也就越低，意味着跨国公司的交易风险会变小。

从管理角度看，跨国公司更加重视各货币净头寸组合的交易风险，因为该组合的波动性为跨国公司以本币衡量未来现金流量波动幅度提供了一个计量尺度，并反映组合价值的不确定性。跨国公司通常偏好波动性低的现金流入或流出组合，理由是这种组合大幅偏离其预期价值的可能性比较小。相关性低或负相关的货币组合，由于各种货币不会同时以同样的幅度向同一方向波动，彼此存在抵消效应，有利于减少组合整体现金流量的波动性，使组合的长期总体波动趋于稳定。

（资料来源：作者根据相关资料编写。）

3. 交易风险的计算

下面以一个具体实例介绍计算交易风险的步骤和技巧。

【例 8-6】某跨国银行 A 在接近年末时，其两家分行 X 和 Y 的外币资产、现金情况分别如表 8-3 和表 8-4 所示。

表 8-3　X 分行的外币资产、现金情况

类型	外币资产	外币负债	净外币资产	外币购入	外币售出	净外币购入
美元	8 000 000	5 000 000	3 000 000	6 500 000	5 500 000	1 000 000
欧元	500 000	3 500 000	−3 000 000	2 000 000	1 000 000	1 000 000
日元	500 000	1 500 000	−1 000 000	500 000	4 500 000	−4 000 000

表 8-4　Y 分行的外币资产、现金情况

类型	外币资产	外币负债	净外币资产	外币购入	外币售出	净外币购入
美元	3 000 000	4 000 000	−1 000 000	2 300 000	1 300 000	1 000 000
欧元	2 500 000	1 000 000	1 500 000	500 000	1 000 000	−500 000
日元	3 800 000	300 000	3 500 000	700 000	1 200 000	−500 000

为了把握 A 银行总的外汇敞口头寸情况，A 银行将 X 分行、Y 分行两个分支机构的外汇资产、现金进行汇总，得出该行各种货币的净外汇风险敞口。A 银行对年末相关货币的汇率进行了预测，给出了与敞口对应的预期汇率。以美元为例，从表 8-5 可以看出，涉及美元的净外币资产为 2 000 000 美元、净外币购入为 2 000 000 美元，净美元风险敞口为 4 000 000 美元。当预期美元汇率为 6.15 元人民币/美元时，A 银行美元敞口的本币价值为 24 600 000 元（人民币）。

表 8-5　A 银行外汇合并净额

类型	净外币资产	净外币购入	净外汇风险敞口	预期汇率	敞口净值/元
美元	2 000 000	2 000 000	4 000 000	6.15	24 600 000
欧元	−1 500 000	500 000	−1 000 000	8.22	−8 220 000
日元	2 500 000	−4 500 000	−2 000 000	0.059	−118 000

当预期的美元汇率为另一数值时，A 银行美元敞口净值就会出现变动。实际上，未来汇率是一个相对于当前的预测值，它并不是一个准确的值，存在一定的偏差。因而，仅用一个确定的预期汇率来计算年末的本币价值是不太科学的。同时，预期汇率通常不是一个点估计值，而是一个相对可能发生的波动区间。通过预测未来汇率的波动区间，银行未来外汇敞口的价值也就被确定在对应的取值区间。区间越大，说明该货币敞口价

值波动的幅度越大，承担的风险越大；区间越小，说明该货币敞口价值波动的幅度也就越小，承受的风险也就相应越小。

确定银行外汇敞口风险的一个简单方法就是只考虑极值情况，即在确定了净外汇风险敞口的情况下，预测银行对应外汇风险波动的最大值及最小值，然后乘以该货币净外汇风险敞口，计算出每种货币期末风险敞口人民币价值的最大值及最小值。

表 8-6 更为直观地介绍了极值预测法所估计的外汇期末风险敞口人民币价值。

表 8-6 估计的 A 银行的风险敞口净值范围及交易风险

类型	净外汇风险敞口	期末汇率波动范围	敞口净值范围/元	不确定金额/元
美元	4 000 000	6.11～6.21	24 440 000～24 840 000	400 000
欧元	-1 000 000	8.15～8.35	-8 150 000～-8 350 000	-200 000
日元	-2 000 000	0.039～0.059	-78 000～-118 000	-40 000
瑞士法郎	3 000 000	6.73～7.08	20 190 000～21 240 000	1 050 000

在表 8-6 中，欧元的净外汇风险敞口为 -1 000 000 欧元，期末预计的欧元汇率可能出现的范围为 1 欧元兑换 8.15～8.35 元人民币。因此，预期的净现金流出至少为 8 150 000 元人民币，最高为 8 350 000 元人民币，不确定金额为人民币 200 000 元。相较而言，不同外汇币种汇率的波动幅度是存在差异的。从表 8-6 中可以看出，瑞士法郎的波动幅度最大，为 0.35；日元的波动幅度最小，为 0.02。相同量级的瑞士法郎和美元相比，尽管美元的头寸更大，但由于瑞士法郎的汇率波动幅度很大，瑞士法郎的不确定金额（1 050 000 人民币）高于美元的不确定金额（400 000 元人民币）。

需要注意的是，外汇风险不仅与货币汇率波动幅度有关，还与净外汇风险敞口的大小有关。净外汇风险敞口越大，承受风险的量级越大。

在 A 银行的例子中，为了重点说明汇率波动对银行交易风险的影响，假设每种货币的净外币资产、净外币购入是一直不变的，只有期末汇率是可变的。但是，现实中由于银行不断地进行货币的买卖及借贷活动，每种货币的净外币资产、净外币购入是无时无刻不在变化的。也就是说表 8-6 中的敞口净值不是一个确定的点值，而是同汇率一样是一个波动的数值范围。因而，实际的外汇风险计量更加复杂。

值得注意的是，本例采用的估计时间区间虽然是 1 年，但这并不是说风险预测的期间只有这一种取值，它可以是 1 个月、1 个季度或 1 年。不过，外币交易风险估计的时间跨度越长，其准确度一般而言就会越低。这是由于每种外币的净外汇风险敞口、未来汇率都会随时间的延长具有更大的不确定性。因此，大多数银行或企业更加看重 1 年以内的外币交易风险的计量管理方式。

三、折算风险的度量

跨国公司的折算风险的大小取决于三个因素，即在国外经营的程度、国外子公司所在地、使用的会计准则。

1. 在国外经营的程度

跨国公司的国外子公司在业务总收入中所占比例越大，其财务报表项目的折算风险也就越大。例如，一些跨国公司主要以出口的形式涉外经营，国外子公司开展的业务所占比例很小，它们的业务没有多少是由国外子公司进行的，这些跨国公司的合并报表将不会因汇率波动而受到较大的影响，出现折算风险的可能性较低，但很可能出现较高的交易风险和经济风险。

2. 国外子公司所在地

由于每个主权国家都要求在其境内的企业使用该国的法定货币进行财务核算，因此跨国公司的子公司需要使用所在地本国的货币编制财务报表。在例 8-6 中，不同货币在不同的历史阶段呈现截然不同的波动性。因此，子公司的所在地会影响折算风险的程度。例如，我国的一家跨国公司在德国设有子公司，德国子公司的资产、负债、利润等以欧元计量，而该跨国公司按照我国会计准则的要求必须编制季度合并报表，把子公司的财务状况折算成人民币加以反映。如果欧元兑人民币汇率升值幅度大，该公司的合并报表就会出现较大的折算风险。相反，另一家在加拿大设有子公司的跨国公司，如果加拿大元兑人民币汇率相对稳定，就不会出现较大的折算风险。

3. 使用的会计准则

在合并财务报表数据时，货币折算所使用的会计制度、会计方法会极大地影响跨国公司的折算风险。例如，美国的跨国公司根据 FASB-52 编制它们的合并报表。FASB-52 中的一些规定成为跨国公司折算风险的重要来源：①国外子公司使用的记账货币是其经营活动所在地的货币；②按照报告日的市场汇率把国外子公司的资产和负债从记账货币折算为报告货币；③使用一定期间内的加权平均汇率把国外子公司的收入、费用、盈利和损失等从记账货币折算为报告货币；④因外币价值变动形成的折算利得或损失不在本期净收入中计列，而报告为股东权益的第二要素，位于高通货膨胀国家的国外子公司不适用本条；⑤因外汇交易而实现的利得或损失计入本期净收益，也有例外情况。

【例 8-7】美国的一家跨国银行在英国的子银行第 1 年赚得 10 000 000 英镑，第 2 年也赚得 10 000 000 英镑。当这些利润和其他子银行的利润一起合并时，它们要按照当年的加权平均汇率折算。假设第 1 年的加权平均汇率为 1 英镑兑 1.90 美元，第 2 年为 1 英镑兑 1.50 美元。

尽管在英国的子银行第 1 年和第 2 年的英镑利润额相同，但第 2 年英国公司折算的合并美元利润减少了 400 万美元。造成该跨国银行出现会计风险的原因在于，第 2 年英镑的平均汇率下跌了 0.40。财务分析人士、投资者有可能因为第 2 年子银行美元利润减少而给予该跨国银行较低的评价。然而，利润下降并不是子银行经营方面出现问题，而是走弱的英镑使第 2 年的利润在账面上用美元计量时变少了。

中国会计制度规定编制折合人民币会计报告时应将所有以美元计价的资产、负债类项目按照合并会计报表日银行公布的官方中间价折算为人民币，所有者权益类项目除"未分配利润"项目外，均按照发生时的历史汇率折算为人民币。由于汇率原因产生的折算差额计入外币报表折算差额。对现金流量表中的有关收入、费用项目，也参照上述汇率进行折算。对于海外分公司以非美元货币为记账本位币的，先按当地官方汇率折算为美元，再折算为人民币。

跨国公司合并财务报表并不影响公司的现金流。合并财务报表并不需要子公司将资产或收益汇回母公司。跨国公司普遍重视折算风险，因为它直接影响公司利润报表，进而影响公司股价。

当跨国金融机构的国外子公司在当地有许多增长机会时，它们会倾向于将大部分或全部利润再投资于那个国家。在此情况下，子公司很少关注会计风险，因为利润不必兑换成母国货币。然而，如果子公司在当地没有增长机会时，利润要被兑换成母国货币，会计风险就较为严重，此时还会伴随着经济风险。如果子公司分布在同一国家，那么国家经济萧条带来的会计风险一次兑现的冲击是不容小觑的。因而，设立分子公司进行投资时要尽量分散，最好选择币值相对稳定、有增长前景的国家。

四、经济风险的度量

如果汇率风险中的交易风险、会计风险可以人为控制以减少影响程度及范围，经济风险则完全是一颗不知深藏在何方的不定时炸弹。因为经济风险一般是无法预计的，不知道它什么时候在什么地点爆发。但有一点是确定的，即一旦爆发，直接或间接关联方必定或多或少受损，其影响范围不会太小，持续时间也会很长。

金融机构作为资金运转的调拨者，其业务往来很大程度上都以进出口企业为据点涉及外汇市场。宏观经济环境的恶化在影响进出口企业活动频度和体量的同时，也会缩减商业银行等金融机构的收益，二者是"唇亡齿寒"的关系。

以国际贸易结算业务为例，如果人民币升值，国际贸易结算业务受到的结构性影响表现在：一方面，人民币升值会降低进口产品的价格，增加进口贸易量，进而使对外付汇增加，促进进口贸易结算业务的发展；另一方面，人民币升值会使我国产品和劳务对外出口量在一定程度上受到抑制，出口贸易量下降进而导致收汇减少，从而影响出口贸易结算业务的发展；反之，出口贸易结算业务受益而进口贸易结算业务受抑。

不像交易风险、折算风险那般不会影响外币的数量，经济风险不仅作用于风险敞口的量，还受汇率波动的影响。对于进出口企业而言，经济风险直观的体现是销售收入；对于商业银行而言，国际结算业务则是探测经济风险程度最好的风向标。表8-7列出了跨国进出口企业一些典型的、现金流量有经济风险的国际业务，以及货币汇率对这些业务交易量的影响。

表8-7　汇率波动的经济影响

	项目	本币升值	本币贬值
影响公司本币流入量的交易	本国销售收入（与本国市场的外国竞争者相比）	减少	增加
	以本币标价的出口	减少	增加
	以外币标价的出口	减少	增加
影响公司本币流出量的交易	以本币标价的进口	无变化	无变化
	以外币标价的进口	增加	减少

相较于考虑一个期间汇率经济风险引起该企业发生的利润变化，上市公司股票价格受到的经济风险冲击更值得被关注。因此，在考虑经济风险对企业的影响时，可以采用股票价值代替财务报表资产利润，以此作为企业价值的反映变量，计量股价如何随着货

币汇率波动而变化，可以采用回归分析计量出其汇率敏感性曲线。

扩展阅读

俄罗斯金融危机

1998 年，俄罗斯金融市场动荡加剧。继 5 月 19 日股价和债市价格大幅下跌后的 8 月，国内经济出现恶化。8 月 17 日，俄罗斯政府被迫宣布实行新的卢布"汇率走廊"，导致俄罗斯金融市场投资者的心理防线崩溃，最终引发了一场俄罗斯独立以来积蓄已久的、最为严重的金融危机。

1. 三大措施

1998 年 8 月 17 日，俄罗斯政府及中央银行发表了联合声明，对俄罗斯国内出现的金融危机采取三大措施，具体内容如下。

1）扩大卢布汇率浮动幅度。放弃 1997 年 11 月 11 日宣布的 1998～2000 年"汇率走廊"，即 6.2 卢布兑 1 美元，浮动幅度为 ±15%。从 8 月 17 日起，这一走廊扩大到 6～9.5 卢布兑 1 美元，卢布在此范围内浮动。外汇市场当天的成交价即中央银行的官方汇率。

2）延期清偿内债。1999 年 12 月 31 日前到期的国家短期债券转换成新的国家有价证券，期限和收益率等条件另行公布。在转换手续完成前，国债市场停止交易。俄罗斯政府曾号召国债持有者在自愿基础上将债券转换成 7 年期和 20 年期的外汇债券，利率在 12% 以上。但在 700 多亿美元的内债市场上，响应者寥寥，国债持有者同意转换的债券仅有 44 亿美元，没能解决内债问题。

3）冻结部分外债。俄罗斯商业银行和公司从国外银行、投资公司等处借到的贷款、用有价证券作担保的贷款的保险金，以及定期外汇契约，其支付期冻结 90 天。同时，禁止国外投资者将资金投入偿还期在 1 年以内的卢布资产。政府强调，"冻结"不涉及政府借的外债。

三大措施出台后，俄罗斯国内金融危机并未得到缓解，相反，对俄罗斯政治、经济和社会产生了巨大的负面影响。

2. 负面影响

1）金融市场上出现汇市乱、股市跌、债市瘫的局面。卢布同美元的比价由 8 月 17 日的 6.3∶1 暴跌为 9 月 9 日的 22.4∶1，贬值 256%，6 天后又反弹为 8.9∶1 升值 152%。俄罗斯交易系统股价综合指数从 1997 年的 230 点跌为约 40 点；日交易额从危机前的近亿美元跌至最低时期的数十万美元。进入欧洲企业 500 强的俄罗斯 14 家工业企业的股票总市值由一年前的 1 140 亿美元缩水为 160 亿美元。俄罗斯债市停业近 4 个月，4 360 亿卢布债券的重组方案迟迟未能得到实施，政府债券在国际市场上的市值仅为面值的 6%。

2）受冲击最大的是尚处于"婴幼儿时期"的银行系统，其总资本、存款和贷款均减少了 1/3。1998 年第三季度，俄罗斯 1 500 家银行中有 590 家亏损。在俄罗斯后续的银行系统重组中，近 1/2 银行将被迫宣布破产。

3）金融危机使卢布贬值 70%，失业人数大幅上升，生活在贫困线以下的人口由年初的 1/5 增至年底的 1/3，90%以上的居民生活水平下降。

（资料来源：徐向梅，2003. 危机后俄罗斯银行体系的重组与发展[J]. 国际经济评论（7）：46-50.）

第三节　外汇风险的管理

在风险管理理论发展的历史过程中，商业银行应该以风险管理理论为指导，在实践中重视汇率风险，积极主动地管理汇率风险。不过全面评估一家银行所面临的外汇风险比较困难，使用金融衍生工具进行套期保值只是管理汇率风险的一个方面。汇率风险管理的主要目标是减少商业银行受汇率不利变动的影响，因此，商业银行的外汇风险管理必须确认和承担其所面临的潜在外汇风险并采取相应的防护措施。

一、外汇风险的管理原则

外汇风险是涉外企业经济活动中不可避免的一种市场风险，其影响对象从一国政府、企业到个人，外汇风险管理因此成为经营管理的重要组成部分。外汇风险管理的目的在于减少汇率波动带来的现金流量的不确定性，控制或消除业务活动中可能面对的由汇率风险导致的不利影响。为了实现这一目标，外汇风险管理需要在遵循一定的指导思想和原则的前提下灵活机动地选择具体的方法。这些原则是收益最大化原则、全面重视原则、管理多样性原则。

1. 收益最大化原则

收益最大化原则要求涉外企业或跨国公司精确核算外汇风险管理的成本和收益，在确保实现风险管理预期目标的前提下，支出最小的成本，获取最大的收益。这是企业外汇风险管理的基石和出发点，也是企业确定具体的风险管理战略、选择外汇风险管理方法的准绳。外汇风险管理本质是一种风险的转移或分摊。例如，采用远期外汇交易、期权、期货、互换等金融工具进行套期保值，都要以支付一定的成本为代价，以达到维持未来固定收益或支出的目的。按常理而言，外汇风险管理支付的成本越小，进行风险管理后得到的收益就越大，企业对其进行风险管理的积极性也就越高。

2. 全面重视原则

外汇风险有交易风险、折算风险、经济风险三类，但并不是每个政府部门、企业、个人对这三种风险都有涉及。有的可能只有交易风险；有的可能除此之外还有折算风险和经济风险；有的可能就只有经济风险，如专攻国内市场的企业面临外国企业竞争压力的情况。再者，不同的风险对企业的影响有差异，有的影响是有利的，有的影响是不利的。因此，涉外企业和跨国公司需要对外汇买卖、国际结算、会计折算、未来资金运营、国际筹资成本及跨国投资收益等项目下的外汇风险保持清醒的头脑，做到有条有理、思维清晰，避免顾此失彼，造成重大的损失。

3. 管理多样性原则

由于企业业务经营范围、运营特点、管理风格各不相同，涉及外币的波动性、外币净头寸、外币之间的相关性，因此每个企业都应该针对具体情况进行具体分析，寻找最适合自身风险状况和管理需要的外汇风险战略及具体的管理方法。实际上，没有一种外汇风险管理方法能够完全消除外汇风险，因此，认为某一种风险防范措施必然比另一种措施更优越、效果更佳的论断是失之偏颇和较为武断的。在选择外汇风险管理方法时，需要考虑企业发展战略、风险头寸的规模和结构、涉外业务范围和性质、相关国家的外汇管理政策、金融市场发达程度等约束因素。随着时间的推移，外部约束因素会不断变化，因此，外汇风险管理战略也需要相应地更改，不能抱残守缺，长期只采用一种外汇风险管理方法。

二、外汇风险的管理战略

不同企业对风险偏好的态度不同，它所实施的外汇风险管理策略也就不同。外汇风险管理战略主要有以下三种，表现为风险厌恶与风险偏好两种心理。

1. 全面避险的管理战略

在采取全面避险的管理战略时，企业试图对经营中出现的外汇风险一律进行套期保值，强调绝对安全，不留下任何可能来自汇率方面的不稳定因素。采取这种战略的企业属于风险厌恶者。完全套期保值战略使企业实现风险中立目标，汇率不管向哪个方向波动都将与其经营活动现金流量无关。采取完全套期保值战略，是对外宣布自己稳健经营的一个信号，有利于维护企业社会形象和声誉，吸引稳健型投资者。但是，完全套期保值的代价是三种风险管理战略中成本最高的。因为汇率波动是双向的，其风险利弊共存。完全套期保值不仅要支付高昂的成本，还要牺牲汇率波动带来收益的机会。

不过，有些企业有条件采取这种战略，因为它们的经营特点决定了其拥有低成本的风险管理优势。例如，有风险的外币如果有发达的衍生工具市场，在市场上处于价格优势，就有可能将风险管理成本转嫁到产品销售价格中。一般来说，稳健经营要求高的商业银行大多采用这一战略，基本实现了外汇风险中立，即使持有外汇，保有的外汇风险头寸也是极少的。

2. 消极的管理战略

从表面看，采取消极的管理战略的企业对其面临的外汇风险听之任之、不采取任何措施进行控制或消除，是一种无为而治的管理理念。实际上，之所以选择任市场变化的方法，是在赌 50%可能性的有利汇率变动，以获取意外的汇率波动福利。当然，正因为是赌，所以也存在潜在的风险，即另外 50%可能性的不利影响。采取这种外汇风险管理战略的一般是风险偏好者，之所以敢这么下注，是因为其具有以下判断依据。

1）认为获取的信息足够多，对外汇市场行情的判断是准确的，知晓外汇风险是朝有利于自己还是不利于自己的方向发展的，因而保留外汇风险敞口，以尽可能获得额外的风险收益。

2）相信市场这只"看不见的手"的力量，认为市场机制运行遵循利率平价和购买力平价，是高度有效的。那么采取任何措施进行保值或投机都是没有必要或无效的，只会是画蛇添足、多做吃力不讨好的无用功。

3）坚信外汇风险不足为惧，即使有不利影响也只是伤及皮毛、不触及筋骨，抑或觉得进行风险管理的成本要高于汇率风险带来的损失，套期保值反而多此一举。

但在现实中，这一战略很难经得起挑战，因为企业经营很难避开外汇风险，做到独善其身。特别是从短期看，汇率波动很少有符合利率平价和购买力平价的。汇率波动不仅带来名义价值上的变动，还影响营运资产和真实资产的实际价值。因此，除特殊情况外，涉外企业一般很少采用这种消极的管理战略。

3. 积极的管理战略

积极的管理战略是指积极地预测汇率走势，并根据不同的预测对不同的涉险项目分别采取不同的措施的风险管理策略。例如，在预期汇率变动对其不利时，企业采取部分或完全避险的管理手段，在预期汇率变动对其有利时，企业承担汇率风险以期获取风险报酬。

积极的管理战略可以分为两类：一类是利用汇率的波动谋取利润的投机，另一类是以平衡外汇风险头寸为目的的套期保值。采取这种战略一般要求企业把外汇风险纳入企业总体的经营管理战略中，对外汇进行周密的安排，有一整套的管理制度和约束机制，并且对风险管理水平有较高的要求。否则，由此带来的损失和代价将可能远远大于全面避险的管理战略和消极的管理战略。

在现实中，大部分企业选择积极的管理战略，对于外汇风险采取部分弥补、部分保值的处理方式。根据自身经营特点和管理经验，对比外汇风险大小和允许的外汇风险承受能力，确定是否进行保值及对哪些货币币种、多大金额进行套期保值等一系列问题，必须建立在精确的成本收益核算的基础上。再者，对未来汇率走势准确的预测是关键的一步。如果预测失误，带来的损失将比无为更大。

三、外汇风险的管理方法

外汇风险是涉外经济中不可避免的一种市场风险，对一国政府、企业乃至个人都会产生很大的影响，外汇风险管理因此成为企业经营管理的重要组成部分。外汇风险管理的目标是尽量减少汇率波动带来的现金流量的不确定性，控制或消除业务活动中可能面临的由汇率波动带来的不利影响。为了实现这一目标，在外汇风险管理中应该遵循一些共同的指导思想和原则，即收益最大化原则、全面重视原则和管理多样性原则。只有在这些原则的指导下运用风险管理技术，进行外汇风险管理，才能更好地达到控制外汇风险不利影响的目标。

（一）外汇风险管理程序

企业确定了外汇风险管理的总体目标、原则、战术后，就需要制定外汇风险管理程序，对每个程序安排相应的任务，实施具体的管理方法。

1）风险识别，即识别各种可能减少企业价值的外汇风险。外汇风险包括交易风险、折算风险、经济风险等，不同的企业面临着不同种类的风险，企业必须根据自己的业务活动判别可能面临的风险状况，以便对症下药。例如，在交易风险的识别中，多采用外汇头寸分析方法，企业根据自己的交易活动，测算出公司的现金流入量和现金流出量，以此得出净头寸，进而识别公司拥有外汇风险的现金流量、币种、业务等。

2）风险衡量，即衡量外汇风险带来潜在损失的概率和损失程度。识别出公司可能面临的各类外汇风险种类后，需要对所涉及的不同外币的未来的汇率波动进行预测。由于外汇风险对企业的影响是双向的，有利有弊，最重要的是要发现外汇风险造成企业损失的概率，以及将各类风险综合后，企业价值可能损失的范围和程度。通过外汇风险衡量，企业可以比较准确地知道外汇风险带来损失的概率和损失程度，从而为企业下一步选择风险管理方法奠定基础。

3）风险管理方法选择，即选择适当的风险管理方法，有效地实现企业预定的外汇风险管理目标。在国际货币体系中运行牙买加货币体系后，外汇风险有日益扩大的趋势，许多跨国公司深受其害，于是产生了强烈的外汇风险管理需求。一系列的金融创新因此应运而生，出现了种类繁多的外汇风险管理方法。每种方法都有自身的优势和劣势，需要企业根据自己所处的风险状况进行甄别和筛选。不同的外汇风险管理战略在一定程度上决定了不同的风险管理方法。

4）风险管理实施，即通过具体的安排，落实所选定的外汇风险管理方法。企业需要进行内部的业务调整、资金调整、币种调整，以及在外部寻找合作伙伴、交易对手、签订外汇交易合同等，具体实施风险转移和控制措施。

5）监督与调整，即对外汇风险管理方法实施后的效果进行监督与评估，每种方法都有评估的依据，如根据成本收益准则做出判断，选择收益最大化的方法。另外，外汇市场变动较大，没有哪种方法可以一劳永逸。企业必须持续地对公司风险管理方法和风险管理战略的实施情况及适用性进行监督，根据市场和自身的情况，对自己的战略战术进行监控管理，适时做出调整。

（二）外汇风险管理手段

外汇风险管理手段从总体上可以分为三类：外汇风险控制手段、外汇风险融资手段和内部外汇风险抑制手段。外汇风险控制和内部外汇风险抑制通常包括为了提高企业价值而进行的各种投资（或放弃投资）决策，外汇风险融资是指为弥补损失而进行的各种融资决策。

外汇风险管理方法实际上与企业的投资与融资管理方法在本质上是一致的。它们与公司在其他方面的投资决策、融资决策具有相同的概念。

1. 外汇风险控制手段

外汇风险控制是指通过降低风险的损失概率及损失程度（规模）来降低风险成本的各种行为。通常把主要为了降低损失概率的行为称为风险防范手段，而把主要为了降低损失程度的行为称为风险降低手段。例如，企业主动减少涉外经济活动，减少公司可能发生的外汇收入及支出，这就是风险防范手段；当企业预期汇率将发生波动时，及时采取措施，对外汇风险头寸进行套期保值，锁定收益与成本，降低企业遭受汇率波动的损失，这就是风险降低手段。其实，许多外汇风险控制手段会同时降低损失概率和损失程度，企业往往无法将它们严格区分开，例如，企业花费人力、物力、财力用于汇率预测，预测的准确度越高，可能发生外汇风险损失的概率和程度就越低。

外汇风险控制通常可以从以下两个方面做出努力。

1）减少外汇风险业务。涉外企业或跨国公司可以通过减少风险业务数量来降低风险，如减少使用外币种类或根本不持有任何外币净头寸。对风险行为的数量加以控制，主要是为了降低风险发生的概率。极端的情况是将风险行为降到零，也就是公司不从事任何与外币沾边的活动，或者无论进出口、投融资活动都要求使用本币计价结算，这种极端的方法称为风险回避。这种做法的最大缺陷在于，更多地考虑和回避了风险业务的损失，却因此丧失了风险业务可能带来的收益，而且在经济开放条件下，即使根本不与货币兑换或折算打交道，也无法彻底规避汇率变动产生的经济风险的影响。

2）提高外汇风险预防能力。企业根据市场需要和业务发展计划开拓海外业务，不必害怕风险业务数量，而是提高这些业务的风险预防能力，提高外汇风险业务的安全性，从而降低风险的损失概率和损失程度。具体讲，就是要增强企业外汇风险防范与管理的能力，提高汇率预测的准确度及风险管理办法的有效性。

2. 外汇风险融资手段

外汇风险融资也称损失融资（loss financing），是指获取资金、用来支付或抵偿外汇风险损失的各种手段。根据风险补偿的资金来源，外汇风险融资方法可以分为三种：自留、购买保险和套期保值。这些方法并不是完全相互独立的，企业根据风险补偿的实际需要，经常将它们结合在一起使用。

1）自留。它是指企业自己承担部分或全部的外汇风险损失。自留往往被称为自我保险。许多大型跨国公司在其财务与资金管理中都有一个正式的损失融资计划，例如，有的公司建立外汇风险防范基金，有的公司每年按照销售额或外汇风险 VAR（value risk，价值险）的一定比例提取外汇风险准备金。另外，一些大公司可以成立自己的专业保险公司，以确保公司在面临较大损失时能顺利渡过难关。

在自留融资方法下，企业可以用内部资源和外部资源来弥补损失。内部资源包括正常生产活动的现金流、自由运营资金、专门为风险融资而进行的流动资产投资，以及通过变卖其他资产获取的资金。外部资源包括对外借债及发行新股。但在遭受了重大损失后，外部资源的筹资成本通常比较高。利用外部资源弥补风险损失，最终仍然是企业用自己的利润进行了风险补偿，因此也属于自留范畴，例如，在借债弥补风险损失的情况下，企业未来必须用经营所得偿还债务；在发行新股的情况下，企业则必须把未来的利润分配给新股东。

2）购买保险。通过购买保险，企业可以把外汇风险损失转嫁给保险公司。国际上有许多保险公司提供与外汇风险有关的保险险种，如种类繁多的汇率波动险和利率波动险等。购买相关的保险对涉外企业而言是一种省时省力的办法。但是，在我国和许多发展中国家，保险市场不发达，还没有开发出分担企业外汇风险的相关险种，因此还无法通过购买保险的方法来弥补企业的外汇风险损失。

3）套期保值。外汇衍生产品能够在一定程度上消除汇率的不确定性，企业只承担约定汇率与当前即期汇率之间的价差风险，而由套期保值业务交易对手承担约定汇率与未来即期汇率之间的价差风险，从而在企业与套期保值业务交易对手之间实现了外汇风险的分摊。

3. 内部外汇风险抑制手段

内部外汇风险抑制是指企业通过内部业务的调整来降低外汇风险的各种手段。内部外汇风险抑制主要有分散化和信息投资两种方法。

1）分散化。企业的经营活动充满各种风险。在分析外汇风险成因及衡量外汇交易风险时，可了解到货币多元化，特别是在业务活动中注意利用货币的相关性实现分散化经营，公司整体风险头寸的波动性就会明显降低。因此，企业可以通过持有各种外汇头寸的方式从内部来降低风险。

2）信息投资。充分占有信息，具有较强的处理、分析信息的能力，是企业提高外汇风险管理水平的前提条件。对外交往比较频繁的公司大多会花费一定的人力、物力和财力进行汇率趋势分析、预测及相关的风险管理工作。通过搜集和研究信息，公司可以对未来汇率的走势做出比较准确的判断，据此决定外汇头寸，不仅可以避免汇率波动带来的损失，还可能从中获利。由于国际业务的复杂性，以及汇率波动的无序性，企业需要专业的投资公司或咨询公司进行信息收集、处理和分析。涉外企业大多没有如此专业的人才，因此进行必要的信息投资，购买决策所需信息甚至购买外汇风险管理方案，能够对未来现金流进行更精确的估计和评价，以便更有效地对外汇风险进行管理，降低现金流量损失的可能性。

（三）运用衍生工具管理外汇风险

1）套期保值是企业常用的交易风险管理手段。在做出任何相关的套期保值决策前，企业都需要逐个测定每种货币的净交易流量，估计和评价各币种的交易风险及企业总的交易风险，并对套期保值的必要性进行判断。决定企业是否进行套期保值的因素主要有两个：一是企业管理层的风险偏好，比较保守的公司倾向于进行更多的套期保值。二是汇率预测，如果汇率预测显示企业将受到汇率波动的不利影响，企业就会乐意进行套期保值；相反，如果汇率波动带来的将是好处，企业就不会进行套期保值。许多跨国公司一般不会对所有的外币净头寸做套期保值，只有在预期的汇率变动程度将使套期保值有利的情况下才采取实际行动。当然，也有一些跨国公司倾向于对大部分或全部的外币净头寸做套期保值，从而避免汇率变化对其业绩产生重大影响。

2）外汇期货和远期合约保值。当企业未来有应付外币账款时，买入期货或远期合约；当企业未来有应收外币账款时，卖出期货或远期合约。

3）外汇期权保值。当企业有应付外币账款时，买入看涨期权；当企业有应收外币账款时，买入看跌期权。

案例分析

南方航空外汇风险应对策略分析

1. 公司背景

中国南方航空集团有限公司（简称南方航空）是由国资委控股的国有控股的大型航空公司之一，其总部设在广州。为响应国家"一带一路"的号召，近年来公司国际化经营的规模逐步扩大，已拥有全国较为完善的全航线网络布局，并在我国各地设有营业部。同时，南方航空在自身发展的基础上，投资了多家控股子公司及分公司，在全球范围设置多个办事处，并在东南亚和南亚等地区也有航线战略部署。

2. 资产结构分析

南方航空采用自行购买、融资租赁、经营租赁三种方式引入飞机，其中大部分飞机采用融资租赁方式，无疑会使企业产生大量的负债。南方航空 2014～2017 年固定资产占总资产的比例均在 70%以上；2018 年固定资产占总资产的 68.91%，虽然有所下降，但总体占比仍在 70%左右，符合航空公司的行业特性。南方航空的固定资产大部分为飞机和飞机发动机，飞机绝大部分是从空客和波音购买的，飞机支付采用外汇支付，这会成为南方航空产生外汇风险的重要原因之一。

国际化的合作经营使南方航空产生更多的外币交易项目，其中涉及外币金融资产项目有货币资金、应收票据及应收账款、其他应收款、设备租赁定金等，南方航空 2018 年涉及外币货币性资产项目中，其他应收款期末外币余额占期末总余额的比例高达 31.18%，其他应收款大部分为南方航空飞机设备制造商回扣款和房屋租赁定金。由于购买飞机的费用高，南方航空在引进飞机的同时采用了经营租赁和融资租赁方式，由此 2018 年期末产生了 5.94 亿元的设备租赁定金，其中以外币支付的金额为 5.12 亿元，涉及外币的金融资产项目期末外币总额高达 23.95 亿元，占外币金融资产项目期末总余额的 18.19%，由此可知，当人民币汇率波动时，南方航空将面临巨大的外汇交易风险。

3. 负债结构分析

南方航空的外币金融负债包含多种类型的外币，其中短期借款和长期借款均以美元支付结算。2018 年在须用外币支付的应付票据及应付账款、其他应付款、应付融资租赁款（包括一年内到期融资负债款）中，80%以上的金额须用美元支付，折算成人民币为 34 299 亿元；外币负债欧元金额仅次于美元，折算成人民币的总额为 3 943 亿元，仅占美元负债总额的 11.5%，其规模远小于美元负债规模；在巨额应付融资租赁款（外币负债）中，日元和新加坡元折算成人民币二者之和仅占应付融资租赁款（外币负债）的 5%，在如此高比例的美元债务下，南方航空面临的外汇风险更加严峻。

4. 汇兑损益对企业利润的影响

仅从营业收入分析，南方航空 2014～2018 年收入持续上涨，趋势较好。再分析南方航空的净利润，2014～2017 年持续上涨，但 2018 年由于人民币兑美元的汇率大幅上升，使得当年企业利润仅达到 2017 年净利润的一半。汇兑收益净额是财务费用的明细之一，受汇兑收益或损失的影响，南方航空财务费用也有较大的变化。2015～2018 年，南方航空汇兑损益金额大小占据财务费用的一半以上，由此会很大程度地影响企业的净利润。别除汇兑收益后，2015年和2016年的净利润翻了将近一倍。

5. 外汇风险的应对措施

在全球化的大背景下，经营多元化对冲是多数跨国公司采取的最主要的风险管理手段。南方航空采取了扩大国际化经营范围，加强全球业务合作的战略。南方航空主营业务收入2014～2018年逐年上升，主营业务中国际收入占主营业务收入的比例也在持续上涨。国际业务收入的增加可以在一定程度上分散负债过多带来的外汇风险，达到从经营上对冲外汇风险的效果。南方航空战略发展明确提出要进行业务多元化，除客运和货邮运之外还拓展了其他航空相关业务。但是南方航空2014～2018年的营业收入主要来源仍为旅客运输收入，占比均高达88%以上；货邮运输收入和其他业务收入占比虽然有小幅度的变动，但货邮运输收入占比基本保持在6%，仅2017年达到7.12%；其他业务收入占比均在5%以下。由此可见，业务多元化的结构可使企业抵御一定程度的外汇风险，但是南方航空多元化程度并不高，目前运用多元化业务进行经营对冲的使用效果并不显著。

另外，利用外汇远期、货币互换等金融衍生工具进行对冲。据南方航空的披露，其几乎不采取金融对冲方法来应对外汇风险。2014～2018年，南方航空仅2017和2018年签订了货币互换合约来应对外汇风险。2017年货币互换合约的签订反而使企业损失0.64亿元，2018年货币互换仅收益0.2亿元，与当年17.42亿元的汇兑损失相差甚远，可见南方航空采用货币互换合约来进行金融对冲的使用效果较差，几乎不能抵御汇率波动带来的外汇风险。不当地使用外汇衍生工具或使企业承受更大的风险。

（资料来源：颜雨汐，2021. 航空公司外汇风险管理研究——以南方航空为例[J]. 中国管理信息化，24（3）：14-15.）

思考与练习

一、简答题

1. 币值变化和货币相关关系会给涉外企业带来哪些交易风险？
2. 对于一个纯国内经营的企业而言，本国货币升值和贬值会带来什么样的经济风险？
3. 金融机构面临哪几种外汇风险？
4. 外汇风险管理应该遵循哪些原则？
5. 简述外汇风险管理的一般程序及每道程序的具体内容。
6. 简述外汇风险管理的战略。
7. 涉外企业在做出交易风险管理方法选择的决策时需要考虑哪些问题？
8. 尽管有时不进行套期保值更经济，为什么许多企业还会运用衍生工具进行套期保值？
9. 在金融市场不发达的情况下，涉外企业可以使用哪些方法来降低外汇风险？这些方法有什么局限性？

二、案例分析题

1. 中国银行按10%的年利率发放了一笔价值为1 000万美元的1年期贷款。贷款资金来源于年利率为 8% 的 1 年期瑞士法郎存款。即期汇率为 1.160 瑞士法郎/美元。

问题:

1) 如果年底时的即期汇率为 1.158 瑞士法郎/美元和 1.185 瑞士法郎/美元,那么 1 年期的贷款按美元衡量的利息净收益为多少?

2) 当瑞士法郎贬值到多少时,就会给银行的该笔交易带来损失?

3) 假设年底时的即期汇率为 1.158 瑞士法郎/美元和 1.185 瑞士法郎/美元,那么该笔交易对利息净收益和本金的总体影响有多大?

2. 表 8-8 是某金融机构以人民币表示的外汇头寸。

表 8-8　某金融机构以人民币表示的外汇头寸

类型	外币资产	外币负债	外币购入	外币售出
英镑	150 000	220 000	10 000	15 000
日元	275 000	300 000	32 000	20 000
瑞士法郎	125 000	50 000	120 000	80 000

问题:

1) 金融机构的英镑净裸露(净敞口)是多少?

2) 金融机构的日元净裸露(净敞口)是多少?

3) 金融机构的瑞士法郎净裸露(净敞口)是多少?

4) 如果英镑、日元、瑞士法郎的汇率分别变化 1%、-1%、2%,那么金融机构预期的损益是多少?

3. A 集团在美国设立一家生产电视机的工厂。A 集团决定从日本引进一条彩色显像管生产线,总额为 140 000 000 日元,2 个月后支付。A 集团财务人员担心 2 个月后日元升值。一个解决办法是委托中国银行购买 2 个月远期合约。2 个月远期汇率为 1 日元＝0.007 042 美元。但 A 集团财务部又不希望通过远期合约锁定一个固定汇率,因为它希望日元贬值时也能受益,即 A 集团希望日元升值时能得到保护,但当日元贬值时又能受益。

B 银行为 A 集团设计了以下套期保值方案:A 集团买进一份协定价格为 1 日元＝0.007 143 美元的日元看涨期权,合约金额为 140 000 000 日元,期权价格为 50 000 美元。同时,A 集团卖出一份协定价格为 1 日元＝0.006 667 美元的日元看跌期权,合约金额和期权价格皆与看涨期权相同。由于两份期权合约的期权费相同,A 集团开始时没有任何现金支出。存在以下三种情况:

1) 如果日元汇率大于 0.007 143 美元:

① 看涨期权有价,A 集团行使该期权,按协定价格 0.007 143 买进 140 000 000 日元,支付 1 000 000 美元。

② 看跌期权无价,买方放弃期权,A 集团无任何负担。

2) 如果日元汇率小于 0.007 143 美元,但大于 0.006 667 美元:

① 看涨期权无价,A 集团不会行使该期权,按当时的即期汇率买进所需的 140 000 000 日元,假设当时的即期汇率为 0.006 888 美元,则支付美元数为 964 320。

② 看跌期权无价,买方放弃期权,A 集团无任何负担。

3) 如果日元汇率小于 0.006 667 美元:

　　① 看涨期权无价，A 集团放弃期权。

　　② 看跌期权有价，买方决定行使。按 0.006 667 美元卖给 A 集团 140 000 000 日元。A 集团只能按此价格买进这笔日元，支付美元数为 933 380。

　　问题：

　　1）B 银行制定的这套期权组合策略为 A 集团提供了何种保护和收益机会？

　　2）B 银行制定的这套期权组合策略同远期和单一的期权策略相比有何优点？有何缺点？

　　3）什么情况下适合采用这套期权组合策略？

第九章　国际货币体系

学习目标

- 掌握国际货币体系的概念及其主要类型。
- 熟悉国际货币体系的评价标准。
- 了解国际金本位制。
- 理解布雷顿森林体系崩溃的原因。
- 了解牙买加货币体系。

关键词

国际货币体系　国际金本位制

案例导入

国际货币基金组织特别提款权定值审查完成——
人民币权重由 10.92%上调至 12.28%

2016 年 10 月 1 日人民币正式加入国际货币基金组织的特别提款权（SDR）货币篮子。2022 年 5 月 11 日，国际货币基金组织执董会完成了 5 年一次的 SDR 定值审查。这是人民币入篮以来的首次审查。执董会一致决定，维持现有 SDR 篮子货币构成不变，即仍由美元、欧元、人民币、日元和英镑构成，并将人民币权重由 10.92%上调至 12.28%（升幅 1.36%），将美元权重由 41.73%上调至 43.38%，同时将欧元权重由 30.93%下调至 29.31%、日元权重由 8.33%下调至 7.59%、英镑权重由 8.09%下调至 7.44%，人民币权重仍保持第 3 位。新的 SDR 货币篮子在 2022 年 8 月 1 日正式生效，并于 2027 年开展下一次 SDR 定值审查。

（资料来源：徐佩玉，2022. 国际货币基金组织特别提款权定值审查完成——人民币权重由10.92%上调至12.28% [EB/OL].
（2022-05-16）[2024-07-20]. http://finance.people.com.cn/n1/2022/0516/c1004-32422012.html.）

随着资本主义生产方式的确立和世界市场的形成，各国之间的经济关系不断发展，政治、文化等方面的交流也日益频繁。各国之间的贸易关系、债权债务清算、资本转移等活动，都涉及各国货币之间的兑换、汇率制度的制定、国际收支的调节及储备资产的确定等问题。各国有必要按照某些共同的标准或共同的安排来处理这些关系或问题，而这些共同的标准或共同的安排就构成国际货币体系的主要内容。

第一节　国际货币体系概述

随着经济全球化和金融一体化的发展，国际货币体系日益成为世界经济发展中的一个非常重要和复杂的问题。国际货币体系已经成为关系各国经济利益和经济发展的重大问题，它不仅突出地反映了发达国家之间的矛盾，还反映了发达国家与发展中国家之间的矛盾。

一、国际货币体系的概念

国际货币体系（international monetary system）又称国际货币制度，是指为了适应国际贸易和国际支付的需要，各国政府对货币在国际范围内发挥职能作用所制定的政策和制度安排，对于这些政策和制度安排各国都应共同遵守。由于各国货币是由各个主权国家发行的，而国际经济交易则是跨国进行的，这就需要一种国际性的货币体系来协调、规范各国的经济交易，从而保证和促进国际贸易与国际支付的顺利进行。

二、国际货币体系的主要内容

一个健全的国际货币体系应能够促进国际贸易和国际资本流动的顺利进行，从而促进世界经济的发展。国际货币体系概括起来主要包括以下四个方面的内容。

1. 确定国际货币

确定国际货币是国际货币体系根本的内容。国际货币曾经以自发的贵金属（主要是黄金）形式出现，随着历史的发展，贵金属退出货币领域，国际货币就是某些经济实力强大的国家发行的货币，以及人为创造的货币。

2. 确定汇率制度

确定汇率制度是指一国货币与其他货币之间的汇率应按何种规则确定与维持，并保持汇率稳定，有效防止各国货币间汇率的竞争性贬值。

3. 确定国际收支调节方式

确定国际收支调节方式是指国际货币体系应能够提供一种有效的国际收支调节机制，通过该机制的运作，各国能公平合理地承担国际收支失衡的调节责任，并使调节所付出的代价最小。

4. 确定国际储备资产

确定国际储备资产是指确定用什么货币作为国际中的支付货币，一国政府应用何种货币来维持自己的贸易盈余和债权地位，以保证国际支付和满足调节国际收支的需要，并在能够满足国际清偿能力增长的同时维持人们对储备货币的信心。能否提供足够的国际储备供应并自觉抵制国际储备的过量增长是衡量国际货币体系是否有效的一个重要标志。

三、国际货币体系的类型

从货币本位制度来划分，国际货币体系可分为国际金币本位制（gold specie standard）、国际金汇兑本位制（gold exchange standard）、国际金块本位制（gold bullion standard）、信用本位制度或纸币本位制度。

从汇率制度来划分，国际货币体系可分为固定汇率制、浮动汇率制，以及由它们所衍生的可调整的钉住汇率制、有管理的浮动汇率制等。

从历史演变来划分，国际货币体系可分为国际金本位制、布雷顿森林体系和牙买加货币体系。

四、国际货币体系的评价标准

一种理想的国际货币体系应能够促进国际贸易和国际资本流动的发展。评价国际货币体系可以通过以下三个指标进行。

1. 流动性

流动性（liquidity）是衡量国际货币体系国际清偿能力的指标。理想的国际货币体系应能够提供足够的储备资产，在促进国际经济活动、调节国际收支时，不会引起国内经济的衰退和干扰国内经济政策目标的实现。

2. 调整性

调整性（adjustment）是指国际货币体系必须提供一种能使各国的国际收支不平衡顺利得到调整的机制，从而使各国不必为了处理棘手的国际收支问题而实行新的外汇管制、贸易限制和资本流动限制。理想的国际货币体系要能使各国公平合理地承担国际收支失衡调节的责任，并使调节付出的代价最小。

3. 可靠性

可靠性（reliability）是指国际货币体系的调节机制具有正常运行的自动机制，能够保持国际储备的绝对价值和相对价值。

第二节　国际金本位制

一、国际金本位制的形式

在历史上，国际金本位制主要有三种形式，即国际金币本位制、国际金汇兑本位制与国际金块本位制。

（一）国际金币本位制

国际金币本位制是第一次世界大战前欧美各国所实行的货币制度。在国际金币本位制下，以一定数量与成色的金币作为本位货币，金币可以自由铸造、自由熔化，黄金可以自由输出和输入。

1. 国际金币本位制的兴衰

1816 年，英国制定了《金本位制度法案》，成为世界上第一个实行国际金币本位制的国家。大约半个世纪后，欧美主要资本主义国家才相继在国内实行国际金币本位制。在国际金币本位制下，黄金具有货币的所有职能，如价值尺度、流通手段、储藏手段、支付手段和世界货币。

第一次世界大战前，西方各国为了应对战争，大量发行银行券，已不再允许金币自由铸造和自由兑换。同时，为了保持黄金储备，各国均开始限制或禁止黄金输出和输入，直到 1914 年国际金币本位制崩溃。

2. 国际金币本位制的特点

（1）黄金是国际货币制度的基础

国际金币本位制的主要特征是：①金币可以自由铸造、自由兑换；②黄金可以自由输出和输入；③储备货币使用黄金，并以黄金作为国际结算工具；④各国的国际收支可以通过黄金的自由输出和输入而自动达到平衡。因此，国际金币本位制是一种相对稳定的货币制度。

（2）严格的固定汇率制

由于在国际金币本位制下金币可以自由铸造、自由兑换、自由输出和输入，外汇市场上汇率的变动始终维持在金平价和黄金运输费用规定的黄金输送点之间，因此，它是一种极其严格的固定汇率制。

（3）具有自动调节国际收支的机制

英国经济学家大卫·休谟（David Hume）最早提出价格—铸币流动机制，其具体内容是：当一国出现对外收支逆差时，黄金流出，国内货币供给量减少，导致物价和成本下降，这样会刺激出口、抑制进口，国际收支逆差得以改善；反之，当一国出现对外收支顺差时，黄金流入，国内货币供给量增加，导致物价和成本上升，这样会抑制出口、刺激进口，国际收支顺差得以减轻。

一般而言，国际金币本位制自动调节国际收支必须满足三个条件：①各国货币与黄金挂钩，并随时可以兑换黄金；②黄金可以自由输出和输入；③中央银行或货币当局必须在黄金准备的基础上发行货币。

3. 国际金币本位制的缺陷

1）国际的清算和支付完全依赖黄金的输出和输入。

2）货币数量的增长主要依赖黄金产量的增长。由于各国经济发展的不平衡性和经济实力的差异，较发达国家通过持续的贸易顺差积累了大量的黄金，使其他国家国内的国际金币本位制难以为继。例如，1913 年，英国、美国、法国、德国、俄国五国的黄金储量达到世界黄金储量的 2/3。

3）世界黄金产量长期跟不上世界经济增长，货币供给不足阻碍了世界经济的发展，削弱了国际金币本位制的物质基础。

（二）国际金汇兑本位制与国际金块本位制

第一次世界大战期间，各国都停止了纸币与黄金的兑换，并严格禁止黄金出口，实行自由浮动的汇率制度，汇价波动剧烈，国际货币体系事实上已经不复存在。第一次世界大战结束后，国际货币体系重建的问题得到各国重视。

1. 国际金汇兑本位制与国际金块本位制的建立

实行国际金汇兑本位制的国家是那些从属于经济实力较强国家的殖民地和半殖民地国家。1922 年，29 个国家在意大利的热那亚召开了国际货币金融会议，讨论国际货币体系的重建问题。该会议吸取了国际金币本位制的教训，确定了一种节约黄金的制度——国际金汇兑本位制。

国际金块本位制是经济实力较强的国家所使用的货币制度。德国最先于 1924 年采取了国际金块本位制，随后奥地利、意大利、丹麦和挪威等 30 多个国家也先后采取国际金块本位制。

美国依靠其强大的经济实力依然实行国际金币本位制。

2. 国际金汇兑本位制与国际金块本位制的特点

（1）国际金汇兑本位制的特点

国际金汇兑本位制又称虚金本位制，是在国际金币本位制崩溃以后出现的与国际金块本位制同时盛行的一种不完全的国际金本位制。国际金汇兑本位制的主要特点：①各国货币仍规定含金量；②国内不流通金币，只流通不能直接兑换黄金、只能兑换外汇的银行券，但这些外汇可以在国外兑换黄金；③本国货币与另一个实行国际金本位制国家的货币保持固定比价，即实行固定汇率，并在该国存放外汇和黄金作为储备金，用于稳定外汇市场；④通过自由买卖外汇来稳定外汇市场，维持本国货币币值的稳定。实际上，国际金汇兑本位制是一种货币和黄金间接联系的货币制度，是钉住汇率制。

（2）国际金块本位制的特点

国际金块本位制也是一种不完全的国际金本位制。国际金块本位制的主要特点：①各国仍然规定金币作为本位货币，但在国内不流通，国内只流通银行券；②银行券不具有无限的清偿力；③不能自由铸造金币，但规定单位货币的含金量，并且规定黄金的官方价格；④银行券不能自由兑换黄金，但在进行国际支付时，可用银行券到中央银行根据规定的数量兑换黄金，这是与国际金汇兑本位制的主要区别之一。

3. 国际金汇兑本位制与国际金块本位制的衰落

从根本上讲，虽然国际金汇兑本位制是一种节约黄金的体系，但黄金数量的增长依然无法满足世界经济的增长和维持稳定汇率的需要。当黄金的不足发展到一定程度时，国际金汇兑本位制就变得十分脆弱，经不起任何冲击。1929～1933 年爆发的世界性经济危机，摧毁了西方国家的国际金汇兑本位制和国际金块本位制，统一的国际金本位制终于彻底瓦解了。

二、国际金本位制的评价

1. 国际金本位制对世界经济发展的积极作用

1）保持各国货币对外汇率和对内价值的稳定：①在国际金本位制下，各国货币都规定了含金量。各国货币之间的汇率是建立在黄金平价基础上的，即由各国本位货币所含纯金数量之比决定的。外汇市场的实际汇率受外汇供求关系的影响围绕黄金平价上下波动。但这种波动是有限制的，即最高不能超出黄金输出点，最低不得跌破黄金输入点。②各国发行货币均以一定的黄金为保证，限制政府或银行滥发纸币，不易造成通货膨胀，保持货币对内价值的稳定。

2）为国际贸易和国际资本流动创造有利条件：①各国汇率的基本稳定可以保障对外贸易与对外信贷的安全，有利于国际贸易与国际资本流动；②各国货币稳定可以促进商品流通和信用扩大，从而有助于推动各国经济增长和实现充分就业。

3）有利于各国经济政策的协调。一国管理经济的主要目标是尽量达到对内平衡和对外平衡的统一。对内平衡是指国内物价、就业和国民收入的稳定增长；对外平衡是指国际收支和汇率的稳定，但是内外平衡常常是矛盾的。当二者发生矛盾时，实行国际金本位制的国家首先考虑对外平衡，而将对内平衡置于次要地位，因此，实行国际金本位制有利于这些国家经济政策的协调。

2. 国际金本位制的缺陷

1）货币的供应受到黄金数量的限制，缺乏灵活性，不能适应经济增长的需要。

2）当一国发生国际收支逆差时，会引起生产停滞和工人失业。因为当一国国际收支发生逆差时，由于黄金输出、通货紧缩，以及有可能出现的国内经济活动被迫服从外部平衡的需要而引起国内经济恶化。当失业增加和经济增速下降时，一国国际收支的逆差只有经过长期的调整过程才能逐步改善。

3）一国容易受到他国经济的衰退或通货膨胀的影响。

第三节　布雷顿森林体系

布雷顿森林体系是根据布雷顿森林协定于第二次世界大战之后建立起来的以美元为中心的国际货币制度。

一、布雷顿森林体系的建立

第二次世界大战还未结束时，美国、英国等国即着手拟订战后的经济重建计划。事实上，早在 20 世纪 40 年代初，美国就积极策划取代英国而建立一个以美元为支柱的国际货币体系，改变 20 世纪 30 年代以来资本主义世界货币体系的混乱局面。第二次世界大战使资本主义各国的力量对比发生了巨大变化。英国在战争期间遭受了严重创伤，但它仍试图保持自己的国际地位。美国在战争结束时，工业产值已占世界工业总产值的 1/2，对外贸易额占世界贸易总额的 1/3 以上，黄金储备占到世界黄金储备的六成，国外投资急剧增长，已成为资本主义世界最大的债权国。这为建立美国经济和美元的霸主地位创造了条件。1943 年 4 月 7 日，为建立新的国际货币秩序，美国、英国从本国利益出发，分别公布了怀特计划（White plan）和凯恩斯计划（Keynes plan）。

1943 年 9 月～1944 年 4 月，英国和美国在有关国际货币计划的谈判中展开了激烈争论。由于美国在政治和经济上的实力大大超过英国，英国最后接受了美国的方案，美国也做出了一些让步。1944 年 5 月，两国邀请筹建联合国的 44 国政府代表在美国新罕布什尔州的布雷顿森林举行了联合国联盟国家国际货币金融会议，经过激烈讨论，于同年7月，通过了以怀特计划为基础的《国际货币基金组织协定》（*Articles of Agreement of the International Monetary Fund*）和《国际复兴开发银行协定》（*Articles of Agreement of the International Bank for Reconstruction and Development*），从而建立起布雷顿森林体系。

二、布雷顿森林体系的主要内容

布雷顿森林体系的内容广泛，但其核心内容可概括为以下五个方面。

1. 本位制度

建立美元—黄金本位制度，即双挂钩制度。美元直接与黄金挂钩，规定1盎司黄金等于35美元，其他国家的货币与美元挂钩，各国货币按含金量确定与美元的比价（或不规定含金量而只规定与美元的比价），美国承担各国中央银行按黄金官价用美元兑换黄金的义务。美元取得了事实上的国际货币地位。

2. 汇率制度

在双挂钩制度基础上，《国际货币基金组织协定》规定会员货币对美元的汇率一般只能在平价上下各1%的幅度内波动。为保持外汇行市稳定，各会员有义务在外汇市场上进行干预活动。只有在会员方国际收支发生根本性不平衡时，才允许其汇率贬值或升值。汇率平价的任何变动都要经过基金组织批准，即实行可调整的钉住汇率制。

3. 储备制度

在布雷顿森林体系下，美元实际上等同于黄金，作为国际主要清算支付工具和储备货币，发挥国际货币的各种职能。第二次世界大战后，各国经济发展都需要从美国进口大量商品和物资，形成对美元的强烈需求，造成20世纪50年代持久的"美元荒"。同时，国际贸易的90%是用美元结算的，各国中央银行干预外汇市场也使用美元。因此，储存和使用美元比黄金更便利。

4. 国际收支调节制度

布雷顿森林体系通过以下三条途径来解决国际收支失衡问题（以逆差为例）。

1）调节国内经济政策。当成员方收支出现逆差时，可采用紧缩性财政货币政策，提高利率，使物价下跌，将生产资源转移到贸易部门，出口增加，进口减少，逆差减少或达到平衡。

2）向国际货币基金组织申请借款。各国可使用的是普通提款权、特别提款权；出口原材料和初级产品的国家还可以申请出口波动补偿贷款及初级产品国际缓冲贷款。

3）汇率变动。当成员方发生国际收支根本性不平衡，其他调节措施无效或代价太高时，改变汇兑平价成了最终选择。但成员方要求改变汇率必须提前通知国际货币基金组织，并只有获得国际货币基金组织85%的赞成票后才能实施。实际上，在布雷顿森林体系下，汇率变动并不频繁，两次大规模汇率变动发生在1949年和1967年。

5. 组织机构

布雷顿森林体系建立了两个国际金融机构，即国际货币基金组织和国际复兴开发银行（International Bank for Reconstruction and Development，IBRD），维持布雷顿森林体系的运行。

国际货币基金组织属于短期融资机构，宗旨是重建国际货币秩序，稳定外汇，建立和保持多边支付制度，缩短会员方国际收支不平衡时间，并减轻其不平衡程度，推动国际经济繁荣。

国际复兴开发银行属于长期融资机构，宗旨是从长期资金方面配合国际货币基金组织的活动，促进国际投资，协助战后受灾国家复兴经济，协助不发达国家发展经济，解决国际收支长期失衡问题。

三、布雷顿森林体系的危机与崩溃

布雷顿森林体系是在特定的历史条件下人为建立的一种国际货币制度，是世界政治、经济力量不平衡发展的结果。它既有维持国际货币秩序的初衷，又有经济强国实行霸主经济、干预世界经济发展的目的。正因为如此，它本身就面临着一些重大的危机和缺陷。

（一）布雷顿森林体系的危机

1. 国际储备的增长和对储备货币信心的矛盾

布雷顿森林体系有效地满足了各国增强清偿能力的要求（虽然该体系规定美元同黄金挂钩，即美元发行量的增长要以黄金储备的增长为前提，但事实上是由美国的国内货币政策规定的，国际货币基金组织很难对它进行监督和考核），但同时相应地带来了各国对美元信心的缺乏。正如美国耶鲁大学教授罗伯特·特里芬（Robert Triffin）所指出的：以一国货币（美元）作为主要国际储备资产，具有内在的不稳定性。因为该种货币要满足世界经济和国际贸易增长之需，国际储备必须有相应的增长，而这要依靠储备货币供应国——美国的国际收支逆差来实现。美国的国际收支逆差使各国持有的美元数量增加，增加越多，则对美元的价值越缺乏信心，对美元能否兑换黄金越发怀疑。这是布雷顿森林体系无法克服的一个难题，也称作特里芬难题。

2. 美元作为国际主要储备资产享有一种特权地位

美国可以利用美元直接对外投资，操纵国际金融事务，弥补国际收支赤字。这就造成拥有美元储备的国家向美国转移实际资源，这种现象在西方被称为"铸币税"（seigniorage），即货币发行国家通过发行货币可获得净收益，因为流通中的铸币或纸币的面值和金银条块及其制造成本之间有很大差额，从而使美国取得巨大的铸币税收益。同时，各国货币汇率钉住美元，也造成各国货币对美元的依附关系，使美国的货币政策对各国经济有着重大影响。

3. 过分强调汇率的稳定，而忽视了国际收支的调节机制

在布雷顿森林体系下，汇率是固定的，各国有义务维持本国货币与美元的平价关系。只有当一国发生严重的国际收支不平衡时，征得国际货币基金组织同意后，才能变动法定平价。判断一国国际收支是否严重失衡又缺乏统一的标准。事实上各国很少能够变动法定平价，即使变动法定平价的要求最终得到批准，失衡的国际收支也早已对该国造成严重的影响，因此就失去了汇率这一重要经济杠杆对国际收支的调节机制。于是各国要么实行贸易管制，要么放弃稳定国内经济的政策目标。

4. 固定汇率制在一定程度上可能造成会员方的通货膨胀

在各国货币对美元的汇率超过《国际货币基金组织协定》所规定的界限时，各国政府有义务在外汇市场上进行干预活动以平抑汇率。如果一国发生国际收支顺差，那么汇率升值的压力将迫使官方金融机构大量抛售本国货币，买进美元，促使美元汇率回升。结果这些国家的货币供应量增多，从而加剧了通货膨胀。在美元过剩的情况下，如果抛售美元，则会引起美元危机；如果保持美元数量不变，又将遭受美元贬值的损失。

5. 国际收支失衡的调节责任不对称

在布雷顿森林体系下，逆差国可能会由于压力降低汇率或者实行紧缩性货币政策，但国际货币基金组织无法迫使顺差国提高汇率或者实行扩张性货币政策，国际收支不平衡调节的责任仍然落在逆差国一方的肩上。尤为困难的是，因为美元是国际储备货币，即使美元定值过高也不能降低美元的汇率，即使美国出现大量的国际收支逆差也不能实行紧缩性货币政策，如果美国严格按照黄金储备的增加来增加货币供应，则势必造成储备货币的缺乏，制约世界经济和贸易的发展。

（二）布雷顿森林体系的崩溃

1971 年 5 月和 7 月连续爆发了两次美元危机。美国为维持美元的中心地位付出了沉重的代价：一方面积累了巨额外债，另一方面黄金储备流失严重。至 1971 年 8 月，美国的黄金储备减少到 102 亿美元，对外短期负债却增至 520 亿美元。各国纷纷向美国挤兑黄金，此时美国根本没有能力承担美元兑换黄金的义务，1971 年 8 月 15 日，美国政府宣布执行新经济政策，对内冻结工资、物价，对外停止履行外国政府和中央银行可以用美元向美国兑换黄金的义务，并对进口商品增加 10% 的附加费。新经济政策的推行意味着美元与黄金脱钩，支撑布雷顿森林体系的基础从根本上发生了动摇。为了避免国际游资对本国货币的冲击，许多西方国家的货币不再钉住美元而实行自由浮动。

在国际金融市场极端混乱的情况下，十国集团（Group of Ten）①于 1971 年 12 月达成《史密森学会协议》（Smithsonian Institute Agreement），主要内容是调整美元同各国货币汇率的比价和扩大平价波动范围，即美元对黄金的比价贬值 7.89%，一些国家的货币

---

① 十国集团最初包括比利时、荷兰、加拿大、瑞典、法国、联邦德国（1990 年 10 月起为德国）、美国、意大利、英国、日本，瑞士于 1964 年加入，但十国集团名称维持不变。

对美元升值 2.76%～7.66%，将市场外汇汇率的波动幅度从黄金平价上下 1%扩大到平价上下各 2.25%。

《史密森学会协议》只是缓和美元危机的暂时性措施，并不能解决根本问题。1973年第一季度，国际金融市场上又掀起数起抛售美元、抢购德国马克和日元的浪潮。美国政府被迫再次宣布美元贬值 10%，黄金官价也由每盎司 38 美元提高到 42.22 美元。各国为了维持中心汇率，不得不投放大量本国货币，支撑美元汇率，结果造成巨大的通货膨胀压力，使各国无法承受，遂先后放弃了维持中心汇率的最后努力。至此，各国货币开始自由浮动，布雷顿森林体系彻底崩溃。

四、布雷顿森林体系的评价

1. 布雷顿森林体系对世界经济的积极作用

1）第二次世界大战后的世界黄金产量低迷，以美元作为世界货币，客观上起到了弥补黄金不足的作用，扩大了国际清偿手段和世界购买力，大大地促进了世界经济的发展。

2）布雷顿森林体系建立了新的、统一的国际货币秩序，几乎把所有的资本主义国家都涵盖于这个新的国际货币制度之下，为世界经济发展创造了稳定的外部环境。

3）布雷顿森林体系运行期间，各国汇率相对稳定，为国际贸易的发展和国际资本的流动提供了便利。

4）国际货币基金组织在促进国际货币合作和建立多边支付体系等方面做出了积极贡献，在一定程度上促进了国际货币合作与世界经济的发展。

2. 布雷顿森林体系的缺陷

1）布雷顿森林体系难以调整世界经济失衡的局面。第二次世界大战后，美国为了维护其利益，长期对外进行大量的援助和投资，一方面延缓了美国国内的资本投资和设备更新，另一方面对资本输入国的经济发展注入了有生力量，使美国的经济和技术优势逐渐丧失，劳动生产率的增长长期落后于德国、日本等国家。这种发展的不平衡在国际金融领域表现为美元霸权地位不断衰落和以美国国际收支赤字为主要表现的国际收支大面积失衡。面对这种严重失衡的局面，各主要资本主义国家出于各自的利益，不可能真正进行全面的政策协调。

2）布雷顿森林体系中稀缺货币条款形同虚设。在布雷顿森林体系中，每个会员均按本币与美元的平价汇率，再通过美元与黄金之间的固定平价关系，间接地与黄金挂钩，进而决定会员货币之间的平价关系。《国际货币基金组织协定》有关条款规定，各会员货币与美元的汇率如果发生波动，波动不得超过平价的 1%，否则各会员（美国除外）均有义务在外汇市场上买卖美元、本国或地区货币，以维持会员货币与美元汇率的稳定。另外，按照国际货币基金组织有关规定，如果会员方国际收支发生根本性失衡，可以向国际货币基金组织申请调整其货币与美元的平价关系，而不必紧缩或膨胀国内经济。然而在汇率机制的运行中，难以按照实际情况进行调整。

3）布雷顿森林体系削弱了各国国内财政政策，导致通货膨胀。各国通过国内财政政策和货币政策调节国际收支、稳定汇率，其经济政策的自主性受到削弱。这具体表现在：赤字国的货币趋于贬值，为了维持与美元的固定汇率，其中央银行必须在外汇市场抛出美元购进本国货币，这无异于以公开市场业务缩减国内货币供给，往往导致经济衰退和失业；而盈余国的货币趋于升值，为了维持与美元的平价汇率，必须在外汇市场上抛售本国货币大量收购美元，这实际上是采取了扩张性货币政策，往往会导致通货膨胀。

第四节 牙买加货币体系

布雷顿森林体系崩溃后，世界各国都在努力寻找一种更加稳定、更加适合世界经济发展的国际货币体系，牙买加货币体系就是在这一背景下建立的。

一、牙买加货币体系的建立

在布雷顿森林体系崩溃后，国际金融形势更加动荡不定，国际货币体系呈现出多样化格局，浮动汇率成为国际上的主要汇率制度，国际储备资产也呈现出多样化趋势。1976年1月，国际货币基金组织的国际货币制度临时委员会在牙买加首都金斯敦召开会议，讨论《国际货币基金组织协定》的条款，达成了"牙买加协议"。同年4月，国际货币基金组织理事会对该协定进行了修正，通过了《国际货币基金组织协定》第二次修正案，从而形成新的国际货币关系格局，由于这个协定是牙买加会议的产物，故又称牙买加货币体系。

二、牙买加货币体系的主要内容

1. 浮动汇率制度合法化

会员可以自由选择任何汇率制度，浮动汇率制与固定汇率制可以并存。国际货币基金组织对会员的汇率进行监督，使汇率水平能够反映各会员的长期经济状况，不允许会员通过操纵汇率来阻止国际收支进行有效的调节或获取不公平的竞争利益。国际货币基金组织还有权要求会员解释它们的汇率政策，实行适当的国内经济政策，稳定汇率体系。协议还规定实行浮动汇率制的会员应根据自身经济条件，逐步恢复固定汇率制。在将来世界经济出现稳定局面后，经国际货币基金组织总投票权 85%的多数票通过，恢复稳定的但可调整的汇率制度。

2. 黄金非货币化

废除黄金条款，取消黄金官价，使黄金与货币完全脱离关系，成为一种单纯的商品，各会员的中央银行可按市价自由进行交易活动。取消会员之间及会员与国际货币基金组织之间须用黄金支付的义务。国际货币基金组织所持有的黄金应逐步加以处理，其中1/6（约2 500万盎司）按市价出售，超过官价（每盎司42.22美元）部分作为援助发展中国家的资金；1/6按官价由原缴纳国买回；剩余的4/6（约1亿盎司）根据总投票权的85%做出的决定处理。

3. 关于特别提款权问题

协议规定各会员之间可以自由进行特别提款权交易，不必征得国际货币基金组织同意。国际货币基金组织与会员之间的交易以特别提款权代替黄金，国际货币基金组织一般账户中所持有的资产一律以特别提款权表示。在国际货币基金组织一般业务交易中扩大特别提款权的适用范围，并尽量扩大特别提款权在其他业务中的使用范围。另外，国际货币基金组织应随时对特别提款权制度进行监督，适时修改或增减有关规定以提高特别提款权的国际储备地位，使之逐步取代黄金和美元而成为国际主要储备资产。

4. 扩大对发展中国家的资金融通

协议规定用出售黄金所得收益设立"信托基金"，以优惠条件向贫穷的发展中国家提供贷款或援助。同时，国际货币基金组织扩大信用贷款部分的总额，由占会员份额的 100%增加到 145%，并放宽"出口波动补偿贷款"的额度，所占份额由 50%提高到 75%。

5. 增加会员的基金份额

各会员应缴纳的基金份额，由原来的 292 亿特别提款权增加到 390 亿特别提款权，增加了 33.6%。各会员应缴纳的基金份额所占的比例也有所改变，主要是石油输出国的比例由 5%增加到 10%，其他发展中国家维持不变，主要西方国家（除联邦德国和日本略增外）都有所降低。

1978 年 4 月 1 日，《国际货币基金组织协定第二次修正案》获得法定的 60%以上的会员和 85%以上多数票的通过，正式生效，从而逐渐形成国际货币关系的新格局。

三、牙买加货币体系的评价

1. 牙买加货币体系的积极作用

1）多元化的国际储备体系在一定程度上解决了国际清偿力和对储备货币信心的矛盾。特里芬难题已经证明了任何国家的货币单独充当国际储备货币时都具有内在的不稳定性，而储备货币多元化可以使这一矛盾缓和，使充当国际储备货币的利益和风险由多种货币分担。因为当某一储备货币供应不足时，根据市场规律又会有其他储备货币来补偿国际清偿力的不足，在世界经济衰退时期也不可能发生所有储备货币的危机，从而对整个世界经济的稳定有积极意义。

2）以浮动汇率为主的多种汇率制度安排能够对世界经济形势的变化做出灵敏反应，从而使汇率对经济调节的杠杆作用得到较好的发挥。在布雷顿森林体系下，各国有义务维持固定的汇率，汇率不能对国际收支失衡起到调节作用，而且为了实现汇率目标，各国往往要以牺牲国内经济目标为代价。在浮动汇率制下，自由的汇率安排能使各国充分考虑本国客观经济条件，并使宏观经济政策更具有独立性和有效性。

3）多种国际收支调节机制的选择更能适应世界经济发展不平衡的现状。在牙买加货币体系下，多种国际收支调节机制并存，互相完善、互相补充，而不是单纯依靠某种调节机制。这比较适合当今各国经济发展水平相差悬殊，以及各国经济发展模式、政策目标都不相同的特点，从而在一定程度上缓解了布雷顿森林体系下国际收支调整的困难。

2. 牙买加货币体系的缺陷

虽然牙买加货币体系发挥了积极作用，但这一货币制度远非尽善尽美，也存在一定的缺陷。

1）汇率的波动使贸易和投资的风险加大，并带来世界经济的不稳定。在牙买加货币体系下，1/3 的国家实行单独浮动或有管理的浮动汇率制，其余国家实行钉住汇率制。由于英镑较弱，整个货币体系的稳定实际上是建立在美元、欧元和日元稳定的基础上的。而且这三大货币之间的汇率一旦产生巨大波动，就会危及整个货币体系的稳定。汇率波动频繁且剧烈，这不仅会给国际贸易和国际投资带来巨大风险，还会给国际经济的发展带来不稳定。

2）目前的国际收支调节机制仍不健全。虽然牙买加货币体系的国际收支调节机制较布雷顿森林体系有较大进步，但仍有其局限性。国际货币基金组织的贷款能力有限，难以协调盈余国和赤字国双方对称地调节国际收支，调节国际收支的责任往往由赤字国一方承担。这使一些发展中国家的国际收支赤字长期得不到纠正，只能靠借外债来应付。国际收支不平衡引发的世界债务危机已经成为阻碍当今世界经济发展的重大难题。在这种情况下，许多国家往往实行贸易保护、外汇管制等措施来维持国际收支平衡，而这些措施极大地制约了世界经济的增长。

扩展阅读

美国次贷危机爆发的原因

一定意义上说，2007 年以来的金融风暴和美国的货币政策有着非常密切的联系。美国从 2001 年 1 月开始实行比较宽松的货币政策，连续降息，为社会注入大量廉价资金，以及许多补贴、减税政策。一方面，这些扩张性货币政策直接促成美国房地产市场的繁荣，而美国政府设立的房利美、房地美两家公司，促进了房地产市场的迅速发展。另一方面，美国的个人消费是长期以来支持美国经济发展的主要动力，在美国的 GDP 中，个人消费占 70%以上，储蓄率连续下降，从 1984 年的 10.08%，到 1995 年的 4.6%，再到 2004 年的 1.8%，2005 年美国储蓄率甚至下降到-0.4%，到 2007 年进一步下降到-1.7%，背后隐藏了一个巨大的债务泡沫。2007 年，美国的个人和企业及政府未清偿的债务总额占美国 GDP 的 22.97%，个人负债比例为 100.3%，因此形成非常严重的偿付能力危机。

（资料来源：佚名，2008. 李若谷：国际货币体系重构与国际贸易投资体制改革[EB/OL].（2008-12-15）[2022-06-01]. http://www.sinotf.com/GB/136/Report/2008-12-15/152357172K0J4_2.html.）

思考与练习

一、不定项选择题

1. 国际货币体系根本的内容是（　　）。
   A. 确定国际货币
   B. 确定汇率制度
   C. 确定国际收支调节方式
   D. 确定国际储备资产

2. 最早实行国际金本位制的国家是（　　）。
   A. 美国　　　　B. 英国　　　　C. 西班牙　　　　D. 荷兰

3. 1973 年，布雷顿森林体系崩溃，多国货币纷纷实行（　　）。
   A. 双挂钩制度
   B. 单一汇率制度
   C. 固定汇率制度
   D. 浮动汇率制度

4. 布雷顿森林体系崩溃的直接原因是（　　）。
   A. 美国经济全面逆差
   B. 发达国家纷纷采用浮动汇率制度
   C. 美国黄金储备减少
   D. 特别提款权的出现

5. 在布雷顿森林体系下，汇率的波动以（　　）为界限。
   A. 黄金输送点　　B. ±1%　　C. +2.25%　　D. +1.687 5%

二、判断题

1. 在国际金本位制下，只能流通由国家统一铸造的金币。（　　）
2. 布雷顿森林体系在汇率方面规定，国际货币基金组织会员的货币直接与黄金挂钩。（　　）
3. 国际金币本位制是一种严格的固定汇率制。（　　）
4. 布雷顿森林体系是以美元为中心的国际货币制度。（　　）
5. 牙买加货币体系确定浮动汇率合法化，各国只能实行浮动汇率制。（　　）

三、简答题

1. 国际货币体系的概念及其主要内容是什么？
2. 简述国际金币本位制的特点。
3. 简述布雷顿森林体系的主要内容。
4. 布雷顿森林体系崩溃的原因是什么？
5. 牙买加货币体系的主要内容是什么？

第十章　国际金融机构

📖 **学习目标**

- 掌握国际金融机构的基本概念。
- 了解国际金融机构的分类。
- 了解国际金融机构基本业务活动和贷款条件。
- 了解我国与国际金融机构的关系。

📚 **关键词**

国际货币基金组织　世界银行集团　国际清算银行　亚洲开发银行　亚洲基础设施投资银行　非洲开发银行　泛美开发银行（美洲开发银行）　欧洲投资银行

⚙️ **案例导入**

国际货币基金组织和世界银行集团 2021 年春季会议举行　强调加强多边合作

2021 年，国际货币基金组织和世界银行春季会议于 4 月 6 日在线举行。这是新冠疫情导致全球各主要经济体 2020 年经济活动急剧且同步萎缩背景下，国际货币基金组织和世界银行集团第二次以视频形式召开春季年会，广受各方瞩目。

从此次年会发布的报告和取得的成果看，一方面调升了 2021 年和 2022 年全球经济增长的预期，指出受疫苗接种和主要经济体政策支持等因素的影响，全球经济度过危机的前景越发明朗，另一方面则更为强调全球经济增长仍存在极大不确定性，面对新冠疫情、贫富差距和气候变化等世界经济难题，唯有加强多边合作，方能实现包容和稳健的经济复苏。

国际货币基金组织总裁克里斯塔利娜·格奥尔基耶娃（Kristalina Georgieva）表示，全球各经济体复苏速度不均衡，中国和美国在全球经济复苏中的引擎作用日趋明显。

国际货币基金组织指出，各经济体一方面为应对新冠疫情而推出的超常规政策措施创造了宽松的融资环境，为实体经济提供了支持，帮助抑制了金融风险，经济增长前景的改善明显减轻了不利后果；另一方面，新冠疫情期间采取的措施可能会产生意想不到的后果，如市场估值过高和金融脆弱性上升。不断上升的金融脆弱性如果得不到解决，可能会成为结构性的遗留问题，未来的经济增长仍面临显著的下行风险。

展望未来，国际货币基金组织认为，全球经济前景仍面临巨大的不确定性，未来的经济走势取决于健康危机的演变路径，强有力的多边合作对实现包容和稳健的经济复苏至关重要。国际货币基金组织呼吁加强多边合作，坚定应对气候变化，释放数字经济潜力，改革国际贸易体系，维持债务可持续性，确保实现包容和稳健的全球经济复苏。国际货币基金组织将为实施规模为 6 500 亿美元的特别提款权普遍增发和制定详细方案，以满足全球补充储备资产的长期需求，同时加强特别提款权报告和使用的透明度。

（资料来源：高伟东，2021. IMF 和世界银行 2021 年春季会议举行 强调加强多边合作[EB/OL].（2021-04-13）[2021-09-20]. http://bgimg.ce.cn/xwzx/gnsz/gdxw/202104/13/t20210413_36467710.shtml.）

第一节　国际金融机构概述

国际金融组织是世界经济发展到一定阶段的产物。它在平衡国际收支、稳定汇率、扩大国际贸易与投资、协调各国货币政策、加强国际金融合作、维护国际货币体系的稳定运行等方面，均发挥着重要的作用。

国际金融机构是指专门从事国际金融管理及国际金融活动的超国家性质的组织机构。它能够在重大的国际经济金融事件中协调各国的行动；提供短期资金，缓解国际收支逆差，稳定汇率；提供长期资金，促进各国经济发展。

一、国际金融机构的产生和发展

国际金融机构的产生和发展同世界政治经济发展密切相关。第一次世界大战以前，由于国际货币制度处于国际金本位制度下，汇率具有自动调节机制，主要资本主义国家的国际收支处于顺差状态，货币信用体系和国际结算制度也尚未建立起来，因此，当时不具备产生国际金融机构的条件。第一次世界大战爆发后，各主要国家政治经济发展的不平衡，使各国之间的矛盾尖锐化，利用国际经济组织控制或影响他国成为一种必要的选择。同时，战争、通货膨胀及国际收支恶化又造成诸多工业国家面临国际金融的困境，各国也希望借助国际经济力量稳定自身的金融环境。这样，建立国际金融机构便成为多数工业国家的共同愿望。1930 年 5 月，英国、法国、意大利、德国、比利时、日本等国的中央银行和代表美国银行界利益的摩根银行、纽约和芝加哥的花旗银行组成的银团，在瑞士的巴塞尔成立国际清算银行（Bank for International Settlements），这就是第一个国际金融机构，这是建立国际金融机构的重要开端，其主要任务是处理第一次世界大战后德国战争赔款的支付及协约国之间的债务清算问题。在后来的发展中，这一机构在促进各国中央银行合作，特别是在推动各国银行监管合作方面，发挥着越来越重要的作用。

第二次世界大战后，随着生产和资本国际化，国际经济关系得到空前发展，国际货币信用关系进一步加强，国际金融机构迅速增加。1944 年 7 月，44 个主要国家参加的美国新罕布什尔州布雷顿森林会议，确定建立国际货币基金组织和国际复兴开发银行（1945 年 12 月 27 日正式成立），目的在于重建一个开放的世界经济及稳定的汇率制度，并为世界经济及社会发展提供资金。1956 年，国际金融公司（International Finance Corporation，IFC）正式成立，目的是扩大对发展中国家私人企业的国际贷款，促进外国私人资本在这些国家的投资。1960 年 9 月，在美国财政部的建议下，成立国际开发协会（International Development Association，IDA），作为世界银行的附属机构，目的是向更贫穷的发展中国家提供更为优惠的贷款，加速这些地区的经济发展。自此，世界银行集团（World Bank Group，包括国际复兴开发银行、国际开发协会、国际金融公司、多边投资担保机构和国际投资争端解决中心五个成员机构）正式出现，并成为全球最大的国际金融机构。与此同时，随着国际经济金融关系的发展，大量的区域开发合作性国际金融机构也迅速发展起来。

二、国际金融机构的分类

根据不同的划分标准，国际金融机构可以分为以下不同的类型。

1）根据资本来源的不同，国际金融机构可以分为由政府出资建立的国际金融机构、由私人集资兴办的国际金融机构及由政府资本和私人资本合办的国际金融机构。例如，国际经济合作银行是由政府出资建立的，西方国家的跨国银行是私人集资兴办的。

2）根据地域的不同，或者按照业务活动范围的大小，国际金融机构大致可以分为：①全球性国际金融机构。成员遍布全球各地，如国际货币基金组织、国际复兴开发银行、国际清算银行等。②半区域性国际金融机构。成员主要在区域内，但也有区域外的国家或地区参与，如亚洲开发银行、美洲开发银行、非洲开发银行等。③区域性国际金融机构。成员完全由地区内的国家或地区组成，如欧洲投资银行（European Investment Bank，EIB）、阿拉伯货币基金组织、西非开发银行等。

3）根据业务职能的不同，国际金融机构可以分为从事国际金融事务协调和监督的国际金融机构、从事各种期限信贷的国际金融机构和从事国际结算业务的国际金融机构。例如，国际货币基金组织主要从事国际金融事务协调和监督工作；国际复兴开发银行的主要任务是向会员提供长期贷款，协助其发展生产、开发资源；国际清算银行的主要任务是处理国际清算事务，代理或办理各类银行业务。

三、国际金融机构的作用

国际金融机构自建立以来，对国际货币制度、世界经济的发展及区域经济发展等方面起了积极的作用，具体表现如下。

1）调节国际清偿能力，创造新的结算手段，解决国际结算手段匮乏问题。

2）提供短期资金支持，调节国际收支逆差，在一定程度上缓和国际支付危机，拉动经济发展。

3）提供长期建设资金，促进世界各国特别是发展中国家的经济发展。

4）稳定汇率，保证国际货币体系的运转，协调金融事务的发展，推动国际贸易和国际投资的增长。

5）组织商讨国际经济、金融领域中的重大事情，协调各国间的相互关系，促进政局稳定。

扩展阅读

央行：继续推动国际货币基金组织份额改革

中国人民银行行长潘功胜在博鳌亚洲论坛 2024 年年会"深化亚洲金融合作"论坛上发表主旨演讲时表示，加强亚洲金融安全网从全球层面来说，应继续推动国际货币基金组织（IMF）份额改革，更好发挥 IMF 作为全球金融安全网核心的作用。

"IMF 是以份额为基础的国际金融机构。份额规模决定了 IMF 危机救助能力，份额占比决定了成员在基金组织的投票权和获取融资的规模。"潘功胜说。

潘功胜强调，份额占比的调整对于 IMF 治理、代表性和合法性都至关重要。近期，IMF 第 16 次份额总检查如期完成，各方将实现等比例份额增资，进一步增强了 IMF 的危机救助能力，但 IMF 当前的份额占比难以反映成员在全球经济中的相对地位。开展份额占比调整是改善 IMF 治理结构，增强 IMF 履职能力的必然要求。

潘功胜指出，亚洲国家或地区应合作推动 IMF 份额改革，尽快实现份额占比调整。为更好反映亚洲国家或地区在全球经济中的相对地位，特别是提高新兴市场和发展中国家的话语权和代表性，亚洲国家或地区可推动各方尽快就新的份额公式达成共识，为实现份额占比调整奠定基础，确保基金组织是基于规则的、真正践行多边主义的机构。

（资料来源：罗知之，2024. 央行：继续推动国际货币基金组织份额改革[EB/OL]. (2024-03-28) [2024-09-03]. http://yn.people.com.cn/n2/2024/0328/c372455-40791045.html.）

第二节　全球性国际金融机构

一、国际货币基金组织

国际货币基金组织是联合国管理和协调国际金融关系的专门机构，是一个致力于推动全球金融合作、维护金融稳定、便利国际贸易、促进高度就业与可持续经济增长和减少贫困的国际组织。

国际货币基金组织是特定历史条件下的产物。鉴于金本位制崩溃之后，国际货币体系长期混乱及其所产生的严重后果，进行新的国际货币制度安排日益成为突出问题。为此，在第二次世界大战期间，英美两国政府就开始筹划战后的国际金融工作。1943 年，英美两国分别提出了凯恩斯计划和怀特计划。1944 年 2 月又发表了《关于建立国际货币基金组织的专家联合声明》。1944 年 7 月，44 个国家的代表聚集在美国新罕布什尔州的小镇布雷顿森林，召开了具有历史意义的联合国国际货币金融会议（布雷顿森林会议），经过激烈讨论，会议通过《国际货币基金组织协定》，决定成立国际货币基金组织。1945 年 12 月 27 日，国际货币基金组织正式成立；1947 年 3 月 1 日，国际货币基金组织开始运作；1947 年 11 月 15 日成为联合国所属专营国际金融业务的机构，总部设在华盛顿。截至 2024 年 7 月，国际货币基金组织共有 190 个成员。我国是国际货币基金组织的创始国之一，并于 1980 年 4 月 17 日正式恢复了在国际货币基金组织的合法席位。

（一）国际货币基金组织成立的宗旨和职能

根据《国际货币基金组织协定》第一条的规定，国际货币基金组织的宗旨是：①通过设置常设机构就国际货币问题进行磋商与协作，从而促进国际货币领域的合作；②促进国际贸易的扩大和平衡发展，从而有助于提高和保持高水平的就业及实际收入，并增强各成员生产性资源的开发能力，并以此作为经济政策的首要目标；③促进汇率的稳定，保持成员之间有秩序的汇率安排，避免竞争性通货贬值；④协助在成员之间建立经常性交易的多边支付体系，取消阻碍国际贸易发展的外汇限制；⑤在具有充分保障的前提下，向成员提供暂时性普通资金以增强其信心，使其能有机会在无须采取有损本国或地区和国际经济繁荣的措施的情况下，纠正国际收支失衡；⑥缩短成员国际收支失衡的时间，减轻失衡的程度。

国际货币基金组织的主要职能是：①制定成员之间的汇率政策和经常项目的支付及货币兑换性方面的规则，并进行监督；②对发生国际收支困难的成员在必要时提供紧急资金融通，避免其他国家或地区受其影响；③为成员提供有关国际货币合作与协商等会议场所；④促进国际金融与货币领域的合作；⑤促进国际经济一体化的步伐；⑥维护国际汇率秩序；⑦协助成员之间建立经常性多边支付体系等。

（二）国际货币基金组织的组织机构

国际货币基金组织的组织机构由理事会、执行董事会、总裁和常设职能部门等组成。

1. 理事会

理事会是国际货币基金组织的最高权力机构，由各成员选派理事和副理事各一人组成，任期 5 年（可以连任）。理事一职通常由各国中央银行行长或财政部部长担任，有投票表决权；副理事大多是各国外汇管理机构的负责人，只有在理事缺席时才有投票权。理事会的主要职能是：接纳新成员、决定或调整成员的份额、分配特别提款权，批准成员货币平价的普遍调查，以及讨论、处理国际货币制度的重大问题。理事会每年举行一次定期会议（即国际货币基金组织年会），必要时可举行特别会议，当出席会议的理事投票权合计数占总投票权的 2/3 以上时，即达到法定人数。由于理事会十分庞大，1974年 10 月，国际货币基金组织设立了临时委员会，1999 年 9 月临时委员会更名为国际货币与金融委员会（International Monetary and Financial Committee，IMFC）。

2. 执行董事会

执行董事会是理事会下面的常设机构，它负责处理国际货币基金组织的日常事务。执行董事会最初由 12 名执行董事组成，目前名额增加到 24 名。执行董事包括指定与选派两种，指定董事由 8 个成员即美国、英国、德国、法国、日本、俄罗斯、中国与沙特阿拉伯各派 1 名，选派董事由其他成员按国家集团或按地区分组推举产生。执行董事会的职权主要有：接受理事会委托定期处理各种政策和行政事务，向理事会提交年度报告，并随时对成员经济方面的重大问题，特别是有关国际金融方面的问题进行全面研究。执行董事会每星期至少召开三次正式会议，履行基金协定指定的和理事会赋予它的职权。当执行董事会需要就有关问题进行投票表决时，执行董事按其所代表的国家或选区的投票权进行投票。

3. 总裁

国际货币基金组织设总裁 1 人，是国际货币基金组织的最高行政长官，其下设副总裁 3 人（原设 1 人）协助工作。总裁由执行董事会选举产生，总裁兼任执行董事会主席，总管国际货币基金组织的业务工作，任期 5 年，可连任。总裁可以出席理事会和执行董事会，平时无投票权，只有在执行董事会投票表决出现双方票数相等时，才能投决定性的一票。

4. 常设职能部门

国际货币基金组织设有 16 个职能部门，负责经营业务活动。此外，国际货币基金组织还有欧洲办事处（设在巴黎）和日内瓦办事处两个永久性的海外业务机构。

（三）国际货币基金组织的资金来源

国际货币基金组织的资金来源主要有份额、借款和信托基金。

1. 份额

成员的份额是国际货币基金组织最主要的资金来源。份额目前以特别提款权来表示，它在性质上类似股份公司的股东缴纳的股本金。

根据《国际货币基金组织协定》，会员必须向国际货币基金组织缴纳一定份额的基金。1975 年以前，会员份额的 25%以黄金缴纳，但在 1976 年牙买加会议以后，国际货币基金组织废除了以黄金缴纳的条款，这 25%的份额改以特别提款权或可自由兑换货币缴纳，份额的 75%可以用本币缴纳，即以本国或地区货币缴纳存放于本国或地区中央银行，但在国际货币基金组织需要时可以随时动用。各会员认缴份额的大小由基金理事会决定，主要综合考虑会员的国民收入、黄金与外汇储备、平均进出口额及其变化率、出口额占 GNP 的比例等多方面的因素。根据国际货币基金组织的规定，对各会员的份额，每隔 5 年重新审定和调整一次。份额的单位原为美元，后来改为以特别提款权计算。国际货币基金组织最初创立时各会员认缴的份额总值为 76 亿美元，此后随着新会员的不断加入及份额的不断调整，份额总数不断提高。国际货币基金组织 2023 年 12 月 15 日完成了第十六次份额总检查，理事会以 92.86%的赞成票批准了增加份额的决议，本次增资是 2010 年以来国际货币基金组织首次进行增资，生效后的新份额将永久性资金额度提高至 7 157 亿 SDR（相当于 9 600 亿美元），超过了目前两项临时性借入资源的总规模。根据决议，会员将以 50%等比例提高各自缴纳的份额，并在 2024 年 11 月 15 日之前完成相关增资程序。

除了作为国际货币基金组织发放短期信贷的资金来源，份额在国际货币基金组织的活动中发挥了十分重要的作用。份额的大小对会员还有以下两个方面的作用：①决定会员从国际货币基金组织借款的数额和定期分配特别提款权的数额；②决定会员的投票权。国际货币基金组织的一切重大问题由会员投票决定，只有 80%以上的票数同意才能通过，有些特别重大的问题只有 85%的多数票同意才能通过。与一些在"一国一票"原则下运作的国际组织（如联合国大会）不同，国际货币基金组织实行的是加权投票制度；成员的投票权主要取决于它们的份额，份额越大，成员拥有的票数也越多。具体是：①每个成员都有基本票数 250 票；②每增加 10 万特别提款权（原为 10 万美元）的份额，在基本票数的基础上增加 1 票；③国际货币基金组织贷出成员货币每达到 40 万特别提款权（原为 40 万美元），则该成员增加投票权 1 票；④成员从国际货币基金组织借款，每借 40 万特别提款权（原为 40 万美元），则减少该成员的投票权 1 票。

第十四次份额总检查后（第十五次份额总检查后未增加份额），中国在 IMF 份额为 304.8 亿特别提款权（总份额约 4 768 亿特别提款权），占总份额 6.39%，排名第三位，仅次于美国（17.43%）和日本（6.47%）。

2. 借款

借款是国际货币基金组织的另一个资金来源，这些借款的来源主要是国际货币基金组织的会员。借款的主要形式有：①借款总安排，1962 年与十国集团签订，总额为 60 亿美元，以应付成员临时性困难；②补充资金贷款借款安排，1979 年与 13 个会员签订；③扩大资金贷款借款安排，1981 年与一些官方机构签订。此外，国际货币基金组织还与其会员签订双边借款协议，以扩大资金来源。借款除了通过政府渠道（如从各国财政部或中央银行借款），也可以向私人机构借款。借款唯一的限制在于，如果国际货币基金组织向某一会员的非政府渠道借入该国货币，那么它必须征得该会员政府的同意。

IMF 的借款同它的其他业务一样也以特别提款权计值，大部分期限为 4～7 年，小部分为 1～3 年，平均 5 年。IMF 借款的一大特点是：贷款人除国际清算银行外，如果发生国际收支困难，可以提前收回贷款。因此，IMF 的借款具有很高的流动性，贷款国或地区往往将这部分贷款视为储备的一部分。这一特点对 IMF 自身流动性的管理也有较大影响。

3. 信托基金

国际货币基金组织于 1976 年将自有黄金的 1/6（2 500 万盎司）分 4 年按市价出售，并将所得利润共 46.4 亿美元建立信托基金，然后再以低息方式向低收入或重债国家或地区提供优惠贷款。这是一项特殊的资金来源。

（四）国际货币基金组织的业务活动

国际货币基金组织的业务活动围绕其宗旨进行服务，主要有：检查和监督各国及全球经济与金融发展，并向会员提出经济政策建议；向会员融通资金，以支持旨在纠正国际收支问题和促进可持续增长的调整及改革政策；在其专长领域内，向政府和中央银行官员提供广泛的技术援助及培训。

1. 汇率监督与政策协调

为了维系国际货币制度的顺利运行，保证金融秩序的稳定和世界经济的增长，国际货币基金组织通过在多边基础上和在个别基础上对会员的汇率政策实行监督，每个会员承诺与国际货币基金组织协同努力，确保有序的汇率安排，并促进稳定的汇率体系。多边监督以执行董事会和理事会临时委员会公布的《世界经济展望报告》为依据，强调对国际货币制度有重大影响的国家的政策协调和发展。国际货币基金组织要参加主要西方工业国家在七国首脑会议基础上的进一步讨论，以促进工业化国家在国际货币金融领域的合作和加强其间宏观经济政策的协调。对个别国家的监督主要是通过检查会员的汇率政策是否与《国际货币基金组织协定》第四条所规定的义务相一致，国际货币基金组织要求其所有会员将其汇率安排的变化通知国际货币基金组织,从而使 IMF 能够及时进行监督和协调。

除了对汇率政策的监督,国际货币基金组织在原则上还应每年与各会员进行一次磋商,以对会员经济和金融形势及经济政策做出评价。这种磋商的目的是使 IMF 能够履行监督会员汇率政策的责任,并且有助于使 IMF 了解会员的经济发展状况和采取的政策措施,从而能够迅速处理会员申请贷款的要求。20 世纪 70 年代,世界经济长期处于滞胀的局面,石油危机的爆发使许多会员国际收支失衡,从而形成严重的国际收支调整问题。进入 20 世纪 80 年代以后,发展中国家发生了债务危机。这些全球性的问题更需要会员,特别是主要工业化国家从国际的角度来协调国内经济政策,因此,IMF 的监督和协调作用就显得尤为重要。为此,国际货币基金组织每年派出由经济学家组成的专家小组到各会员搜集统计资料,听取政府对经济形势的估计,并同一些重要的国家进行特别磋商。事实证明,国际货币基金组织在协调各国政策、稳定国际金融形势,特别是在缓解国际债务危机和稳定世界经济方面的作用是不容忽视的。

2. 储备资产的创造

国际货币基金组织在 1969 年的年会上正式通过了十国集团提出的特别提款权方案,决定创设特别提款权以补充国际储备的不足。特别提款权于 1970 年 1 月正式发行。会员可以自愿参加特别提款权的分配,也可以不参加,目前除了个别国家,其余会员都是特别提款权账户的参与者。特别提款权由 IMF 按会员缴纳的份额进行分配,分配后即成为会员的储备资产,当会员发生国际收支赤字时,可以动用特别提款权,将其划给另一个会员,换取外汇,偿付收支赤字,或用于偿还国际货币基金组织的贷款。

3. 资金融通

国际货币基金组织最主要的业务活动是向会员提供资金融通,以协助会员改善国际收支状况。国际货币基金组织向有国际收支困难的会员提供贷款,使其能够更轻松地进行所必需的调整,使支出与收入一致,以纠正国际收支问题。但 IMF 的贷款也是为了对持续改善一国国际收支状况和增长前景的政策(包括结构性改革)提供支持。任何一个会员,如果有国际收支需要,都可以向 IMF 寻求资金。

这些贷款具有下列特点:①贷款对象局限为会员政府,国际货币基金组织只同会员的财政部、中央银行及类似的财政金融机构往来;②贷款用途只限于解决短期性的国际收支不平衡,用于贸易和非贸易的经常项目的支付;③贷款期限限于短期,属于短期贷款;④贷款额度是按各会员的份额及规定的各类贷款的最高可贷比例,确定其最高贷款总额;⑤贷款方式是根据经磋商同意的计划,由贷款国或地区使用本国或地区货币向国际货币基金组织购买其他会员的等值货币(或特别提款权),偿还时,用特别提款权或国际货币基金组织指定的货币买回借用时使用的本国或地区货币(一般称为购回)。

国际货币基金组织发放贷款的条件比较严格,贷款国或地区必须向国际货币基金组织阐明其为改善国际收支状况而采取的政策措施,并受国际货币基金组织的监督,以保证实施。贷款种类主要有以下几种。

（1）普通贷款

普通贷款（normal credit tranche）即普通提款权（general drawing right，GDR），也称基本信用设施（basic credit facility），是国际货币基金组织最基本的一种贷款，主要用于弥补会员国际收支逆差的短期资金需要。各会员借取普通贷款的最高额度为会员所缴份额的125%，贷款期限为3～5年，利率随着期限递增，第1年利率为4.375%，第2年为4.875%，第3年为5.375%，第4年为5.875%，第5年为6.375%。IMF对普通贷款实行分档政策，即把会员可借用的贷款分成储备部分贷款（reserve tranche）和信用部分贷款（credit tranche）。

储备部分贷款是指申请贷款额在会员份额的25%以内的普通贷款，又称黄金份额（gold tranche）贷款，这项贷款是无条件的，无须特殊批准，可自动提用，会员只需事先通知国际货币基金组织便可自动提用，其购买时不需要支付利息及其他费用，也不需要再购回，这是因为会员早以黄金缴纳份额的25%，而现在借款等于抽回原来缴纳的份额。1978年4月，《国际货币基金组织协定》第二次修改条文生效后，会员份额的25%改以特别提款权或指定的外汇缴纳。会员提取这部分贷款仍有充足保证，故称为储备部分贷款。

信用部分贷款是指申请贷款额超过会员份额的25%，一直到份额的125%最高限的普通贷款，其中每25个百分点为一档，共分为四档，在使用时须经国际货币基金组织审核批准，贷款条件逐档严格，利率逐档升高，年限为3～5年。会员借款使用完储备部分贷款之后，可依次使用第一、二、三、四档信用部分贷款。国际货币基金组织对第一档信用部分贷款的审批条件较松，但申请这部分贷款只有呈交克服国际收支困难的具体计划，才能获得批准。借取第一档信用部分贷款，可采取直接购买外汇的方式，即在申请贷款获得批准后，立即从国际货币基金组织提款。另外，也可以采用备用信贷安排（stand-by arrangement，SBA）方式，即申请贷款的会员与国际货币基金组织商妥贷款额度后，可在商定的时间内，根据实际需要分次提取。

（2）补偿与应急贷款

补偿与应急贷款（compensatory & contingenting facility，CCFF）前身为1963年2月设立的出口波动补偿贷款（compensatory financing facility，CFF），这是国际货币基金组织对初级产品出口国或地区因出口收入下降或谷物进口支出增大而发生国际收支困难时提供的一项专用贷款。它的贷款条件是：①出口收入下降或谷物进口支出增大是暂时性的，并且是由会员本身不能控制的原因造成的；②借款国或地区必须同意与国际货币基金组织合作执行国际收支的调整计划。1989年1月，国际货币基金组织以补偿与应急贷款取代了出口波动补偿贷款，贷款最高限额为会员份额的122%，其中应急贷款和补偿贷款各为40%，谷物进口成本补偿贷款为17%，剩余25%由会员任意选择用作以上二者的补充。在满足贷款条件的前提下，会员可以在普通贷款之外再申请该项贷款，其贷款期限为3～5年。

（3）缓冲库存贷款

缓冲库存贷款（buffer stock financing facility，BSFF）是1969年6月国际货币基金组织应发展中国家要求而设立的一项贷款。这项贷款用于支持初级产品出口国或地区稳定国际市场初级产品价格而建立国际缓冲库存的资金需要。缓冲库存是一些初级产品生产国或地区按照国际商品协定而建立的一定数量存货，当国际市场上某项商品价格波动时向市场抛售或购买该项商品以稳定价格，从而达到稳定本国或地区出口收入的目的。缓冲库存贷款的额度可达借款国或地区份额的 50%，此项贷款与补偿与应急贷款的总额度不得超过供款国或地区份额的 75%。缓冲库存贷款的期限也为 3～5 年。

（4）石油贷款

石油贷款（oil facility）是 1974 年 6 月设立的，专门为 1973 年因石油涨价而引起国际收支困难的会员而设立的临时性贷款。这项贷款的资金从石油输出国（如沙特阿拉伯、伊朗、科威特、委内瑞拉等）和发达国家（如荷兰、瑞士等）借入，总额为 69 亿特别提款权，专款专用，不能移作他用。1974 年，石油贷款的最高额度规定为份额的 75%，1975 年提高到 125%，但贷款条件比 1974 年严格。贷款期限为 3～7 年，还款要求按季度分 16 次归还，利率高于普通贷款利率。为减轻最困难的发展中国家借取石油贷款的利息负担，1975 年，国际货币基金组织决定建立利息贴补账户（subsidy account），其资金来源由 24 个发达国家和石油输出国捐赠。1976 年 5 月，此项贷款资金已全部贷出，贷款即告结束。

（5）中期贷款

中期贷款（extended facility）是国际货币基金组织在 1974 年 9 月开设的一项专门贷款，用以解决会员较长期的国际收支逆差，而且其资金需要量比普通贷款所能借到的额度要大。国际货币基金组织对这项贷款监督较严，借取中期贷款的条件是：①会员只有在使用普通贷款仍不能满足需要时，才能申请此项贷款；②申请国或地区必须提出贷款期间有关改进国际收支的政策目标和实现目标的措施，以及在 1 年以内准备实施的有关政策措施的详细说明，以后每年都要向国际货币基金组织提供有关工作进展的详细说明和实现目标的政策措施；③贷款根据会员为实现计划目标而执行有关政策的实际情况分期发放。中期贷款的期限为 4～10 年，备用安排期限为 3 年，一般分 16 次归还。贷款额度最高可达份额的 140%，中期贷款与普通贷款两项总额不能超过贷款国或地区份额的165%。

（6）信托基金贷款

1976 年 1 月，国际货币基金组织临时委员会达成协议，决定将国际货币基金组织持有的 1/6（2 500 万盎司）的黄金在 1976 年 7 月至 1980 年 6 月的 4 年内按市价出售，用所获利润建立信托基金，以优惠条件向低收入的发展中国家或地区提供贷款。信托基金于 1976 年 5 月设立，除出售黄金所获利润外，还有直接分到出售黄金利润的某些受益国或地区转让给信托基金的资金，以及资产投资收入。申请信托基金贷款（trust fund facility）的条件是：第一，第一期为 1973 年人均国民收入不超过 300 特别提款权（约合 360 美元）的国家或地区，第二期为 1975 年人均国民收入不超过 520 美元的国家或地区；第二，申请贷款国或地区的国际收支、货币储备和其他发展情况经国际货币基金组织审核证实确实有资金需要，而且又有调整国际收支的适当计划。信托基金贷款按年利率 0.5%收息，从支付日起 10 年满期，从支付后 5 年半开始还款，每半年偿还一次，分 10 年还清。1981 年 3 月，信托基金贷款的资金已发放完毕，共向发展中国家或地区发放总额为 33 亿元的贷款。

（7）补充贷款

补充贷款（supplementary financing facility，SFF）也称韦特文贷款（the Witterven facility），于 1977 年 8 月正式设立。贷款资金由石油输出国和有国际收支顺差的发达国家或地区提供，总额为 84 亿特别提款权。补充贷款用于补充普通贷款的不足，即在会员遇到严重国际收支逆差，需要比普通贷款所能提供的数额更大和期限更长的资金时，可申请此项贷款。补充贷款的贷款最高额度为会员份额的 140%，备用安排期限为 1～3 年，还款期限为 3 年半至 7 年，每半年偿还一次，分期偿清。借取此项贷款前 3 年的利率为国际货币基金组织付给资金提供国或地区的利率（7%）加上 0.2%（超过 3 年后为 0.325%）。补充贷款分配完毕后，国际货币基金组织于 1981 年 5 月开始实行扩大贷款政策（enlarged access policy），实行这项政策的目的和内容与补充贷款相似。

（8）结构调整贷款

结构调整贷款（structural adjustment facility，SAF）设立于 1986 年 3 月，旨在帮助低收入发展中国家或地区通过宏观经济调整，解决国际收支长期失衡问题，贷款资金来源于信托基金贷款偿还的本金和利息，贷款利率为 1.5%，期限最长可达 10 年，且有 5 年的宽限期。结构调整贷款的贷款最高额度为会员份额的 70%。1987 年 12 月，国际货币基金组织又设立了加强的结构调整贷款（enhanced structural adjustment facility，ESAF），贷款的目的、用途和条件与原来的结构调整贷款相同，但贷款额度增加到份额的 250%，特殊情况可达到份额的 350%。1999 年 9 月，国际货币基金组织设立了减贫与增长贷款（poverty reduction and growth facility，PRGF），用来替代 ESAF。PRGF 是一种低息贷款，用于帮助面临长期国际收支问题的最贫困会员。

（9）制度转型贷款

制度转型贷款（systemic transformation facility，STF）设立于 1993 年 4 月，国际货币基金组织设立这项贷款是为了帮助苏联和东欧国家克服从计划经济向市场经济转变过程中出现的国际收支困难，以及其他同这些国家有着传统的以计划价格为基础的贸易和支付关系的国家或地区克服因贸易价格基础变化而引起的国际收支困难。制度转型贷款的贷款最高限额为份额的 50%，期限为 4～10 年，贷款分两次拨给，第一次为贷款批准后某个商定时间（必须在 1994 年 12 月 31 日前），第二次为第一次提款后 4～12 个月。国际货币基金组织认为：1994～1995 年是原经济互助委员会国家在国际收支方面最困难的时期，因此，希望申请贷款的国家或地区必须尽早申请并在 1994 年 12 月底之前使用第一部分贷款。在申请时，申请国或地区必须制定一项经济稳定与制度改革方案，内容包括财政货币制度改革及货币稳定计划、阻止资本外逃计划、经济结构改革计划、市场的培育与完善等。只有在第一批贷款拨出后，如果借款国或地区在上述各方面做出了切实有效的努力并与基金组织充分合作，国际货币基金组织才能提供第二批贷款。

二、世界银行集团

世界银行集团是若干全球性金融机构的总称，由国际复兴开发银行、国际开发协会、国际金融公司、国际投资争端解决中心（International Center for Settlement of Investment Disputes，ICSID）和多边投资担保机构（Multilateral Investment Guarantee Agency，MIGA）五个机构组成。其中，国际复兴开发银行、国际开发协会和国际金融公司是三个具有融资功能的金融机构，国际投资争端解决中心和多边投资担保机构是两个服务性附属机构，这五个机构分别侧重于不同的发展领域，但都致力于实现减轻贫困的最终目标。以下具体介绍前三个机构。

（一）国际复兴开发银行

国际复兴开发银行简称世界银行，是 1944 年 7 月布雷顿森林会议后，根据《国际复兴开发银行协定》而与国际货币基金组织同时建立的国际金融机构，1945 年 12 月 27日正式成立，1946 年 6 月开始运营，1947 年 11 月成为联合国的一个专门机构，总部设在美国首都华盛顿。我国是世界银行创始成员之一，于 1980 年 5 月 15 日恢复在世界银行的合法席位。

1. 世界银行的宗旨

根据布雷顿森林体系，凡是加入世界银行的国家或地区首先必须是国际货币基金组织成员，但国际货币基金组织成员不一定都要加入世界银行。国际货币基金组织主要负责国际货币事务方面，其主要任务是向成员提供解决国际收支暂时不平衡所需的短期外汇资金，以消除外汇管制、促进汇率稳定和国际贸易的扩大；世界银行则主要负责成员的经济复兴与开发，致力于提高人们的生活水平，消除贫困，并向成员（特别是发展中国家或地区）提供发展经济的中长期贷款。世界银行虽然是营利性组织，但不是以利润最大化为经营目标。

按照《国际复兴开发银行协定》的规定，世界银行的宗旨是：①通过对生产事业的投资，协助成员经济的复兴与建设，鼓励不发达国家或地区对资源的开发。②通过担保或参加私人贷款及其他私人投资的方式，促进私人对外投资。当成员不能在合理条件下获得私人资本时，可运用该行自有资本或筹集的资金来补充私人投资的不足。③鼓励国际投资，协助成员提高生产能力，促进成员国际贸易的平衡发展和国际收支状况的改善。④在提供贷款保证时，应与其他方面的国际贷款相配合。

2. 世界银行的组织机构

世界银行是具有股份性质的一个金融机构，与国际货币基金组织类似，设有理事会（board of governors）、执行董事会（board of executive directors）、行长（president）。

1）理事会。理事会是世界银行的最高权力机构，由各成员选派一名理事和一名副理事组成。理事和副理事任期 5 年，可以连任。副理事只有在理事不在时才有投票权。成员一般委派财政部部长、中央银行行长担任理事。理事会的主要职责是批准接纳新成员、决定普遍地增加或者调整成员应缴股本、决定世界银行净收入的分配及其他重大问题。平时，理事会将日常决策赋予执行董事会实施。世界银行与国际货币基金组织有紧密联系，每年都会联合召开世界银行与国际货币基金组织年会，必要时还可以召开特别会议。

2）执行董事会。执行董事会是世界银行负责日常事务的机构，行使由理事会授予的职权，成员包括世界银行行长和 25 名执行董事。未经执行董事会明确授权，执行董事不能单独行使任何权力，也不能单独作出承诺或代表世界银行。如遇执行董事缺席，副执行董事可全权代表执行董事行使职权。此外，高级顾问和顾问协助执行董事开展工作，他们可以顾问身份和副执行董事一起出席大部分执董会会议，但无表决权。

3）行长。行长是世界银行的最高行政长官，由执行董事会选举产生，负责领导世界银行的日常工作及任免高级职员和工作人员。理事、副理事、执行董事和副执行董事不得兼任行长。行长无投票权，只有在执行董事会在表决中双方票数相等时，才能投下决定性的 1 票。行长任期为 5 年，可以连任。

各成员的投票权是根据持有股份决定的，每个成员都享有基本投票权 250 票。此外，每认缴股金 10 万美元增加 1 票。一般情况下，成员认缴股份的多少是根据它的经济和财政力量并参照其在国际货币基金组织认缴份额的多少来决定的。目前，美国持有的份额最多，占总股份的 17%，因此享有最大的表决权。西方七国（美国、英国、德国、加拿大、法国、意大利、日本）拥有世界银行总股份的 45%，因此在重大国际经济事务及贷款业务中拥有很大的决定权。

3. 世界银行的资金来源

世界银行的资金来源主要有以下三个方面。

1）成员缴纳的股金。世界银行成立之初，《国际复兴开发银行协定》规定其法定股金为 100 亿美元，分为 10 万股，每股 10 万美元（1978 年 4 月 1 日以后世界银行的股本以特别提款权计值），之后世界银行经过了多次增资，截至 1995 年，其法定认缴股金已达到 1840 亿特别提款权。根据《国际复兴开发银行协定》原来的规定，成员认缴的股金分为两部分缴纳。第一，成员参加时应缴纳认缴股金的 20%，其中 2% 必须用黄金或美元支付，世界银行有权自由使用这一部分股金；其余的 18% 用成员的本国货币支付，世界银行只有征得该成员的同意后才能将这部分股金用于贷款。第二，成员认缴股金的 80% 是待缴股本，它可在世界银行因偿还借款或清偿债务而催缴时，以黄金、美元或世界银行需用的货币支付。但在 1959 年增资时，成员可将其认缴股增加一倍，但实际支付的股金并未增加，因此成员实缴股金降为 10%，以黄金或美元缴纳的部分降为 1%，成员以本币支付的部分降为 9%，其余部分为待缴股金。

2）向国际金融市场借款。在实有资本极其有限而又不能吸收短期存款的情况下，世界银行所需要的大部分资金主要通过在国际金融市场上发行债券来筹措，特别是在资本市场上发行中长期债券。在世界银行的贷款总额中，约有 80% 是依靠发行债券借入的。发行债券的方式主要有两种：一是通过投资银行、商业银行等中间包销商向私人投资市场出售债券，期限为 2～25 年，利率随行就市（因为世界银行的信誉较高，所以利率要低于普通公司债券和某些国家的政府债券）；二是直接向成员政府、政府机构或中央银行出售中短期债券。20 世纪 60 年代，世界银行的债券主要在美国发行，随着西欧和日本经济实力的增强，逐渐扩大到欧洲、日本和发展中国家，币种达 13 种之多，并具有多样化的期限结构。2000 年 1 月，世界银行首次成功发行了总额为 30 亿美元的电子债券。

3）债权转让。为了提高贷款资金的周转能力，20 世纪 80 年代以来，世界银行将贷款债权的一部分有偿转让给私人投资者（主要是国际商业银行等金融机构），以提前收回一部分资金。

4）利润收入。世界银行自 1947 年开始全年营业以来，除第 1 年略有亏损外，历年都有盈余。世界银行的净收益不分配给股东，除一部分以赠款的形式拨给国际开发协会及撒哈拉以南非洲地区特别基金外，其余均留作准备金，充当银行的自有资金，作为世界银行发放贷款的一个资金来源。

4. 世界银行的主要业务

世界银行的主要业务是贷款业务，成立之初，贷款重点是帮助发达国家或地区复兴经济。1948 年以后重点开始转向为发展中国家或地区提供开发资金，其中主要是对中等收入国家或地区提供贷款。

（1）贷款的条件

1）只向成员政府或由成员政府、中央银行担保的公私机构提供贷款。

2）贷款一般用于世界银行审定、批准的特定项目，重点是交通、公用工程、农业建设和教育建设等基础设施项目。只有在特殊情况下，世界银行才考虑发放非项目贷款。

3）申请贷款的国家或地区确实不能以合理的条件从其他方面取得贷款时，世界银行才考虑发放贷款或提供担保。

4）世界银行贷款的资金主要来源于国际金融市场的借款。为保证贷款如期还回，贷款只发放给那些有偿还能力的成员。

5）贷款必须专款专用，并接受世界银行监督。世界银行不仅对款项的使用进行监督，还对工程的进度、物资的保证、工程的管理等方面进行监督。

（2）贷款的特点

1）贷款期限较长。短则数年，最长可达 30 年，平均期限为 17 年，还有 5～10 年的宽限期。

2）贷款数额不受份额限制，利率比较优惠，一般低于资本市场的利率水平，且实行固定利率，对贷款收取的杂费也很少，只对签约后未支用的贷款收取 0.75% 的承诺费。

3）贷款以美元计值，借款国或地区借什么货币，还什么货币，并承担该货币与美元之间的汇率变动风险。

4）贷款必须如期偿还，不能拖欠或改变还款日期。

5）贷款手续严密，耗费时间较长。从提出项目，经过选定、评定等阶段，到取得贷款，通常需要一年半到 2 年的时间。

（3）贷款的种类

1）项目贷款（project loan）又称投资项目贷款，世界银行贷款中约有 90% 属于此类贷款，是世界银行最主要的贷款，属于世界银行的一般性贷款，用于资助成员的具体发展项目。世界银行对工农业发展、文教卫生、能源开发、交通运输、城市发展等方面的贷款都属于此类贷款。

2）非项目贷款（non-project loan），这是世界银行为支持成员进口物资、设备所需外汇提供的贷款，或者为支持成员实现一定的计划所提供的贷款。例如，1980 年设立的结构调整贷款就属于此项贷款。

3）联合贷款（co-financing），是指世界银行与借款国或地区以外的其他贷款者联合起来，为世界银行贷款资助的某一项目共同筹资和提供贷款。联合贷款有两种形式：一种为平行联合贷款，是指世界银行同借款国或地区政府选定贷款项目后，签署联合贷款协议，共同承担同一项目；另一种为组合式联合贷款，即世界银行与其他贷款者根据事先同意的比例出资将资金混合起来，按照世界银行的贷款程序和商品劳务采购原则与借款国或地区签订借贷协议。世界银行更倾向于采用后一种形式。

4）"第三窗口"贷款（the third window facility），亦称中间性贷款（intermediate financing facility），是指世界银行和国际开发协会提供的两项贷款（世界银行的一般性贷款和国际开发协会的优惠贷款）之外的一种贷款。该贷款条件优于世界银行的一般性贷款条件，但不如国际开发协会的贷款条件优惠。这种贷款主要援助低收入的发展中国家或地区，设立于 1975 年，到 1977 年结束。

5）技术援助贷款（technological assistance financing），主要包括两个方面：一是对项目的可行性研究、规划、实施，项目机构的组织管理及人员培训等方面提供的贷款；二是主要用于资助为经济结构调整和人力资源开发而提供的贷款，该贷款不与特定的项目联系在一起，亦称"独立"技术援助贷款。

扩展阅读

我国同世界银行集团的关系

中国参与国际复兴开发银行情况：中国是创始成员之一，于 1980 年恢复在世界银行集团的合法席位。根据 2018 年世界银行年会通过的增资和股权改革方案，中国在国际复兴开发银行的股权和投票权分别提升至 6.01%和 5.71%，居第三位。

中国参与国际开发协会情况：1980 年，中国恢复了在世界银行集团的合法席位，并同时成为国际开发协会的成员。截至 1999 年 7 月，协会共向中国提供了约 102 亿美元的软贷款。从 1999 年 7 月起，国际开发协会停止对中国提供贷款。截至 2022 年 5 月，中国在国际开发协会的投票权为 723 535 票表决权，占总投票权的 2.42%。

中国参与国际金融公司情况：1980 年，中国恢复了在世界银行集团的合法席位，并同时成为国际金融公司的成员。自国际金融公司 1985 年批准第一个对华项目起，国际金融公司在中国共投资了超 400 个项目，并为这些项目提供了 160 多亿美元的资金。国际金融公司 2018 年增资决议于 2020 年 4 月通过生效，增资完成后，中国在国际金融公司的股权升至 2.95%，投票权将升至 2.82%。

（资料来源：外交部，2024. 中国同世界银行集团的关系[EB/OL].（2024-07-30）[2024-09-09]. https://www.fmprc.gov.cn/web/wjb_673085/zzjg_673183/gjjjs_674249/gjzzyhygk_674253/sjyhjt_674423/zzgx_674427/）

（二）国际开发协会

国际开发协会是一个专门从事向发展中国家或地区提供无息长期贷款的国际性金融组织。它于 1960 年 9 月正式成立，同年 11 月开始营业，总部设在美国华盛顿。国际开发协会的宗旨是向发展中国家或地区的协会成员发放比一般贷款条件更优惠的贷款，以此作为世界银行贷款的补充，从而促进世界银行目标的实现。只有世界银行的会员，才能成为国际开发协会的会员。

1. 国际开发协会的组织机构

国际开发协会是世界银行的附属机构，其组织机构和管理方式与世界银行相同，正副理事、正副执行董事、正副经理和办事机构均出世界银行的相应人员兼任，甚至相应机构的管理和工作人员也是同一套人员兼任，而且也只有世界银行会员才能参加协会。世界银行每年向国际开发协会收取一笔管理费，弥补因兼营协会业务而增加的开支，但是国际开发协会又是一个独立的实体，它有自己的股本、资产和负债业务，有自己的协定、法规和财务系统。国际开发协会不能向世界银行借款。国际开发协会的最高权力机构是理事会，下设执行董事会处理日常业务。

2. 国际开发协会的资金来源

1）会员认缴的股本。每个会员在接受会员资格时，应按分配给它的数额负担认缴股金，即首次认股。分配给每个创始会员的首次认股金额，以美元表示，每个创始会员首次认股的 10%部分，应以黄金或可自由兑换的货币缴付。其余 90%部分，如其属于第一部分的会员（贷款国或地区），则应以黄金或可自由兑换的货币缴付；如其属于第二部分的会员（借款国或地区），则可用认股会员的本币缴付；并且该部分股金应分 5 期逐年缴付。

国际开发协会根据创始会员首次认股缴款的完成情况，可对其资金是否充足进行检查，如一经批准，各会员在国际开发协会确定的条件下，可认购一定数额的股份，使其能保持相应的投票权。但会员并无必须认股的义务。

2）会员提供的补充资金。由于会员缴纳的股本有限，远远不能满足信贷业务的需要，而按规定国际开发协会不得在国际金融市场上发行债券来筹集资金。因此，国际开发协会需要会员政府（主要是第一类会员）不时地提供补充资金，以继续进行其业务活动。自 1965 年以来，国际开发协会已经多次补充资金，如在 2024 年 6 月 18～21 日举行的第 21 次增资会议。

3）世界银行的赠款。从 1964 年起，世界银行从每年的业务净收入中拨出部分款项捐赠给国际开发协会。

4）协会本身经营业务的盈余。国际开发协会本身有业务经营净收入，但数额很小。

3. 国际开发协会的主要业务

国际开发协会的主要业务是向发展中国家或地区的公共工程和发展项目提供比世界银行贷款条件更优惠的长期贷款，这种贷款亦称开发信贷，具有如下几个特点。

1）期限长。最初长达 50 年，宽限期 10 年。1987 年，协会执行董事会通过协议将贷款划分为两类：第一类是联合国确定为最不发达的国家或地区，信贷期限为 40 年，包含 10 年宽限期；第二类是经济状况稍好一些的国家或地区，信贷期限为 35 年，也包含 10 年宽限期。

2）免收利息，即对已拨付的贷款余额免收利息，只收取 0.75%的手续费。

3）信贷偿还压力小。第一类国家或地区在宽限期过后的第二个 10 年每年还本 2%，以后 20 年每年还本 4%；第二类国家或地区在宽限期过后的第二个 10 年每年还本 2.5%，其后 15 年每年还本 5%。

由于国际开发协会的贷款基本上是免息的，称为软贷款，而条件较为严格的世界银行贷款则称为硬贷款。

国际开发协会贷款的条件包括：①借款国或地区人均国民生产总值须低于696美元；②借款国或地区无法按借款信誉从传统渠道获得资金；③所选定的贷款项目必须既能提高借款国或地区的劳动生产率，又具有较高的投资收益率；④贷款对象为成员政府或私人企业（实际上都是贷给成员方政府）。

（三）国际金融公司

世界银行的贷款是以成员政府为对象的，这在一定程度上限制了世界银行业务的发展。国际金融公司是世界银行的另一个附属机构，但从法律地位和资金来源来说又是一个独立的国际金融机构，1956 年成立，1957 年成为联合国的一个专门机构。

根据《国际金融公司协定》，其宗旨是向发展中国家或地区尤其是欠发达成员的私人企业的新建、改建和扩建提供贷款资金和技术援助，鼓励国际私人资本流向这些国家或地区，促进发展中国家或地区中私营经济的增长和国内资本市场的发展。

1. 国际金融公司的组织机构

国际金融公司设有理事会、执行董事会和以总经理为首的办事机构，其管理方法与世界银行相同。与国际开发协会一样，公司总经理和执行董事会主席由世界银行行长兼任；但与国际开发协会不同的是，公司除了少数机构和工作人员由世界银行相关人员兼任，还设有自己独立的办事机构和工作人员，包括若干地区局、专业业务局和职能局。按公司规定，只有世界银行成员才能成为公司的成员。

2. 国际金融公司的资金来源

国际金融公司的资金来源主要有：①成员认缴的股本。国际金融公司最初的法定股本为 1 亿美元，分为 10 万股，每股 1 000 美元，成员必须以黄金或自由兑换货币缴纳股本。每个成员有基本投票权 250 票，每增加 1 股，增加 1 票。②从世界银行借入资金和通过发行债券从国际金融市场筹资。③公司历年累积的利润收入。

3. 国际金融公司的业务活动

国际金融公司的主要业务活动是对成员的私人企业或私人同政府合资经营的企业提供贷款或协助其筹措国内外资金。另外，国际金融公司还从事其他旨在促进私人企业效率和发展的活动，如提供项目技术援助和政策咨询及一般的技术援助。贷款发放的部门主要是制造业、加工业、开采业及公用事业与旅游业等。

国际金融公司的贷款政策如下：①投资项目必须对所在国或地区的经济有利；②投资项目必须有盈利前景；③必须是无法以合理条件得到足够私人资本的项目；④所在成员政府不反对投资的项目；⑤本国或地区投资者必须在项目开始施工时就参与投资。

与世界银行和国际开发协会相比，国际金融公司的贷款与投资有如下特点：①贷款对象是成员的私人企业，贷款无须有关政府担保，但它有时也向公私合营企业及为私人企业提供资金的国营金融机构发放贷款。②公司除长期贷款外，不仅可以对私人企业投资直接入股，还可以既贷款又入股。③贷款期限较长，一般为 7～15 年，如果需要还可延长。从贷款到开始还本之前，有 1～4 年宽限期。贷款利率视资金投放风险、预期收益、国际金融市场的利率变化情况和项目的具体情况而定，但利率一般高于世界银行的贷款利率。对未提用部分的贷款年征收 1%的承担费，还款时需以原借入货币偿还。④贷款具有较大的灵活性，既提供项目建设的外汇需要，又提供本地货币开支部分；既可作为流动资金，又可作为购置固定资产之用。⑤公司贷款通常由私人投资者、商业银行和其他金融机构联合提供。

国际金融公司贷款还考虑政府所有权和控制的程度，企业性质和管理效率，将来扩大私人所有权的可能性。

三、国际清算银行

国际清算银行成立于 1930 年，刚组建时只有 7 个成员，1996 年 9 月，陆续接纳了包括中国及其香港特别行政区、巴西、印度、韩国、墨西哥、俄罗斯、沙特阿拉伯、新加坡在内的 9 家中央银行或货币当局，结束了国际清算银行的持股银行集中在工业化国家的局面。截至 2024 年 7 月，共有 63 家成员中央银行或货币当局。

成立国际清算银行的最初目的是处理第一次世界大战后德国对协约国赔偿的支付和处理与德国赔偿的"杨格计划"有关的业务。随着第一次世界大战后债务问题的解决，国际清算银行的职能也在不断地发生变化。现在它专门从事各国中央银行存放款业务，被称为中央银行的银行。国际清算银行的主要任务是促进世界各国或地区的中央银行或货币当局的合作，为国际金融活动提供更多的便利，在国际金融清算业务方面充当受托人和委托人。国际清算银行所主持的巴塞尔委员会在 1988 年通过的《巴塞尔协议》，为国际银行业提供了统一的监管标准。与国际货币基金组织和世界银行相比，尽管国际清算银行的成员较少，但就其影响而言，它仍是一个全球性的国际金融机构。

1. 国际清算银行的组织机构

国际清算银行的组织机构由股东大会、董事会和管理当局三个部分组成。股东大会是其最高权力机构，每年召开一次会议，由认购该行股票的各国或地区中央银行或货币当局派代表参加。股东大会审查年度决算、资产负债表、利润表和盈利分配办法。股东投票权按其持有股份的多少来决定。董事会是国际清算银行的实际领导机构，董事会由 13 人组成，董事会主席兼行长由选举产生。董事会是主要的政策制定者，每月召开一次会议，审查银行的日常业务。董事会下设经理部，有总经理和副总经理及正副经理十余人，下设银行账户部、货币经济部、秘书处和法律处四个业务机构。

2. 国际清算银行的资金来源

国际清算银行的资金主要来源于三个方面：①成员缴纳的股金。该行建立时，法定资本为 5 亿金法郎，1969 年增至 15 亿金法郎，以后几度增资。国际清算银行 80%的股份为各国或地区中央银行或货币当局持有，其余 20%为私人持有。②借款。向各成员中央银行或货币当局借款，用于补充该行自有资金的不足。③存款。国际清算银行接受各国或地区中央银行或货币当局的黄金存款和商业银行的存款。

3. 国际清算银行的业务

国际清算银行的业务主要包括：①处理国际清算事务。第二次世界大战后，国际清算银行先后成为欧洲经济合作组织、欧洲支付同盟（European Payment Union，EPU）、欧洲货币合作基金（European Monetary Cooperation Fund，EMCF）等国际金融业务的代理人，承担着大量的国际结算业务。②为各国或地区中央银行或货币当局提供服务，包括办理成员中央银行或货币当局的存款和贷款、代理各国或地区中央银行或货币当局买卖黄金和外汇及可上市的证券，协助各国或地区中央银行或货币当局管理外汇储备与金融投资。③定期举办中央银行或货币当局行长或局长会议。国际清算银行于每月的第一个周末在巴塞尔举行西方主要中央银行行长会议，商讨有关国际金融问题，协调有关国家的金融政策，推动国际金融合作。④协调国际货币政策。经济全球化使国际货币政策协调显得非常重要，一国或地区的货币政策不仅会对本国或地区的经济产生影响，还会对其他国家或地区的经济产生影响。国际清算银行在国际货币政策协调中的作用主要体现在以下几点：提供人力、物力和财力的支持；改变观念，加强信息交换；建立彼此间的信任关系；提供技术指导和政策建议；保持协调关系的中立性、连续性和有效性。⑤应对国际金融危机，维护国际金融市场稳定。随着全球化的推进，金融市场的稳定问题早已不再局限于一国或地区之内，而是逐渐演变成全球性的问题，金融市场稳定对一国或地区或全世界的经济发展都是非常重要的。国际清算银行在防范金融危机和维护金融市场稳定方面发挥着重要作用，它能够在金融危机发生后短时间内向陷入危机的国家或地区提供贷款，确保各国或地区政策制定者之间信息交流畅通。同时，通过对运行机制的调节，稳定金融秩序，推动金融市场的发展。

第三节　区域性国际金融机构

20 世纪 60 年代前后，欧洲、亚洲、非洲、拉丁美洲等地区先后建立起区域性的国际金融组织，为支持和促进本地区经济发展提供金融服务。

一、亚洲开发银行

亚洲开发银行简称亚行，是一个类似世界银行，致力于促进亚洲及太平洋地区发展中成员经济和社会发展的区域性政府间金融机构。它是根据联合国亚洲及太平洋经济与社会委员会的决议，并经 1963 年 12 月在马尼拉举行的第一次亚洲经济合作部长级会议决定，于 1966 年 11 月正式建立，并于同年 12 月开始营业的，总部设在菲律宾首都马尼拉。亚洲开发银行规定，凡属于联合国亚太经济社会委员会的成员和准成员方，以及加入联合国或联合国专门机构的非亚太地区的经济发达国家均可加入亚洲开发银行。因此，亚洲开发银行的成员除了亚太地区的国家和地区，还有欧洲地区的国家。亚洲开发银行初建立时有 31 个成员，截至 2024 年 11 月，亚洲开发银行的成员已增加到 69 个。

我国于 1986 年 3 月 10 日加入亚洲开发银行，认缴亚洲开发银行股本 114 000 股，约 13 亿美元。此后，我国同亚洲开发银行的关系稳步发展。在亚洲开发银行 1987 年年会上，我国当选为亚洲开发银行的董事国，并于同年 7 月 1 日起正式在亚洲开发银行设立执行董事办公室，为沟通我国有关方面与亚洲开发银行的关系起到了很好的作用。我国是亚洲开发银行第三大股东，在亚洲开发银行投票权为 5.433%。截至 2024 年 7 月，亚洲开发银行共批准了 1 218 个在华公共部门贷款项目，贷款承诺额总计 443 亿美元。我国向亚洲开发银行亚洲发展基金累计捐款 3.3 亿美元，并参与亚洲开发银行项目联合融资。

（一）亚洲开发银行的宗旨

亚洲开发银行的宗旨是：①向其成员提供贷款、进行证券投资，以促进其经济和社会发展；②帮助协调成员在经济、贸易和发展方面的政策及计划；③促进以发展为目的的公共和私人投资；④为成员发展项目和规划提供技术援助和地区咨询；⑤同联合国及其专门机构进行合作，以促进亚太地区的经济发展。此外，亚洲开发银行在其中期战略框架中还确定了五个战略目标：促进经济增长、减少贫困、提高妇女地位、开发人力资源、促进对自然资源和环境的有效管理。

（二）亚洲开发银行的组织机构

亚洲开发银行的机构设置与国际货币基金组织及世界银行大致相同，由理事会、董事会和亚洲开发银行总部组成。

理事会是亚洲开发银行的最高权力机构，由每个成员委派理事和副理事各一人组成，理事和副理事多由成员的财政部部长或中央银行行长担任。理事会设主席和副主席各一人，在每届理事会议结束时选举产生。理事会主要负责接纳新成员、增加或减少银行的核定股金、修改银行章程、批准与其他国际组织缔结合作协定、批准亚洲开发银行的总资产负债表和损益报告书、决定亚洲开发银行的储备金和纯利润的分配、选举董事和行长。理事会每年举行 1 次年会（2024 年 5 月 2～5 日，在格鲁吉亚首都第比利斯举行了第 57 届年会），对重大事项以投票表决（只有 2/3 以上的多数票同意才能通过）。亚洲开发银行每个成员有基本票 778 票，以后每增加认股 1 万美元可增加 2 票。

理事会下设董事会负责亚洲开发银行的日常运作，行使亚洲开发银行章程和亚洲开发银行理事会所授予的权力。董事会由理事会选举产生，任期 2 年，可以连选连任。董事会设 12 名董事，其中 8 名产生于亚太区内成员（美国、日本、中国、印度各 1 名），另外 4 名产生于区外。亚洲开发银行的行长同时是董事会主席，由理事会选举产生，任期 5 年，可以连选连任。行长是亚洲开发银行的最高行政负责人，在董事会指导下处理亚洲开发银行的日常业务并负责亚洲开发银行官员和工作人员的任免。行长不得兼任正副理事或正副董事，而且必须是本地区公民。自亚洲开发银行成立以来，行长一直由日本人担任。

（三）亚洲开发银行的资金来源

1. 普通资金

普通资金是亚洲开发银行开展业务的主要资金来源，它由股本、普通储备金与特别储备金和借款等组成。①股本。亚洲开发银行是股份制企业性质的金融机构，成员须认缴该行的股本。亚洲开发银行建立初期股本为 10 亿美元，分为 10 万股，每股 1 万美元。以后，亚洲开发银行又经过多次增股。截至 2024 年 11 月，日本和美国并列第一，占比均为 15.571%；我国排第三位，占比为 6.429%。②普通储备金与特别储备金。前者从亚洲开发银行每年的净收益中提取，后者由部分佣金转化而成。③借款。借款主要依靠在国际金融市场上发行长期债券筹集，也向有关成员政府、中央银行及其他金融机构直接安排债券销售，有时还直接从商业银行借款。

2. 特别基金

特别基金包括亚洲开发基金、技术援助特别基金和日本特别基金。

1）亚洲开发基金（Asian Development Fund）创立于 1974 年，由发达国家成员捐赠而来（最大捐赠国是日本，其次是美国），至今已补充多次，主要用于对亚太地区贫困成员发放优惠贷款。

2）技术援助特别基金于 1967 年建立，也由成员捐赠而来。该基金主要用于资助发展中成员聘请咨询专家、培训人员、制定发展战略、加强机构建设与技术力量等。

3）亚洲开发银行董事会于 1988 年 3 月 10 日决定，由亚洲开发银行与日本政府签署设立日本特别基金协议，该基金以赠款的形式对成员的公私营部门进行技术援助或支持私营部门的开发项目。

（四）亚洲开发银行的业务活动

1. 贷款

（1）按贷款条件划分

按贷款条件划分，亚洲开发银行的贷款可分为硬贷款、软贷款和赠款三类。

1）硬贷款。以普通资金提供的贷款称为硬贷款，主要贷给本地区比较富裕的发展中国家。硬贷款严格按亚洲开发银行有关的贷款要求执行，利率每半年调整一次，期限为 10~30 年，有 2~7 年宽限期。

2）软贷款。以亚洲开发基金提供的贷款称为软贷款，仅提供给人均 GNP 低于 670 美元（按 1983 年价格计算）且偿还能力有限的低收入成员，贷款不收利息，仅收取 1% 的手续费，贷款期限为 40 年，有 10 年宽限期。

3）赠款。亚洲开发银行的赠款用于技术援助，资金由技术援助特别基金和日本特别基金提供。

（2）按贷款方式划分

按贷款方式划分，亚洲开发银行的贷款可分为项目贷款、规划贷款、部门贷款、开发金融机构贷款、综合项目贷款等。

1）项目贷款是为成员的具体建设项目提供的贷款，是亚洲开发银行贷款的主要方式。该贷款为成员发展规划的具体项目提供融资，这些项目需经济效益良好，有利于借款成员的经济发展，且借款成员有较好的信誉，贷款周期与世界银行相似。

2）规划贷款是对某个成员要优先发展的部门或其所属部门提供的贷款，目的是促进成员产业结构的调整和生产能力的扩大。

3）部门贷款是为了提高所选部门或其分部门执行机构的技术和管理而提供的。

4）开发金融机构贷款实际上是转贷款，由亚洲开发银行贷款给成员的金融机构，再由成员的金融机构转贷给中小企业进行技术改造，如我国接受亚洲开发银行的第一笔贷款就是于 1987 年 11 月 9 日签约，由中国投资银行承办的用于中小企业技术改造的贷款。

5）综合项目贷款是将较小成员的一些小项目捆在一起作为一个综合项目提供的贷款。

2. 联合融资

联合融资是指亚洲开发银行与一个或以上的区外金融机构或国际机构，共同为成员的某一开发项目提供融资。该项业务始办于 1970 年，做法上与世界银行的联合贷款相似，主要有平行融资、共同融资、伞形融资（后备融资）、窗口融资、参与性融资等类型。

3. 股权投资

股权投资是指通过购买私人企业股票或私人开发金融机构股票等形式，为发展中成员的私人企业提供融资。亚洲开发银行于 1983 年起开办此项投资新业务，目的是为私营企业利用国内外投资起促进和媒介作用。

4. 技术援助

技术援助是亚洲开发银行在项目有关的不同阶段如筹备、执行等阶段，向成员提供的资助，目的是提高成员开发和完成项目的能力。目前，亚洲开发银行的技术援助分为项目准备技术援助、项目执行技术援助、咨询性技术援助、区域活动技术援助。技术援助大部分以贷款（如赠款）方式提供，有的则以联合融资方式提供。

二、亚洲基础设施投资银行

亚洲基础设施投资银行（Asian Infrastructure Investment Bank，AIIB），简称亚投行。2014 年 10 月 24 日，首批 21 个意向创始成员国在北京签署了《筹建亚投行备忘录》。2015 年 6 月 29 日，《亚洲基础设施投资银行协定》签署仪式在北京举行，亚投行 57 个意向创始成员国财长或授权代表出席了签署仪式，其中已通过国内审批程序的 50 个国家正式签署该协定。2015 年 12 月 25 日，亚投行正式成立。2016 年 1 月 16~18 日，亚投行开业仪式暨理事会和董事会成立大会在北京举行。

1. 亚投行的宗旨

亚投行作为支持基础设施发展的多边金融机构，旨在通过在基础设施及其他生产性领域的投资，促进亚洲经济可持续发展、创造财富并改善基础设施互联互通；其他多边和双边开发机构紧密合作，推进区域合作和伙伴关系，应对发展挑战。

2. 亚投行的成员资格及结构

亚投行的法定股本为 1 000 亿美元，分为 100 万股，每股的票面价值为 10 万美元。初始法定股本分为实缴股本和待缴股本。实缴股本的票面总价值为 200 亿美元，待缴股本的票面总价值为 800 亿美元。

域内外成员出资比例为 75∶25。经理事会超级多数同意后，亚投行可增加法定股本及下调域内成员出资比例，但域内成员出资比例不得低于 70%。域内外成员认缴股本在 75∶25 范围内以 GDP（按照 60%市场汇率法和 40%购买力平价法加权平均计算）为基本依据进行分配。初始认缴股本中实缴股本分 5 次缴清，每次缴纳 20%。

3. 亚投行的主要业务

亚投行的业务分为普通业务和特别业务。其中，普通业务是指由亚投行普通资本（包括法定股本、授权募集的资金、贷款或担保收回的资金等）提供融资的业务；特别业务是指为服务于自身宗旨，以亚投行所接受的特别基金开展的业务。两种业务可以同时为同一个项目或规划的不同部分提供资金支持，但在财务报表中应分别列出。

银行可以向任何成员或其机构、单位或行政部门，或者在成员的领土上经营的任何实体或企业，以及参与本区域经济发展的国际或区域性机构或实体提供融资。在符合银行宗旨与职能及银行成员利益的情况下，经理事会超级多数投票同意，也可向非成员提供援助。亚投行开展业务的方式包括直接提供贷款、开展联合融资或参与贷款、进行股权投资、提供担保、提供特别基金的支持及技术援助等。

4. 亚投行成立的意义

亚投行的成立对于我国有着重要意义。首先，亚投行的成立将形成多边框架以支撑"一带一路"倡议。我国主导筹建亚投行的一个重要考量是为"一带一路"倡议提供金融支撑，通过邀请经验丰富的区域外发达国家参与亚投行筹建，我国得以吸收和借鉴其丰富的经验，并显著提高亚投行的操作水准和国际形象。其次，亚投行将助推新一轮的对内改革与对外开放。在美国大力推行高标准的《跨太平洋伙伴关系协定》并试图重塑全球贸易规则的大背景下，我国需要改变长期以来以沿海带动内陆为基本格局、以吸收对外直接投资为主要方式、以建设"世界工厂"为主要目标的传统开放战略，加快广大内陆和沿边地区的开发开放，逐步扩大对外投资。最后，亚投行的成立有利于我国推进人民币国际化的进程，是走出"美元陷阱"的一次有益尝试。

三、非洲开发银行

非洲开发银行是非洲国家在联合国帮助下成立的政府间国际金融组织。它成立于 1964 年 9 月，1966 年 7 月正式营业，总部设在科特迪瓦的经济中心阿比让，2002 年临时搬迁至突尼斯至今。非洲开发银行创建时只有 23 个成员，截至 2023 年 6 月，共有 81 个成员，非洲 54 个国家全部为成员，此外还有包括中国在内的区外成员 27 个。

（一）非洲开发银行的宗旨

非洲开发银行成立的宗旨是向非洲成员提供贷款和投资或给予技术援助，以充分利用非洲大陆的人力和资源，促进各国经济的协调发展和社会进步，协助非洲大陆制订发展总体战略和各成员的发展计划，以达到非洲经济一体化，尽快改变非洲贫穷落后的面貌。

（二）非洲开发银行的组织机构

非洲开发银行是股份制的金融机构，最高决策与权力机构是理事会，由各成员指派一名理事和一名候补理事组成，理事和候补理事一般由各国财政部部长或中央银行行长担任，通常每年召开一次会议。每个理事的投票表决权根据成员缴纳股本的多少确定。理事会选举出 20 名成员组成董事会，其中 13 名代表 54 个区域成员，7 名代表 27 个非区域成员，董事会负责非洲开发银行的日常经营活动。董事会选举非洲开发银行的行长，行长即董事会主席在董事会指导下安排非洲开发银行的日常业务工作。

为了广泛动员和利用资金，解决贷款资金的来源，非洲开发银行建立了以下四个机构。

1. 非洲投资与开发国际金融公司

非洲投资与开发国际金融公司成立于 1970 年 11 月，其宗旨是动员国际私人资本建设和发展非洲的生产性企业。

2. 非洲开发基金

非洲开发基金成立于 1972 年 7 月，受非洲开发银行管理。通过为最不发达国家提供特许项目和计划资金，并为研究和能力建设而提供技术援助，致力于减少贫困，促进经济发展和社会进步。

3. 尼日利亚信托基金

尼日利亚信托基金建立于 1976 年 2 月，是由尼日利亚政府出资、非洲开发银行管理的基金。它与其他基金一起联合向非洲开发银行成员提供低息项目贷款，主要用于解决公用事业、交通运输和社会部门的建设。

4. 非洲再保险公司

非洲再保险公司是发展中国家建立的第一家政府间再保险机构。它成立于 1976 年 2 月，其宗旨是促进非洲国家保险和再保险事业的发展；通过投资和提供保险与再保险的技术援助来促进非洲国家的经济自立和加强区域合作。

（三）非洲开发银行的业务活动

非洲开发银行经营的业务主要是向成员提供贷款，分为普通贷款业务和特别贷款业务，以发展公共事业、农业、工业项目及交通运输项目。普通贷款业务是用该行普通股本资金提供的贷款和担保贷款业务；特别贷款业务是用该行规定的专门用途的特别基金开展的优惠贷款业务。特别贷款的条件非常优惠，不计利息，贷款期限最长可达 50 年，主要用于大型工程项目建设。同时，非洲开发银行还为开发规划或项目建设的筹资和实施提供技术援助。

非洲开发银行还同非洲其他金融机构及非洲以外的有关机构开展金融方面的合作，与亚洲开发银行、美洲开发银行的业务联系广泛，与阿拉伯的一些金融机构和基金组织建立融资项目，并在一些地区性金融机构中参股。

四、泛美开发银行

泛美开发银行一般指美洲开发银行，1959 年 12 月 30 日成立，1960 年 10 月 1 日正式开业，行址设在美国首都华盛顿。该行是美洲国家组织的专门机构，其他地区国家也可加入。非拉美和加勒比国家不能使用该行资金，但可参加该行组织的项目投标。泛美开发银行成立之初，成员以美洲国家组织的成员为主。1976 年以后，成员扩大到欧洲和亚洲的一些国家和地区。截至 2024 年 10 月，泛美开发银行共有 48 个成员，其中包括 28 个美洲国家、16 个欧洲国家、4 个亚洲国家。

1. 泛美开发银行的宗旨

泛美开发银行的宗旨是组织吸收美洲内部和外部资金，通过为拉美和加勒比成员经济和社会发展项目提供贷款或为它们的贷款提供担保及技术援助的方式，促进各成员自身的和共同的经济与社会发展。

2. 泛美开发银行的组织机构

泛美开发银行的最高权力机构是理事会，由各成员委派 1 名理事组成，每年举行 1 次会议。理事通常为各国经济、财政部部长、中央银行行长或其他担任类似职务者。执行董事会是理事会领导下的常设执行机构，由 14 名董事组成，其中拉美和加勒比成员国 9 名，美国、加拿大各 1 名，其他地区成员国 3 名，任期 3 年。行长和副行长在执行董事会领导下主持日常工作。行长由执行董事会选举产生，任期 5 年，副行长由执行董事会任命。

3. 泛美开发银行的资金来源

泛美开发银行的法定资本金分为普通资本和特别业务基金两种，原定为 10 亿美元。普通资本为 8.5 亿美元，其中美国出资 3.5 亿美元；特别业务基金为 1.5 亿美元，其中美国出资 1 亿美元。以后随着资本金的增加，资本金又划分为普通资本、区际资本和特别业务基金。除了法定资本金，泛美开发银行还通过发行债券在国际金融市场上筹集资金。截至 2023 年底，该行总股本为 1767.6 亿美元；我国在美洲开发银行投票权为 0.004%，美洲投资公司为 4.85%，多边投资基金为 3.62%。

4. 泛美开发银行的业务活动

泛美开发银行的主要业务活动有：提供贷款促进拉美和加勒比地区的经济发展；帮助成员发展贸易；为各种开发计划和项目的准备、筹备和执行提供技术合作。银行的一般资金主要用于向拉美和加勒比国家公、私企业提供贷款，年息通常为 8%，贷款期 10～25 年。特别业务基金主要用于拉美和加勒比国家的经济发展优惠项目建设，年息 1%～4%，贷款期 20～40 年。同时，银行还掌管美国、加拿大、德国、英国、挪威、瑞典、瑞士和委内瑞拉等政府及梵蒂冈提供的拉美开发基金。20 世纪六七十年代，该行主要为卫生和教育等公共项目提供资金，90 年代起逐渐加大了对私人企业的投资力度。成立 60 多年来，该行的贷款规模增长迅速，1961 年贷款额为 2.94 亿美元，2023 年为 127 亿美元，为促进拉美和加勒比经济社会发展发挥了重要作用。

五、欧洲投资银行

欧洲投资银行（European Investment Bank，EIB）简称欧投行，于 1958 年 1 月成立，总部设在卢森堡。

1. 欧洲投资银行的宗旨

欧洲投资银行的宗旨是：同欧盟其他机构一道共同促进欧盟平衡发展和欧洲一体化，并支持欧盟在全球 140 多个国家的发展援助和合作政策实施。重点支持领域包括气候和环境，创新、数字和人力资本，可持续能源和自然资源，中小企业等。

2. 欧洲投资银行的组织机构

欧洲投资银行是股份制的企业性金融机构，由理事会、董事会和管理委员会三个决策机构和审计委员会一个控制机构构成。理事会是欧洲投资银行的最高决策机构，每年召开一次年会，负责制定欧洲投资银行信贷政策、批准年度报告、任命董事会、管理委员会和审计委员会成员、决定是否增资等。理事会由 27 个成员国各自指定的部长（通常为财长）组成。董事会由 28 名董事（每个成员国 1 名，欧盟 1 名），31 名副董事组成（德国、法国、意大利各 2 名，其他成员各 1 名），负责批准贷款，确定利率、手续费和其他费用，并可按程序授予部分权利给管理委员会。董事会成员由欧盟及其成员国提名，理事会任命，任期 5 年，可连任。管理委员会是欧洲投资银行常设管理机构，负责银行的日常运营，由 9 名成员（行长和 8 名副行长）组成。管理委员会成员由董事会提名，理事会任命，任期 6 年，可连任。审计委员会是直接对理事会负责的独立机构，负责审计银行账户，监督欧洲投资银行业务的合规性、账册是否得到妥善保管等。审计委员会成员由理事会任命，包括 6 名成员，任期为 6 个连续财年，不可连任。

3. 欧洲投资银行的资金来源

欧洲投资银行的资金来源主要由两部分组成：①成员认缴的股本金；②借款。通过发行债券在国际金融市场上借款一直是欧洲投资银行的主要资金来源。

4. 欧洲投资银行的业务活动

欧洲投资银行的主要业务活动包括：①为促进地区平衡发展的工业、能源和基础设施项目的兴建与改造提供贷款或贷款担保。提供贷款的种类有普通贷款和特别贷款。普通贷款主要向欧洲经济共同体成员政府和私人企业发放，特别贷款是向共同体以外的国家和地区发放的一种优惠贷款。②促进成员或欧洲经济共同体关注项目的发展。③促进企业的现代化。

思考与练习

一、不定项选择题

1. 亚洲开发银行主要的贷款方式是（　　）。

    A. 普通贷款　　　　　B. 硬贷款　　　　　C. 项目贷款　　　　　D. 规划贷款

2. 下列说法不正确的是（　　）。

    A. 世界银行的贷款利率一般高于资本市场的利率水平

    B. 世界银行的贷款对象只限于成员

    C. 世界银行的贷款只限于提供项目所需的外汇资金，并接受世界银行的监督

    D. 世界银行从营业收入中拨出的款项是国际开发协会的资金来源之一

3. 下列选项中只有一项是正确的，正确的选项是（　　）。

    A. 国际金融公司是国际货币基金组织的附属机构

    B. 国际开发协会主要向发达国家提供贷款

    C. 世界银行的贷款对象只限于会员

    D. 国际货币基金组织的贷款对象包括各会员的政府和工商企业

4. （　　）的主要目标是维持各国汇率稳定。

    A. 世界贸易组织　　　　　　　　B. 国际商会

    C. 联合国贸发会议　　　　　　　D. 国际货币基金组织

5. 国际货币基金组织的资金来源包括（　　）。

    A. 借款　　　　　B. 股本金　　　　　C. 信托基金

    D. 份额　　　　　E. 黄金

6. 国际货币基金组织最基本的一种贷款是（　　）。

    A. 中期贷款　　　　　B. 项目贷款　　　　　C. 普通贷款　　　　　D. 信托基金贷款

7. 国际复兴开发银行最主要的贷款是（　　）。

    A. 项目贷款　　　　　　　　　　B. 非项目贷款

    C. 第三窗口贷款　　　　　　　　D. 技术援助贷款

8. 国际开发协会的资金来源主要包括（　　）。

    A. 成员认缴的股本　　　　　　　B. 成员提供的补充资金

    C. 世界银行认购的股本　　　　　D. 协会本身经营业务的盈余

    E. 世界银行的赠款

9. 国际复兴开发银行的资金来源有（　　）。

    A. 成员缴纳的股金　　　　B. 发行债券取得借款　　　　C. 信贷基金

    D. 债权转让　　　　E. 利润收入

10. 国际开发协会贷款与世界银行贷款的主要区别在于（　　）。

    A. 世界银行对成员发放贷款，国际开发协会只对低收入发展中国家发放贷款

B. 世界银行贷款利率高，国际开发协会贷款利率低

C. 世界银行贷款条件较严，国际开发协会贷款是优惠贷款

D. 世界银行贷款期限较短，国际开发协会贷款期限较长

11. 亚洲开发银行的资金来源包括（　　）。

A. 普通资金　　　　　　　　　B. 普通储备金

C. 日本特别基金　　　　　　　D. 技术援助特别基金

E. 亚洲开发基金

12. 亚洲开发银行的主要业务活动包括（　　）。

A. 贷款　　　　　　　B. 信贷基金业务　　　C. 咨询服务

D. 技术援助　　　　　E. 投资担保

13. 国际货币基金组织的宗旨是（　　）。

A. 促进国际货币合作

B. 鼓励不发达国家生产与资源的开发

C. 稳定汇率，避免竞争性通货贬值

D. 为会员提供临时资金融通

E. 促进国际贸易的扩大和平衡发展

14. 下面属于国际货币基金组织贷款种类的有（　　）。

A. 普通贷款　　　　　　B. 缓冲库存贷款　　　C. 特别提款权

D. 信托基金贷款　　　　E. 临时性信用设施

15. 世界银行的宗旨是（　　）。

A. 促进各国的汇率稳定　　　　B. 建立多边支付和汇兑制度

C. 鼓励不发达国家对资源的开发　D. 促进私人对外投资

E. 促进国际贸易的长期均衡发展

16. 世界银行的资金来源主要有（　　）。

A. 成员缴纳的股金　　　　B. 借入资金　　　　C. 自有资金

D. 债权转让　　　　　　　E. 利润收入

17. 世界银行贷款的特点是（　　）。

A. 贷款可贷放给成员政府或私人企业

B. 贷款必须用于世界银行审定批准的项目

C. 贷款期限较长

D. 贷款利率比较优惠

E. 贷款手续宽松

18. 国际开发协会贷款的主要特点是（　　）。

A. 贷款具有高度优惠性，期限长，免收利息

B. 信贷不与特定项目联系

C. 可贷给一切发展中国家

D. 贷款必须如期归还

E. 提供的贷款通常称为软贷款

二、简答题

1. 简述国际货币基金组织的主要业务活动。
2. 简述国际货币基金组织会员的缴纳份额和投票权的关系。
3. 简述我国与国际货币基金组织的关系。
4. 简述世界银行的业务活动。
5. 简述亚洲开发银行的建立情况、宗旨及业务活动。
6. 简述亚洲基础设施投资银行的主要业务活动。

第十一章　国际金融市场

📖 **学习目标**

- 了解国际金融市场形成的基本条件及构成。
- 理解欧洲货币市场的产生及发展的原因、特点。
- 掌握国际货币市场与国际资本市场的主要内容。

📚 **关键词**

国际金融市场　欧洲货币市场　国际金融中心　离岸金融中心　国际货币市场
国际资本市场　离岸金融市场　欧洲债券　票据发行便利

⚙ **案例导入**

俄乌冲突"世界冲击波"之金融篇——金融秩序遭遇重创　美元霸权受到反噬

　　自 2022 年 2 月 24 日俄特别军事行动开始以来，美国及其盟友大幅升级对俄金融制裁措施，包括冻结俄大型国有金融机构在美资产，限制俄使用美元、欧元、英镑和日元进行商业交易的能力，将部分俄银行排除在 SWIFT（环球同业银行金融电信协会）支付系统之外，冻结俄央行资产并禁止与其交易等。美国政府还禁止俄动用存在美国金融机构的外汇来偿还债务，并打算以立法形式为没收俄富豪海外资产的行动授权。

　　受制裁影响，俄卢布对美元汇率 2022 年 3 月上旬一度跌至约 150∶1，股市也因暴跌而暂停交易。此后，俄央行大幅上调基准利率，并要求"不友好国家和地区"以卢布结算天然气贸易。在一系列金融稳定措施推动下，卢布对美元汇率强劲反弹，至 5 月上旬已突破 70∶1。俄股市也于 3 月底恢复交易并持续反弹。

　　虽然俄金融市场暂时稳定下来，但从全球范围来看，在俄乌冲突和西方对俄制裁冲击下，国际金融市场面临的风险有增无减。

　　美联储自 2022 年 3 月开启加息周期，随着通胀形势加剧，一些美联储官员表示支持采取更激进的加息策略。国际货币基金组织在 2022 年 10 月 27 日发布的《世界经济展望报告》中指出，一些经济体开始收紧货币政策以应对通胀问题，这导致国际融资成本上升，金融风险加剧，有可能引发一些国家的债务危机。

　　在美国货币政策收紧的影响下，不少新兴市场经济体近来出现明显资金外流迹象，本国货币不同程度贬值，债务偿还压力加大。印度央行行长沙克蒂坎塔·达斯表示，全球金融市场对发达国家货币政策的调整感到不安。大多数新兴市场经济体都陷入了以资本外流和债券收益率上升为特征的避险情绪漩涡中。国际货币基金组织总裁格奥尔基耶娃认为，由于发达经济体收紧货币政策，新兴市场和发展中经济体面临的风险增加，包括借贷成本上升、资本外流等。

　　西方采取极端措施对俄进行金融制裁和金融孤立，不仅破坏了国际金融市场的稳定，也成为改变国际金融秩序的催化剂，推动国际货币体系、全球金融格局发生深刻演变，而这也在反噬美元霸权的根基。

（资料来源：樊宇，2022. 俄乌冲突"世界冲击波"之金融篇——金融秩序遭遇重创 美元霸权受到反噬[EB/OL].
（2022-05-13）[2024-06-10]. http://www.xinhuanet.com/2022-05/13/c_1128645998.htm.）

第一节 国际金融市场概述

一、国际金融市场的概念及类型

（一）国际金融市场的概念

国际金融市场的概念一般有广义和狭义之分。广义的国际金融市场是指在国际范围内，运用各种现代化的技术手段与通信工具，进行资金融通、证券买卖及相关金融业务活动的场所或网络，包括国际货币市场、国际资本市场、国际外汇市场、国际黄金市场及金融衍生工具市场等。狭义的国际金融市场又称国际资金市场，仅指从事国际资金借贷和融通的场所或网络，包括国际货币市场和国际资本市场。

（二）国际金融市场的类型

1. 有形的和无形的国际金融市场

国际金融市场可以是有形的市场，也可以是无形的市场。

有形的国际金融市场作为国际性金融资产交易的场所，往往是国际性金融机构聚集的城市或地区，也称国际金融中心，它们已经遍布北美、欧洲、亚太、中东和拉美及加勒比地区。在这些金融中心中有相当数量的具体市场，如各国的证券交易所，交易非常活跃。

无形的国际金融市场由各国经营国际金融业务的机构如银行、非银行金融机构或跨国公司构成，通过电话、传真、互联网等现代化的通信设施相联系的网络体系在国际范围内进行资金融通、有价证券买卖及有关的国际金融业务活动。

2. 传统的和新型的国际金融市场

传统的国际金融市场又称在岸金融市场，是在各国国内金融市场的基础上形成和发展起来的，实际上是国内金融市场的对外延伸。国内金融市场是本国居民之间发生金融资产交易的场所，交易的对象一般是本国货币，空间范围也仅限于本国境内。当金融资产交易的主体扩大到非居民、交易范围超越国境，国际金融市场就逐步形成了。在岸金融市场是国际金融市场的起点，一般以市场所在国雄厚的综合经济实力为后盾，依靠国内优良的金融服务和较完善的银行制度发展起来的。世界上一些主要的国际金融市场如伦敦、纽约、东京、巴黎、法兰克福的发展过程都具有以上特征。在岸金融市场，其主要特点是：①主要以市场所在国发行的货币为交易对象；②交易活动一般是在市场所在国居民与非居民之间进行的；③该市场受到市场所在国法律的管理和制约，各种限制较多，借贷成本较高。

新型的国际金融市场又称离岸金融市场或境外市场，最初形成于20世纪50年代。与在岸金融市场相比，离岸金融市场有如下特点：①主要以市场所在国以外国家的货币即境外货币为交易对象，被交易的货币包括世界上主要的可自由兑换的货币；②交易活动一般是在市场所在国的非居民与非居民之间进行的，即交易关系是外国贷款人和外国借款人之间的关系；③资金融通业务基本不受市场所在国及其他国家法律、法规和税收的管辖。在离岸金融市场上，资金交易自由，利率自由，也无须缴纳存款准备金，它是自由化程度较高的国际金融市场。因为此类业务最早出现在伦敦，而英国是欧洲大陆之外的一个岛国，所以新型的国际金融市场又称离岸金融市场。离岸金融市场的产生主要是制度和政策推动的产物，它突破了国际金融市场首先必须是国内金融市场的限制，使国际金融市场不再限于少数发达国家的金融市场，而是向亚太地区、中东、拉丁美洲和其他世界范围扩展。除伦敦外，巴林、新加坡、中国香港、巴哈马群岛、开曼群岛等也属于离岸金融市场。

所有离岸金融市场结合而成的整体就是欧洲货币市场。欧洲货币市场分布于全世界。"欧洲"不是地理意义上的欧洲，而是被赋予了经济上的含义，即"境外""离岸""在货币发行国管辖之外"。欧洲货币市场的出现标志着国际金融市场的发展进入了新的阶段。从此，国际金融市场的含义包括国内市场、在岸金融市场和离岸金融市场三个层次，而其中离岸金融市场的整体或欧洲货币市场是当今国际金融市场的核心。

二、国际金融市场的形成与发展

（一）国际金融市场的形成条件

一般来说，国际金融市场的形成应具备以下条件。

1. 稳定的国内政治环境

稳定的国内政治环境是国际金融市场形成的基本前提条件。如果一国政局动荡，经常发生政变或大的变革，就无法保证国内经济和金融的稳定，更谈不上建立一个国际金融市场。

2. 自由开放的市场经济体制

自由开放的市场经济体制主要是指自由开放的经济政策与自由宽松的外汇管制。自由开放的经济政策容易加强市场所在国与世界各国的经济金融往来，以及各种形式的经济金融合作，而自由宽松的外汇管制或取消外汇管制，充分保证了国际资金的自由出入，容易形成国际资金的集散地，进而形成国际金融市场。

3. 健全的金融制度和发达的金融体系

国际金融市场的形成需要市场所在国有健全的金融制度和法规建设，以保障金融活动的高效进行。与此同时，国际金融市场的形成还需要发达的金融体系，包括稳健经营的金融机构及高素质的金融人才，这样才能保证有足够的实力和能力从事复杂的国际金融业务。

4. 现代化的通信设施与交通方便的地理位置

一国或地区要成为国际金融中心，必须有完善的通信设施，并且具有不断吸收和应用高新科技的能力，这样才能迅速准确地保证国际信息的通畅。此外，良好的地理位置容易吸引各种参与者，方便其交易。中国香港之所以成为一个新兴的国际金融中心，无不与它的地理位置有关。

（二）国际金融市场的形成与发展过程

国际金融市场是在资本主义经济从自由竞争向垄断阶段发展过程中，随着国际贸易的发展、世界市场的形成及国际借贷关系的扩大，逐步形成和发展起来的。资本主义进入垄断阶段后，生产的国际化趋势增强，商品输出和资本输出也随之迅速增长起来，从而使各国金融市场之间加强了相互联系，并带动了国际金融市场的空前发展。从世界范围来看，国际金融市场的形成与发展经历了一系列演进的过程。回顾国际金融市场的发展史，大致分为以下几个阶段。

1. 传统的国际金融市场的形成

从历史发展的角度来看，第一次世界大战以前，英国的自由资本主义迅速发展并向海外极度扩张，其经济实力也跃居世界首位。同时，英国的政局较为稳定，英国的中央银行——英格兰银行于 1694 年正式成立，其地位也不断地得到巩固和加强。遍布世界各国和主要地区的银行代理关系逐渐建立，银行结算和信贷制度不断完善。再加上从海外殖民地掠夺、榨取和积累的巨额财富，使英国伦敦在当时积聚了大量的资金，为信贷提供了资金来源。英镑成为当时世界上主要国际储备货币和国际结算货币。最终，伦敦以其政治稳定、经济繁荣和较完备的金融制度等优越的金融条件率先成为世界上最大的国际金融市场。

1914 年至第二次世界大战爆发期间，由于战争的破坏和 1929～1933 年的世界经济大危机，英国经济持续遭到重创，伦敦的国际金融市场地位也随之下降。第二次世界大战的爆发无疑加速了这一进程。同时，美国利用第二次世界大战积累的巨额资本成为世界上最大的资金供应者，控制着整个西方的经济。美元变为各国的储备货币和重要的国际结算工具，美国纽约金融市场乘机迅速崛起，继伦敦之后并超过伦敦，成为世界上最大的国际金融市场。西欧各国经济遭受第二次世界大战破坏的情况大致与英国一样，只有瑞士因为得益于"永久中立国"的地位，免受了战争的灾难并保持了良好的金融环境，瑞士法郎成为西欧国家中唯一保持自由兑换的货币。这一优势使苏黎世金融市场上自由外汇交易和黄金交易非常活跃，金融市场迅速发展。在这一阶段，纽约、伦敦和苏黎世成为世界三大国际金融市场。

2. 欧洲货币市场的形成与发展

资本主义世界经济总是呈不平衡的发展态势。20 世纪 60 年代以后，西欧经济迅速崛起，美国国际收支出现持续的巨额逆差，黄金流失，美元信用动摇，结果使大量美元流到美国境外。这迫使美国政府采取一系列限制资本外流的措施，其结果进一步刺激了美元大量外逃。流出的美元主要集中在伦敦，成为欧洲美元，伦敦也因此成为规模最大的欧洲美元市场。同时，随着西欧国家货币自由兑换和资本自由流动的恢复，境外货币的种类不断增加，出现了欧洲英镑、欧洲德国马克、欧洲法国法郎，于是欧洲美元市场演变并发展为欧洲货币市场。

欧洲货币市场的出现突出地体现了信贷交易的国际化，走出了国际金融市场形成的传统模式，为国际金融中心的分散创造了有利而重要的前提条件。20 世纪 70 年代以后，国际金融市场不再局限于少数的传统国际金融中心，而是快速扩张到巴黎、法兰克福、阿姆斯特丹、卢森堡、新加坡、中国香港等国家和地区。而且一些原来并不重要的地区，如加勒比海地区的巴哈马、开曼群岛和中东的巴林等地，因为金融管制较松、低税收等优惠政策吸引了人们使用境外货币到当地进行交易，所以使这些地区相继成为具有一定重要性的离岸金融中心（离岸金融中心是指具体经营境外货币业务的地理区域或城市）。

3. 新兴国际金融市场的兴起

20 世纪 80 年代以后，新兴工业化国家经济迅速发展。这一时期，西方各主要国家普遍掀起了以放松金融管制为主要内容的金融自由化和金融全球化的改革浪潮。这一趋势对新兴工业化国家金融的发展产生了深远影响。一方面，这些新兴工业化国家经济发展和国际化程度已达到一定的水平，西方金融变革浪潮的示范效应促使它们推动相应的金融自由化和国际化改革；另一方面，从 20 世纪 80 年代开始，在国际资本和产业技术转移的浪潮中，许多新兴工业化国家成为国际投资的新热点。国际资本流动要求建立与之相适应的金融环境，各国也更加注意与国际惯例接轨，以适应国际金融一体化要求，从而加速了这些国家的金融发展和国际金融市场的形成。新兴国际金融市场主要分布于拉丁美洲地区的墨西哥、阿根廷、巴西、韩国、新加坡、泰国、马来西亚、菲律宾、印度尼西亚等国家和中国香港及台湾地区。同时，发展中国家的石油生产国，如科威特，由于掌握大量石油美元而获得国际收支的巨额顺差。这些国家的金融市场也已发展成为国际性金融中心。

三、国际金融市场的作用

（一）积极作用

1. 有利于调节各国国际收支的不平衡

第二次世界大战后，国际收支出现逆差的国家越来越多地在国际金融市场特别是欧洲货币市场上筹资，一国货币当局往往能通过该市场迅速获得短期外汇资产来应对对外支付问题，弥补国际收支逆差。因此，国际金融市场成为各国尤其是发展中国家提高国际支付能力，缓和国际收支失衡的重要渠道。例如，20 世纪 80 年代，由于发生了两次石油危机，出现了世界性的国际收支失衡。一方面，发达国家和非产油发展中国家的国际收支出现了巨额赤字；另一方面，石油输出国组织成员国际收支经常项目却积累了被称为石油美元的大量盈余。于是，通过"石油美元回流"，即石油输出国以石油收入投放于国际金融市场或直接向逆差国融资，在一定程度上缓和了国际收支严重失衡的状况。

2. 有利于促进国际贸易的发展与国际资本的流动，推动各国经济的发展

国际金融市场的形成和发展极大地便利了国际贸易的进行，贸易双方通过国际金融市场进行国际借贷、国际结算与外汇买卖，为国际贸易的顺利开展提供了良好的条件。同时，国际金融市场为国际资本流动提供了一种机制；通过积累资金、提供贷款与证券交易，把国际上暂时闲置的资本转化为执行职能的资本，从而扩大了职能资本的总量，促进了世界经济的增长。例如，欧洲货币市场促进了德国和日本经济的复兴，亚洲货币市场则对亚太地区的经济起了积极作用。

3. 有利于推动生产和资本国际化的发展

第二次世界大战后，以跨国公司的产生为标志，并以其遍布全球各地的子公司为网络，资本主义经济的发展出现了国际化的趋势。欲维持跨国公司及其子公司的正常经营，在客观上需要一个资金规模巨大、筹集资金容易而且不受各国管制的国际化金融市场，为国际资金调拨、资金调剂和资金供应提供便利。国际金融市场的发展满足了跨国公司的经营需要，极大地推动了生产和资本的国际化，使世界经济资源进一步优化配置，从而促进了整个世界经济的发展。

4. 促进了金融业务国际化的发展

金融机构是国际金融市场的主要参与者和重要组成部分。第二次世界大战后，随着生产与资本的国际化，国际金融市场通过各种业务活动把各国的金融机构有机地联系起来，使各国银行信用发展成为国际银行信用，加速了金融业务尤其是银行业务国际化进程。

（二）消极作用

国际金融市场在发挥诸多积极作用的同时，也产生了一些负面作用。例如，国际金融市场为国际资本流动提供了便利，但同时为国际投机活动提供了场所。巨额的短期国际资本流动增加了国际金融市场的风险，甚至会引发国际金融危机，如1997年爆发的亚洲金融危机。另外，国际金融市场促进了经济国际化、金融一体化的发展，但也为国际通货膨胀的传递打开了方便之门，使国际性通货膨胀得以蔓延与发展。

四、国际金融市场的构成

国际金融市场的构成一般是按市场功能的不同来划分的。广义的国际金融市场包括国际货币市场、国际资本市场、国际外汇市场及国际黄金市场等。

1. 国际货币市场

国际货币市场是与国内货币市场相对应的，是指居民与非居民之间或非居民之间，

进行期限为1年或1年以下的短期资金融通与借贷的场所或网络。该市场的主要参与者包括各国政府机构（如中央银行、财政部及地方政府）、商业银行、证券交易商、跨国公司及其他跨国金融机构。按照这些参与者的不同，国际货币市场可以分为两个组成部分：一是银行间同业拆借市场，是指以银行为主体的金融机构之间为解决资金头寸的平衡或调拨，进行资金融通而形成的交易网络。国际货币市场上进行的同业拆借是以欧洲银行为主体的国际银行间同业拆借。二是以银行为主的金融机构与一般工商客户之间为解决企业流动资金的需要，进行短期信贷或票据发行而形成的场所或网络，主要包括国际短期借贷市场、大额可转让定期存单市场、欧洲票据及欧洲商业票据市场、国库券市场和国际回购市场。

2. 国际资本市场

国际资本市场是指在国际范围内进行各种期限在1年以上的长期资金交易活动的场所与网络。与国际货币市场一样，国际资本市场也是在各国国内资本市场的基础上发展而成的。该市场的主要参与者有国际金融组织、国际银行、国际证券机构、跨国公司及各国政府等。具体来看，国际资本市场主要由国际银行中长期信贷市场、国际债券市场和国际股票市场构成。

3. 国际外汇市场

国际外汇市场是进行国际性货币兑换和外汇买卖的场所或交易网络，是国际金融市场的核心之一。随着现代通信技术和国际金融业的迅猛发展，外汇交易日益脱离实物经济。现代电子通信技术的广泛应用，使世界各外汇市场的交易都可以通过电话、传真、计算机网络进行，从而形成全球统一市场。

4. 国际黄金市场

国际黄金市场是世界各国集中进行黄金交易的场所，是国际金融市场的特殊组成部分。随着国际金本位制的消亡及信用货币制度的建立，黄金已退出货币流通领域，黄金市场逐渐在名义上成为一种贵金属商品市场。但由于黄金市场既是国家调节国际储备资产的重要手段，又是居民调整个人财富储藏形式的一种方式，黄金的保值、清偿功能的现实延续，使黄金在实质上仍然保留货币的作用。目前世界上有伦敦、纽约、苏黎世和中国香港四大国际性黄金市场，其市场价格的形成及交易量的变化对世界上其他市场有很大影响。

第二节　欧洲货币市场

一、欧洲货币市场的含义

欧洲货币市场是对离岸金融市场的概括和总称，是当今国际金融市场的核心。欧洲货币又称境外货币、离岸货币，是在货币发行国境外被存储和借贷的各种货币的总称。

伴随着欧洲货币市场的发展，欧洲货币市场的含义也在不断地发展和完善。欧洲货币市场产生之初，在以伦敦为中心的欧洲各个国际金融市场上，出现了美元的存放与借贷业务。因为这种美元存贷业务首先出现在欧洲，所以被称为欧洲美元市场。随后，由于以德国马克为代表的其他国家的货币也出现了境外交易，在境外市场上交易的货币就由单一的美元扩大到英镑、德国马克、法国法郎、日元等自由兑换货币。欧洲美元市场于是发展成为欧洲货币市场。后来，石油美元的出现，使中东地区聚集了大量的美元资产，并形成以地区为中心的美元借贷。随着日本东京、中国香港及东南亚的新加坡等其他亚洲国家或地区逐渐成为重要的国际金融中心，在这些金融中心上开始出现境外货币如美元的交易活动。由此，亚洲也出现了欧洲货币市场，并且在亚洲的欧洲货币市场又称亚洲货币市场。同时，一些拉丁美洲国家出台了一系列的优惠政策，以吸引境外货币来本地进行交易，从而在这些国家或地区如巴哈马、开曼群岛也形成了从事境外货币交易的欧洲货币市场。最后，欧洲货币的发行国也可以设立欧洲货币市场。欧洲货币市场上交易的货币是各种境外货币。然而，国际银行业务设施（International Banking Facilities，IBFs）的设立改变了这一状况：欧洲美元的发行国——美国也可以建立欧洲货币市场。1981年12月3日，美国联邦储备委员会通过修改其《D条例》和《Q条例》，允许美国各类存款机构以及外国银行在美国境内的分行和代理机构建立国际银行业务设施，通过设立与国内业务严格分离的国际银行业务设施账户以吸收非居民存款，并向非居民提供贷款。该账户的存款无须缴纳准备金，也不必参加美国联邦存款保险公司的存款保险，同时不受存款利率的最高限制。国际银行业务设施的设立巩固了美国国际金融中心的地位。

通过以上对欧洲货币市场形成和发展的简要阐述，欧洲货币市场的含义概括如下：欧洲货币市场是世界各地离岸金融市场的总体，该市场以欧洲货币为交易货币，各项交易在货币发行国境外进行，或者在货币发行国境内通过设立国际银行业务设施进行，是一种新兴的国际金融市场。在理解欧洲货币市场时要注意以下三点。

1）欧洲货币市场不单是欧洲区域内的市场。也就是说，"欧洲"不是一个地理概念，欧洲货币市场产生于欧洲，但不限于欧洲。欧洲货币市场最早是指存在于伦敦及西欧其他地方的美元借贷市场，而后其地域范围逐渐突破"欧洲"界限，扩展至亚洲、北美洲、拉丁美洲等。目前，欧洲货币市场既包括欧洲各主要金融中心，又包括日本、新加坡、中国、加拿大、美国、巴林、巴拿马等国的全球或区域性金融中心。因此，欧洲货币市场主要是"治外货币市场"，即不受东道国政府政策和法令的管辖。通常说来，欧洲货币市场在亚洲的延伸称为亚洲美元市场。

2）"欧洲货币"一词不能说明市场经营的币种范围。"欧洲货币"并非指欧洲国家发行的货币，而是泛指欧洲货币市场上交易的各种境外货币。例如，在法国境外发行与交易的法国法郎债券、在日本境外存贷的日元资金，在境外的法郎和日元等货币常冠以"欧洲货币"一词。

3）欧洲货币市场中的"货币市场"并不能说明该市场经营的业务范围。通常意义下的"货币市场"是短期资金借贷市场，欧洲货币市场不仅经营短期资金借贷业务，还经营中长期资金借贷业务和债券业务，后者属于资本市场业务。当然，欧洲货币市场的范围仍有它的独特性，即它主要是一种借贷市场，发生关系的是存款人（通过银行）和借款人，这与买卖不同国家货币的外汇市场有所区别。尽管如此，欧洲货币市场与国际外汇市场具有密切的联系。

二、欧洲货币市场产生及发展的原因

欧洲货币市场产生及发展的直接原因主要有以下四点。

1. 东西方冷战与英镑危机直接导致了欧洲货币市场的出现

1950年，朝鲜战争爆发，中国人民志愿军应朝鲜的请求奔赴朝鲜，与朝鲜并肩作战，而后美国政府下令冻结中国在美国银行的所有美元资产。正值冷战时期的苏联和一些东欧国家为了避免本国在美国的美元资产遭到冻结甚至没收，纷纷将存放在美国的美元资产调往海外。正当这些美元资产"寻找出路时"，英国伦敦的商业银行"敞开了怀抱"。1956年，英国、法国为夺得苏伊士运河的控制权，与以色列联合，发动了第二次中东战争。这次战争使英国的国际收支严重恶化，导致英镑危机发生。英国政府为了改善国际收支、稳固英镑的国际地位和恢复国民生产，加强了外汇管制，禁止英国商业银行向英镑区外的居民提供英镑贷款。英国各大商业银行为了逃避外汇管制和维护其在国际金融领域的地位，纷纷转向经营美元业务，开始吸收美元存款并向海外客户贷款，最终伦敦出现了一个在美国境外大规模经营美元存款和放贷业务的短期资金市场。

2. 美国和一些欧洲国家的金融政策成为欧洲货币市场发展的外部原因

1958年后，美国的国际收支连年出现赤字，美元外流为欧洲货币市场提供了大量的资金。进入20世纪70年代，美国政府被迫采取强制措施来限制资金外流，这些措施反而促使美国企业与金融机构加强了海外的借贷活动以规避政府管制，从而推进了境外美元存贷业务的发展与扩大。这些措施包括：1963年7月开征利息平衡税，规定美国居民购买外国政府在美国发行债券的利息所得一律要纳税，以限制资金外流；1965年制定《自愿限制对外贷款指导方针》，要求银行与其他金融机构控制对非居民的贷款数额；1968年实行《国外直接投资规划》，限制美国公司的对外直接投资活动。然而，这些限制措施适得其反，它们促使美国商业银行积极拓展海外分行的欧洲货币业务，以规避政府的金融法令管制。

那么，最早的境外货币为什么出现在欧洲的伦敦而不是其他地方？这要归因于西欧一些国家实行的限制资本流入的政策。20世纪60年代后，随着美元在国际货币体系中的地位不断下降，德国马克、瑞士法郎、日元等货币日益坚挺，大量国际游资流向这些国家。为了减缓通货膨胀的压力、维持本国货币汇率的稳定，瑞士、德国和日本的货币当局采取了一些措施，对外国居民存入本国的货币进行限制，如对非居民的存款不付利息甚至倒收利息。这些措施导致流出美国的美元纷纷流向英国的伦敦。

3. 欧洲货币市场的内在优势成为其迅速发展的内在原因

欧洲货币市场具有不同于传统国际金融市场的特点和优势，如不受任何国家国内金融法规的制约、不需要缴纳法定存款准备金，因而存款利率高、贷款成本低，进而吸引了大量的借款者和贷款者。此外，1985年后，西欧国家先后放松了外汇管制，实行货币的自由兑换，从而使借款者和贷款者可以更加自由地选择币种，更加方便地调拨资金，为欧洲货币市场的营运提供了宽松的市场环境。

4. 石油美元回流为欧洲货币市场提供了大量的资金供给

20 世纪 70 年代的石油价格大幅上涨，1973 年和 1979 年发生了两次石油危机，石油输出国获得了大量以美元表示的出口盈余，俗称石油美元，而石油进口国出现了巨额的国际收支逆差。这种巨额的石油美元，无论是对石油输入国还是对石油输出国，甚至是对整个世界经济，都有很大的影响。对于石油输出国而言，由于石油美元收入庞大，而其国内投资市场狭小，不能完全吸纳这么多美元，因而必须以资本输出方式在国外运用。对于石油输入国而言，石油进口支出大幅增加，导致国内经济衰退，并影响了世界贸易的发展。因此，以工业国家为代表的石油输入国大多希望石油美元回流——由石油输出国回流到石油输入国，因而石油美元回流便产生了。石油美元最初主要流向了欧洲货币市场，因此石油美元回流为欧洲货币市场提供了大量的资金供给。

三、欧洲货币市场的特点

欧洲货币市场产生并得到长足发展的内部原因源自欧洲货币市场自身的特点。这些特点也是其优势，具体表现如下。

1. 不受任何国家法规和政策的约束

对于货币发行国而言，欧洲货币对其本国经济的影响甚微，因而缺乏干预的动机；对于欧洲货币所在地政府而言，欧洲货币的存贷款方多为非居民，对本国经济的直接影响不大，同时欧洲货币市场的发展给当地带来了大量的就业和其他收入，因而当地政府不仅不干预，反而加以鼓励。所以，欧洲货币市场的交易活动不但很少受到有关国家法规和政策的管辖，而且经营自由、税费负担少。

2. 借贷业务中使用的货币种类多

在传统国际金融市场上，交易过程中使用的货币是市场所在国的货币。欧洲货币市场上的货币种类繁多，可以满足各国政府、银行和企业对各种不同期限和不同用途的资金的需求。

3. 利率结构独特

虽然欧洲货币的利率与各货币发行国的国内利率有着密切联系，但它不受法定存款准备金限制和国内利率管制限制，因此形成其独特的利率结构，即欧洲货币市场的存款利率更高、贷款利率更低，也就是欧洲货币市场的存贷款利差小于国内市场的存贷款利差，这种利率结构使境外货币的存贷款业务具有较强的竞争力。

4. 调拨方便、选择自由

在欧洲货币市场上存在大量的跨国银行，它们不但可以方便地在全球调度资金，而且境外货币的调拨不受市场所在国外汇管制的约束，因而调拨灵活。从业务上看，欧洲货币市场由欧洲货币信贷市场和欧洲债券市场构成。

第三节 国际货币市场

一、国际货币市场的分类

国际货币市场可以分为传统的国际货币市场和新型的国际货币市场。前者是在国内货币市场的基础上形成和发展起来的，涉及的金融业务主要是市场所在国货币在国际上的短期借贷，并且这些交易一般是在居民与非居民之间进行的。后者是指欧洲货币短期资金融通市场，即融资期限为 1 年或 1 年以下的，以欧洲货币为交易对象的资金借贷市场。其中，欧洲货币短期资金融通市场是国际货币市场的主体部分。

二、欧洲货币短期资金融通市场

欧洲货币短期资金融通市场是欧洲货币市场的一部分，在该市场上进行的是非居民与非居民之间各种境外货币的短期借贷。欧洲货币短期资金融通市场具体又可以分为欧洲银行同业拆借市场、欧洲货币存款市场和欧洲票据市场。

（一）欧洲银行同业拆借市场

欧洲银行同业拆借市场是指各商业银行为弥补存款准备金的不足或解决临时性的短期资金需求，相互之间进行短期资金融通的市场，其在整个短期信贷市场中占主导地位。欧洲银行同业拆借市场产生于存款准备金制度的实施，并随中央银行业务和商业银行的发展而发展。将存款准备金存放在中央银行源于 18 世纪的英国，而 1913 年的美国《联邦储备法》第一次以法律的形式规定，商业银行必须按存款余额计提一定比例的存款准备金，作为不生息的支付准备金存入中央银行。由于清算业务活动和日常收付数额的变化，总会出现有的银行存款准备金多余、有的银行存款准备金不足的情况，前者一般希望尽可能地对多余部分加以利用以获取利息收益，后者则必须按规定补足准备金。这样就产生了供求关系，欧洲银行同业拆借市场应运而生。

欧洲货币银行间的资金拆借是重要的欧洲货币市场短期信贷业务，因为它为各国以商业银行为主的金融机构的资金融通提供了一条重要的渠道。欧洲银行同业拆借市场是由 50 多个国家的 1 000 多家银行通过其银行总部或在其他国家注册的分支机构之间的借贷安排而组成的。

（二）欧洲货币存款市场

欧洲货币存款是欧洲银行业的主要资金来源之一，有通知存款、欧洲定期存单和欧洲可转让定期存单三种形式。

1. 通知存款

通知存款是指客户在存入款项时不约定存期，可随时发出通知进行提取，通知期限分为 1 天、7 天两种，即必须提前 1 天、7 天通知约定支取存款。

2. 欧洲定期存单

欧洲定期存单是欧洲银行吸收定期存款的凭证，即存款人将欧洲货币存入银行所得的凭证。欧洲定期存单到期前，存款人不得提取该款项；到期后，存款人可收回本金并获得一定的利息。欧洲定期存单是记名存单，存款人的姓名要体现在存单票面上，所以不适宜转让，到期前无法在市场上出售。欧洲定期存单的面额没有统一的要求，期限一般都在 1 年（含）以内，如 1 个月、3 个月、6 个月、1 年等；期限在 1 年以上的在市场上只占一小部分。

3. 欧洲可转让定期存单

可转让定期存单是指商业银行为吸收资金而发行的具有可转让性质的定期存款凭证。存单上注明存款货币金额、期限和利率，但不记名，即票面上不反映持票人的任何信息。花旗银行于 1961 年 2 月率先发行了可转让定期存单。在欧洲货币短期资金融通市场上的可转让定期存单一般总称为欧洲可转让定期存单。因为欧洲可转让定期存单是不记名发行的，所以有利于存单在到期之前在二级市场上进行转让与流通，有效地解决了投资人资产的流动性问题。欧洲可转让定期存单的主要币种有欧洲美元、欧洲英镑、欧洲日元和欧元等。欧洲可转让定期存单产生之初都是大额存单，面值最少为 10 万美元，最多达 100 万美元。从 20 世纪 60 年代末开始，为了吸引更多的资金，银行也开始发行面值为数十、数百美元的存单。欧洲可转让定期存单的票面利率既可以是固定的，又可以是浮动的，利率水平由市场供求双方的力量对比决定。

（三）欧洲票据市场

欧洲票据是借款人发行的短期无担保本票。发行欧洲票据进行融资的市场就是欧洲票据市场。通过发行欧洲票据进行融资是 20 世纪 80 年代初产生的一种金融工具创新。当时，由于国际信贷危机的出现，银行大幅度降低了银团贷款的发放规模，导致企业等借款人所需中长期资金来源的短缺。在此背景下，一些银行运用将其银行信用与票据发行人（即借款人）信用相组合来提升整个交易信用的原理，设计出以借款人信用为基础、以银行的循环包销或信贷支持等银行信用为保障的票据发行便利。具体来说，票据发行便利是一项中期的具有法律约束力的承诺，根据这种承诺，借款人以自己的名义发行欧洲票据，但承销银行则承诺连续购买借款人未能出售的票据或承担提供备用信贷的责任。票据发行便利的承诺期限通常为 5~7 年，发行的欧洲票据的期限短的为 7 天，长的可达 1 年，但大部分是 3~6 个月。美元是欧洲票据常用的标价币种，面值一般为 10 万~50 万美元。对于欧洲票据的发行人而言，票据发行便利实际上是以欧洲票据借取了中期信贷。

第四节　国际资本市场

一、国际银行中长期信贷市场

国际银行中长期贷款是指由一国的一家商业银行，或者一国（多国）的多家商业银行组成的贷款银团,为另一国银行、政府或企业等借款人提供的期限在 1 年以上的贷款。国际银行中长期信贷市场是国际资本市场的重要组成部分。它具有以下几个主要特点:①信贷资金来源广泛、供应较为充足,借款人筹资比较方便。国际上众多的商业银行和银团的资金都可作为借款人的资金来源。另外,因为欧洲货币市场管制较松,借款手续较为简便,所以每笔贷款资金的数额都非常大。②贷款在使用上比较自由,贷款银行一般不加以限制。借款人可以自由决定所借款项的使用方向,银行不进行干预,并且不附加任何条件。③贷款条件严格,借款成本相对高。因为中长期信贷的期限长、金额大、风险高,所以借贷双方要签订严格的贷款协议,有时还需要政府机构的担保。同时,商业银行中长期贷款使用的是市场利率,并且多以浮动利率为主,与政府贷款或国际金融机构贷款相比,具有利率高、期限短的特点。这些因素加大了借款人的还款压力和借款成本。

（一）国际银行中长期贷款的类型与形式

1. 国际银行中长期贷款的类型

国际金融市场根据其所经营货币的不同特征,可分为传统的国际金融市场和新型的国际金融市场,后者又被称为欧洲货币市场。根据从事国际银行中长期贷款的主体所处市场的不同,国际银行中长期贷款可分为两大类型:传统的国际金融市场的银行中长期贷款和欧洲货币市场的银行中长期贷款。

传统的国际金融市场的银行中长期贷款是指由市场所在国的银行直接或通过其海外分行将银行所在国货币贷放给境外借款人的国际信贷安排。

欧洲货币市场的银行中长期贷款是指欧洲银行所从事的境外货币的中长期信贷业务,是欧洲货币市场的重要组成部分。欧洲货币的特殊性决定了欧洲货币市场的银行中长期信贷的外汇管制程度较低、币种选择余地大、结算方便,这使其在国际银行中长期信贷市场中的地位远远超过了传统的国际金融市场的银行信贷。

2. 国际银行中长期贷款的形式

国际银行中长期贷款主要有两种形式:双边贷款和银团贷款。

双边贷款又称独家银行贷款,是一国的一家银行向另一国的政府、银行、公司等借款者发放的贷款。双边贷款信用规模受限于单个银行的贷款额度,并且期限较短,一般为 3～5 年。

银团贷款又称辛迪加贷款,是由一国或几国的若干家银行组成的银团,按共同的条件向另一国借款人提供的长期巨额贷款。20 世纪 70 年代以来,银团贷款已成为国际金融市场上,特别是欧洲货币市场上的主要贷款形式。工业化国家是银团贷款市场的主要借款者。银团贷款主要具有如下特点:①贷款规模较大,最多可达几十亿美元;②贷款期限长,一般为 7～10 年,有的可长达 20 年;③币种选择灵活,但欧洲美元为主要贷款币种;④贷款成本较高,除利率按 LIBOR（London InterBank Offered Rate,伦敦银行同业拆借利率）①加上一定的加息率外，借款人还需负担一些其他费用。对贷款银行而言，银团贷款的优点是分散贷款风险、适度减少同业之间的竞争、克服有限资金来源的制约、扩大客户范围和带动银行其他业务的发展等。对借款人而言，银团贷款的优点是可以筹措到独家银行无法提供的长期巨额资金。这些特点和优点都是银团贷款迅速发展的重要原因。

（二）国际银行中长期贷款的信贷条件

信贷条件是指借贷合约中规定借贷双方必须遵守的权利与义务条款，主要包括贷款利息及费用、贷款期限、贷款币种选择。

1. 贷款利息及费用

国际银行中长期贷款的利率分为固定利率和浮动利率两种。由于采取固定利率，会给借贷双方带来利率变动的风险，因此，国际银行中长期贷款通常采用浮动利率。浮动利率的基准利率通常都采用银行间同业拆借利率。

有的贷款协议的基准利率还采用贷款货币发行国的优惠利率。例如，从 1981 年起，欧洲美元贷款可以采用美国商业银行的优惠利率。浮动利率的计息方式是，在上述基准利率的基础上加上一个加息率。加息率的确定要视贷款金额、期限和借款人的资信状况而定，一般为 0.375%～3%。在贷款期限内，须根据实际情况，每 3 个月或 6 个月调整一次利率。

除了利息，借款人还要负担以下各项费用。

1）管理费，是指借款人支付给牵头行的作为其组织和安排贷款的酬金。费率按贷款总额的一定百分比计算，一般为 0.5%～2.5%。

2）承担费，是指借款人没有按期使用协定贷款，使贷款银行筹措的资金闲置，要向贷款人支付的赔偿性费用，费率一般为 0.25%～0.75%，目的是促使借款人积极有效地使用贷款，也使贷款银行有效地运筹资金。

3）代理费，是指银团贷款中由借款人付给代理行的费用，用于通信、邮政、办公等方面的支出及支付给代理行的报酬。费率由双方协商确定，按固定金额每年支付一次。

4）前期杂费，是指银团贷款中由借款人付给牵头行的劳务费用，用于贷款协定签订之前的准备工作包括差旅费、律师费、通信费等方面的支付。费用支付方式有的按贷款金额的一定比例支付，也有的按牵头行提交的账单一次性支付。

2. 贷款期限

贷款期限是指借款人借入贷款到本息全部清偿为止的整个期限。在贷款期限内，借款人必须按期分次偿还本息，一般为每半年一次，直到全部偿清为止。在国际银行中长

---

① LIBOR 已停用，各国已经基本重新制定了替代 LIBOR 的新基准利率。从各国替代方案看，无风险替代利率大多为隔夜平均利率指数。LIBOR 包含的五大货币中，美元将采用有担保隔夜融资利率（secured overnight financing rate, SOFR），英镑将采用英镑隔夜平均指数（sterling overnight index average, SONIA），日元将采用东京隔夜平均利率（Tokyo overnight average rate, TONAR），瑞士法郎将采用瑞士隔夜平均利率（Swiss average rate overnight, SARON），欧元则采用欧元短期利率（Euro short term rate, €STR）。

期信贷中，贷款期限一般还规定一个借款人只付利息而不偿还本金的宽限期。贷款期限主要由以下三个部分组成。

　　1）提款期。在提款期内，借款人可按规定的提款额支用款项。

　　2）宽限期。在宽限期内，借款人只提用贷款，无须还款，但要支付利息。

　　3）还款期。宽限期结束后即开始还款，如果无宽限期，则在提款期满后开始还款。

　　3. 贷款币种选择

　　因为国际银行中长期信贷业务普遍采用浮动利率，并且期限较长，贷款面临的利率风险和汇率风险较大，所以借贷双方对币种的选择就直接关系到双方利益及对风险的防范问题。国际银行中长期信贷市场上可供借贷双方选择的货币是各种可自由兑换的货币。虽然在传统的国际金融市场上，贷款货币必然与贷款银行所在国的货币相同，但是在欧洲货币市场上，可选择的货币就不止一种，主要有欧洲美元、欧洲英镑、欧洲日元等。在国际银行中长期信贷币种选择时应遵循的一般原则是：借款人应选择贷款到期时看跌的货币，即软币，以减轻还本付息的负担；贷款人应选择贷款到期时看涨的货币，即硬币，以增加收回本息的收益。这样借贷双方的利益就产生了矛盾。在确定币种时，条件往往更利于交易中居于优势地位的贷款方。

　　一般以软币计值的贷款成本要高于以硬币计值的贷款成本，因为货币风险必须由利率来弥补。这样在国际银行中长期信贷币种选择中就不能简单地考虑货币的软硬，还要综合考虑利率和汇率之间的关系。

二、国际债券市场

　　国际债券是指一国政府、企业、金融机构等为筹措外币资金在国外发行的以外币计值的债券。20世纪80年代发生国际债务危机后，国际融资出现明显的债券化趋势。商业银行在非银行金融机构迅猛发展的强有力竞争下，难以依靠传统的存款业务吸收足额资金，对国际贷款也持谨慎态度。因此，为增强业务竞争力，增加了债券的发行量。对于投资者来说，债券既有稳定的收益，又有高度流动性，有利于分散投资风险；借款人出现了"脱媒"现象，他们为了降低筹资成本，也愿意避开银行中介，直接通过市场发行债券筹资，使国际债券市场规模进一步扩大。1985年，国际债券市场净融资额首次超过国际信贷市场融资额，国际资本市场出现结构性变动，许多国际性大银行也从传统的融资方式向债券融资方式转变，国际债券市场成为在国际范围内迅速实现资本集中的有效方式。

　　（一）国际债券的分类

　　国际债券的类型由于划分方法的不同而不同，其主要类型有以下几种。

　　1. 按照是否以发行地当地货币为面值划分

　　1）外国债券。外国债券是一国发行人或国际金融机构，为了筹集外币资金，在某外国资本市场上发行的以市场所在地货币为标价货币的国际债券。通常把外国债券称为传统的国际债券。从事外国债券发行、买卖的市场就是外国债券市场。外国债券主要由市场所在地居民购买，由市场所在地的证券机构发行和担保。发行外国债券必须事先得到发行地所在国或地区政府证券监管机构的批准，并受该国或地区金融法令的制约，各国政府把外国债券和普通的国内债券在税率、发行时间、金额、信息披露、购买者等方面都进行了法律上的区分。英国的外国债券市场是外国债券的发祥地，在伦敦发行的外国债券称为猛犬债券；在美国发行的外国债券称为扬基债券；在日本市场上发行的外国债券称为武士债券；在中国市场上发行的外国债券称为熊猫债券。

2）欧洲债券。欧洲债券是一国发行人或国际金融机构，在债券票面货币发行国以外的国家或地区发行的以欧洲货币为标价货币的国际债券。欧洲债券在 20 世纪 60 年代才形成市场规模。为了保护国内资本市场免受风险证券的冲击，防止资本外流引起国际收支失衡，许多国家对外国债券的发行进行限制，这样欧洲债券市场就发展成为国际债券市场的核心，并占主导地位。1963 年，美国的利息平衡税促成了第一次欧洲债券的发行。当年意大利高速公路公司发行了 60 000 张美元面值的固定利率债券，每张面值为 250 美元，债券在每年的 7 月 15 日付 5.5%的固定利息，主承销商是伦敦的商人银行——华宝银行，副承销商为布鲁塞尔银行、德意志银行及鹿特丹银行，债券在伦敦证券交易所上市。

欧洲债券基本上不受任何一国金融法令和税收条例等的限制；发行前不需要在市场所在国提前注册，也没有披露信息资料的要求，发行手续简便、自由灵活；多数的欧洲债券不记名，具有充分流动性。欧洲债券的发行人、发行地点和计价货币分别属于不同的国家，主要计价货币有欧洲美元、欧洲英镑、欧洲日元、欧洲瑞士法郎、欧元等。

全球债券是指可以同时在几个国家的资本市场上发行的欧洲债券，是欧洲债券的一种特殊形式，于 20 世纪 90 年代末问世。与外国债券和只在单一的离岸金融中心发行的欧洲债券相比，全球债券具有同时跨洲运作、发行人信用等级更高、投资者更为广泛、单笔发行额更高等特点，它的出现和发展对于国际债券市场具有里程碑的意义。

2. 按照发行方式划分

1）公募债券。它是指债券在证券市场上公开销售，购买者为社会的各个阶层。公募债券的发行必须经过国际上认可的债券信用评定机构的评级，发行者需将自己的各项情况公之于众。

2）私募债券。它是指私下向限定数量的投资者发行的债券。因为这种债券不能上市交易转让，所以其债券利率高于公募债券利率，并且发行价格偏低以保障投资者的利益。此外，这种债券的发行金额较小、期限较短。发行私募债券手续简便，一般无须债券信用评定机构评级，也不要求发行者将自己的情况公之于众。

3. 按照利率确定方式划分

1）固定利率债券。固定利率债券自发行日至到期日的利率固定不变，付息方式主要采用 1 年一付。期限多为 5~10 年，个别也有长达 40 年的。

2）浮动利率债券。浮动利率债券的利率定期进行调整，一般每季度或半年调整一次，其利率通常以 LIBOR 作为参考利率，再加上一个附加利率，期限多为 5~15 年。

浮动利率债券有最低的利率下浮界限，没有固定的上浮限制。浮动利率债券的市场价格波动比固定利率债券小得多，因而对投资者具有较大的吸引力。最早的浮动利率债券出现于利率不断提高的 1969 年和 1970 年，大多数浮动利率债券是以美元标价的，直到 1985 年，以日元和德国马克标价的浮动利率债券才出现。

3）零息票债券。零息票债券不对投资者直接支付利息，而是以低于面值的价格发行，到期日按面值支付本金，面值与发行价的差额就是投资者的资本利得。零息票债券可以使投资者节省资金，并且对于不把资本增值作为收入纳税的国家的投资者来说很有吸引力。

4. 按照可转换性划分

1）直接债券。它是指按债券的一般还本付息方式所发行的债券，包括通常所指的政府债券、企业债券等。它是相对于可转换债券和附认购权证债券等债券新品种而言的。

2）可转换债券。可转换债券是向债券持有人提供把债券转换成另一种证券或资产选择权的债券。较普遍的是债权转换成股权，即投资者有权选择在未来某一时刻将所持债券转换成发行公司的普通股股票，所以它综合了债券和股票的特点。此类债券的利率一般低于其他固定利率债券，转换权利则是对低利率的一种补偿。

3）附认购权证债券。认购权证是与债权相分离的权利承诺，分为股票认购权证和债券认购权证等。附认购权证债券持有者拥有在一定时期以前按协定价格认购发行者一定数量的证券的权利。这样，投资者不仅可以获得债券的一般性收益，还可以凭认购权证购买发行公司新发行的证券，认购权证的发行人实际上是为投资者提供了一种可以用于证券组合管理或投机的工具。附认购权证债券与可转换债券都属于权益债券，但与可转换债券的不同之处在于认购权证可以与债券分开单独在市场上进行交易。

（二）国际债券的发行与流通

国际债券市场按性质可分为发行市场和流通市场。发行市场也称一级市场，没有固定场所，是国家政府、金融机构和工商企业在发行债券时，从规划到推销、承购等阶段的全部活动过程。流通市场也称二级市场，是向投资者提供债券交易转让的场所或网络，该市场的存在和发展增强了债券的流动性，也是新发行市场扩大的条件。新发行债券只有通过二级市场上的买卖转手，才能流转于社会公众之间。

1. 发行市场的主要参与者

1）发行人，即通过发行债券筹措资金的人，包括政府、金融机构、工商企业等。从融资者国别来看，发达国家仍是国际债券市场的主体，发展中国家正积极进入国际债券市场，但融资规模仍很小。从目前国际债券市场发行债券净额中的比例看，工商企业最高，其次是政府和金融机构。

2）担保人。当发行人首次进入国际债券市场或发行人规模较小时，往往需要国际著名的公司或金融机构担保。

3）牵头人，也称主干事，是受发行人委托，负责全面组织、安排债券发行工作的公司。牵头人大多是实力强、影响大的投资银行。牵头人的主要任务是：①预测市场情况，向发行人提出债券发行的总金额、期限、发行价格、发行费用等发行条件方面的建议；②组织承销团；③草拟和印制发行说明书、债券认购合同等合同文件；④在债券发行初期维持价格稳定。

4）承销商，即负责承购和推销债券的金融机构。承销商的选择对债券发行能否成功起到关键作用。在国际债券发行时，应选择具有实力和国际影响力的承销商。

5）法律顾问。在国际债券的发行中要制定很多合同文件，这样必然涉及发行人本国及发行地国家的法律问题。因此，需要聘请有关国家的律师出任发行人和牵头人的法律顾问，以减少在法律方面的漏洞。

2. 国际债券资信评级

发行国际债券一般需要国际公认的评级机构对债券资信进行等级评定，目的是将债券资信状况公布于众，保护广大投资者的利益。债券资信评级的主要内容包括：第一，债券发行人还本付息的清偿能力；第二，债券发行人在金融市场上的声誉、历次偿债情况、有无违约记录；第三，发行人破产的可能性大小。

美国作为评级制度的发源地，评级业发达。目前美国主要的评级公司有三家，分别是标准普尔、穆迪和惠誉。自1975年美国证券交易委员会认可上述三家公司为全国认定的评级组织（Nationally Recognized Statistical Rating Organization，NRSRO）后，三家公司就基本上垄断了国际评级行业。

有关债券的等级对债券发行人筹资成本影响很大，等级越高，债券的资信越好，支付的利率也越低。但值得注意的是，评级不是发行新债券必须履行的手续，因而欧洲债券的购买者通常并不会很依赖债券评级，发行者的知名度、声誉、承销商的信用是发行价格好坏的主要决定因素。

3. 国际债券的发行与流通方式

欧洲债券的发行方法通常采用"出盘"的形式，即不经过申请批准的非正式的发行方式，以避免国家对发行的限制。发行欧洲债券首先要由几家大的国际性银行牵头组织一个国际辛迪加承销所有债券的主要部分，承销辛迪加往往还组织一个更大的认购集团，先由认购集团认购，然后由它们转到二级市场出售。在进入二级市场前，欧洲债券的发行不公开进行而是在认购集团内部分配，一般在进入二级市场时才进行宣传。

国际债券发行后，投资者可在债券市场买卖债券。国际债券的流通一般通过证券交易所和场外交易市场两种方式进行。场外交易又称店头交易，是债券流通的主要方式。

欧洲债券二级市场的主要交易中心是伦敦、法兰克福、阿姆斯特丹及苏黎世等的场外交易市场，交易者通过主要银行间的电信网络进行交易，这个市场的交易者来自欧洲之外许多国家，因而欧洲债券的买卖遵守外汇交易的规范。欧洲债券买入价格和卖出价格的报价者是伦敦、苏黎世、香港等地的一些银行，称为造市者。造市者同时报出债券的买卖价格，两者之间的差额称为价差。只有交易商作为经纪人收到两头投资者的购单和卖单，做成交易，这个价差才成为交易商的利润。当然交易商不一定同时做债券的买和卖，常常是在找到买主之前，可以先从投资者手中购入债券，做多头；或者在从其他投资者处购入债券之前，可以从自己的债券库存中出售部分给投资者，做空头。证券交易商做多头或空头是二级市场增强流动性的重要因素，可以补充债券市场上暂时缺少的需求者或供应者，而不致中断交易。

国际债券在交易后，便通过会计结算来转移有关各方的债券所有权，而债券本身则极少甚至不会被转移，这一过程就是清算。清算的目的是减少因债券交易而发生的成本，使参与者避免交割风险。目前国际债券清算通常委托欧洲清算系统（Euroclear）和塞德尔（Cedel）两大清算系统进行。

三、国际股票市场

国际股票市场是指在国际范围内发行并交易股票的场所或网络。国际股票市场有两种存在形态：一是有形市场，证券交易所是其典型形态；二是无形市场，它是各种现代化通信工具联系起来的交易网络。随着科学技术的迅猛发展，无形市场的地位日益突出。

（一）国际股票发行市场

国际股票发行市场又称一级市场，是国际股票发行人发行新股票，投资者购买新股票的运营网络。一级市场是一个无形市场。国际股票的发行分为两种情况：一种是新设立股份公司第一次发行股票；另一种是原有股份公司增资扩展而发行新的股票。股票的发行方式总的来说有私募和公募两种。

1. 私募

私募是发行公司通过经纪商对少数特定的股票投资者发行股票。国际股票私募对象主要有机构投资者及与发行人有密切业务联系的公司等。私募发行费用低，发行成功的可能性大，节省时间，但股票流通性差，并且股票的集中使发行公司的经营管理易受干预和控制。

2. 公募

公募是发行公司向社会上的投资者公开发行股票。公募的程序复杂、难度较大，发行人必须具备一定的发行资格并向发行地证券管理部门办理注册登记或审核手续并公开信息。但公募发行有活跃的流通市场，筹资潜力大，还可以提高发行人的信誉和国际知名度。公募发行又可分为直接发行和间接发行两种方式。

（1）直接发行

直接发行是指发行公司在市场上一次性直接将股票销售给投资者，不通过发行中介机构，主要用于已上市公司的增资发行，如向股东配股、发行红利股和股票分割等。

（2）间接发行

间接发行是发行公司委托投资银行或证券公司代理发行和销售股票。大多数公司到国外首次募股，通常采用间接发行。间接发行一般采用以下三种方式。

① 包销即投资银行或证券公司等承销商以低于发行价的价格一次性买下发行公司的全部股票，然后向社会公众销售，买卖差价即为承销商的收入。包销形式对发行人来说可以及时得到资金，风险完全由承销商承担，但发行费用较大，发行人也无法获得可

能出现的发行溢价的好处。包销是常见的承销方式，流行于美国。

②推销即发行公司委托投资银行或证券公司代理发行销售股票，承销商不承担承购股票的义务。发行风险仍由发行公司承担，包括发行的失败。

③助销即发行公司和投资银行或证券公司签订公开募集合同，证券公司保证全部买下剩余未推销出去的股票，前提是发行公司支付较高的费用。对于发行公司来说，支付较高的发行费用能保证按计划筹集到资金，并可享受可能的溢价好处。

（二）国际股票流通市场

国际股票流通市场又称二级市场，是指已发行的国际股票在投资者之间转让买卖的场所或交易网络。它是国际股票市场活跃的部分，为国际股票提供了流动性，推动了整个国际股票市场的发展。

国际股票流通市场的组成部分包括证券交易所、证券交易自动报价系统、证券经纪人、证券自营商、投资人、证券交易清算系统及证券监管机构等。国际股票流通市场可分为四个层次，其中证券交易所处于核心地位，此外还有迅速发展的场外交易（over-the-counter，OTC）市场。OTC市场近年来又分离出两个市场，即第三市场和第四市场。

1. 证券交易所

证券交易所是有组织地进行股票集中交易的有形固定场所。证券交易所提供完备的交易设施和快捷的清算信息服务，流动性很强。证券交易所一般有公司制和会员制两种组织形式。公司制证券交易所是以股份公司形式设立的，以营利为目的的法人实体；交易所与证券商的关系是契约关系，注册合格的证券商进场买卖，交易所收取股票成交的佣金。会员制证券交易所是由会员出资共同设立的不以营利为目的的法人实体，交易所的会员必须是出资的证券经纪人或证券商，只有会员才能参加证券交易，非会员的交易只能通过会员在交易所中代为买卖。会员制是当前国际股票市场主要采用的组织形式。

目前世界三大证券交易所为东京证券交易所（Tokyo Stock Exchange，TSE）、伦敦证券交易所（London Stock Exchange，LSE）和纽约证券交易所（New York Stock Exchange，NYSE）。它们位于不同的时区，交易时间正好衔接。另外，代表国际股票市场发展潮流的伦敦证券交易所，采用先进的证券交易自动报价（stock exchange automated quotation，SEAQ）系统，该系统通过卫星线路与东京、纽约等地的报价系统联网，在计算机上对国际股票进行实时报价，从而形成24小时不间断的股票交易。

2. 场外交易市场

场外交易市场也称柜台交易市场或店头交易市场，是在证券交易所外从事股票交易的无形市场。场外交易市场是一个广泛而分散的市场，证券商在自己的营业网点为许多未上市的股票提供场外交易，众多的证券商是场外交易方式的造市者，对股票实行双向报价，即报出股票的买卖价格，一方面，证券商用自己的资金买入股票；另一方面，证券商将股票转卖给投资者，使潜在的供求双方结合起来。投资者在场外交易市场买卖股票时，可以委托证券经纪人通过计算机、电话、电传等形式与证券交易商直接交易。美国的场外交易市场是世界上最大的，其代表就是由相互联结的 6 000 多家证券投资机构组成的纳斯达克（美国全国证券交易商协会自动报价表：National Association of Securities Dealers Automated Quotations，NASDAQ）。纳斯达克通过遍布全国的计算机终端网，可以迅速准确地报出所有从事场外交易的证券机构的股票价格。纳斯达克是世界上主要的股票市场中增长最快的股票市场。

3. 第三市场

第三市场是通过将原来在证券交易所上市交易的股票移至场外交易而形成的无形市场。第三市场已从场外交易市场发展为独立的市场。第三市场的发展原因是股票投资机构化，由于机构投资者需要为场内交易的大额股票交易支付大笔佣金，一些证券商为吸引这类业务，把上市股票的交易拉到场外进行。第三市场近年来发展极为迅速。

4. 第四市场

第四市场也是场外交易市场的一种扩展，是投资者直接进行股票交易的市场。第四市场也是因机构投资者的大额交易需求产生的。机构投资者的一些大额股票交易甚至不通过证券商，而是直接寻找交易对方，私下协商成交，主要目的也是节约交易费用。近年来，由于计算机自动报价和交易系统的发展，投资者之间的联系更方便，第四市场得以发展。

（三）国际股票市场的发展趋势

1. 市场国际化程度不断提升

与国际债券市场相比，股票市场国际化进程比较缓慢，全球国际股票发行额在整个资本市场资金来源中所占比例远远小于国际债券市场。但 20 世纪 70 年代以来，各国逐步取消有关资本国际流动的限制，跨国股票投资也迅速膨胀，国际股票市场正在经历一个加速发展阶段。虽然由于美国次贷危机的影响，2008 年不少国家和地区在国际股票市场上发行股票市值出现了下降，但仍不改股票市场国际化的整体发展趋势。

具体来说，股票市场国际化主要体现在以下两个方面。

1）一国股票市场（特别是发达国家的股票市场）的对外开放。20 世纪 70 年代起，一些发达国家开始进一步放松资本项目管制和提高对外开放的程度，允许外国企业在本国股票市场发行股票并上市流通，允许外国投资者参与本国股票市场的投资。一个原本封闭的国内股票市场，开始成为全面对外开放的国际化股票市场。美国在 1975 年颁布了证券修正法案，降低了国外资本进入美国股票市场的交易风险和监管限制。在新的法案下，美国股票市场迅速发展成为一个国际化的市场。1996 年，在纽约交易所的上市公司有 2 617 家，其中海外上市公司有 290 家。英国也于 1979 年取消了资本项目外汇支出的管制，这使英国的投资者可以购买外国的证券。1986 年 10 月 27 日，英国实施了被称为"大爆炸"（big bang）的伦敦证券交易所规定与实务改革，实现了交易所成员身份的对外开放，允许国外的银行、非银行金融机构及证券交易商直接进入英国股市进行交易，加快了该市场的国际化进程。至 1996 年 12 月 31 日，大约有 67 家外国公司在东京证券交易所上市，同时国外的证券公司可以成为交易所的会员。

2）企业筹资市场的多元化。许多大型跨国公司由于生产经营的全球化，其筹资方式也日趋多元化，表现之一就是选择在国外发行股票并上市。国际股票市场具有资金供应的充足性和流动性，因此越来越多的跨国公司开始通过国际股票市场融通资金，以此来扩大其资本来源，降低其筹资成本。

2. 创新工具与技术不断出现

与整个国际金融市场创新趋势相适应，股票市场的创新工具亦不断推出，如存股证、可转换股票、可赎股、后配股等。存股证又称存托凭证，是发行地银行开出的代表其保管的外国公司股票的凭证，投资者通过购买股票存托凭证拥有外国公司的股权。存股证最早出现在美国，在美国发行和出售的存托凭证称为美国存托凭证。近年来，股票存托凭证市场发展非常迅速，成为国际股票市场的重要组成部分，并产生全球存股证、欧洲存股证、新加坡存股证等多种形式，被推广到美国以外的其他市场作为外国公司在本国资本市场上筹集资本的有效途径。

3. 交易市场结构不断变革

交易市场结构的变革主要表现在两个方面：一方面，场外交易市场不断发展。随着现代通信工具和交易手段的推广，场外交易市场迅速发展，连一贯保守的英国，伴随着 20 世纪 80 年代的金融改革，也开始设立和发展场外交易市场。另一方面，场内交易日趋集中统一。例如，自从欧元开始使用后，欧元区国家原有的货币障碍自然消除，推动了区内各国股票市场的一体化。2000 年 9 月，巴黎证券交易所、阿姆斯特丹证券交易所、布鲁塞尔证券交易所正式合并为欧洲证券交易所，其规模仅次于伦敦证券交易所。

思考与练习

一、简答题

1. 在岸金融市场与离岸金融市场有何区别？
2. 国际金融市场的作用是什么？
3. 国际货币市场与国际资本市场由哪些构成？
4. 欧洲货币市场产生和发展的原因是什么？
5. 欧洲货币市场的特点是什么？
6. 银团贷款的成员有哪些？

二、案例分析题

安提瓜岛是位于加勒比海地区的一个典型的避税港型离岸金融中心，面积约为442.6 平方公里，岛上地势低洼，并有复杂的海岸线，大量的天然海湾和海港为船只提供了良好的庇护所。该岛 1493 年被哥伦布发现，并以西班牙塞维利亚安提瓜教堂的名字命名。安提瓜和巴布达于 1520～1629 年间曾先后遭西班牙和法国殖民者入侵；1632年被英国占领；1667 年根据《布雷达条约》正式成为英国殖民地；1967 年成为英国的联系邦并成立内部自治政府；1981 年 11 月 1 日宣布独立，为英联邦成员国。安提瓜和巴布达仍然实行君主制，国家元首为英国国王查尔斯三世，总督为其代表；政体仿照英国两院议会制度，有众议院和参议院。岛上人口约 10.1 万（2022 年），绝大多数为非洲黑人后裔，官方语言是英语。经济主要依靠旅游业，虽然也有轻工业，但生产的大多数商品用于当地消费。岛上有 10～20 家离岸银行、15 家左右的专业自营保险公司和大约1 400 家离岸公司。

问题：避税港型离岸金融中心的形成有何条件？避税港型离岸金融中心对国际金融市场有何影响？

第十二章　国际金融创新理论与风险管理

📖 学习目标

- 了解金融创新理论。
- 理解金融创新风险的构成与成因。
- 掌握国际金融创新风险的管理

📚 关键词

金融创新理论　国际金融创新风险　内部监管　市场约束　行业自律　国际监管
谨慎性原则

🔅 案例导入

从国际结算系统 SWIFT 到数字货币

1. SWIFT 的含义

SWIFT（环球同业银行金融电信协会）是一个国际银行间非营利性的国际合作组织，总部设在比利时的布鲁塞尔，同时在荷兰阿姆斯特丹和美国纽约分别设立交换中心（SWIFTing center），并为各参加国和地区开设集线中心（national concentration），为国际金融业务提供快捷、准确、优良的服务。SWIFT 运营着世界级的金融电文网络，银行和其他金融机构通过它与同业交换电文（message）来完成金融交易。进入 SWIFT 需要会员资格，目前，我国大多数专业银行是其成员。

2. SWIFT 是否由特定国家控制

2012 年 3 月，SWIFT 宣布停止对被欧美制裁的伊朗银行提供服务，让大众意识到 SWIFT 的重要性的同时，也增加了对 SWIFT 过分依赖的担忧。然而，部分自媒体将 SWIFT 看成美国政府控制下的一个部门，这是完全错误的。事实上，SWIFT 是一个非官方专业组织，其董事会由 25 位独立董事组成，任期 3 年。例如，在 2016 年时，董事会由美国花旗银行的董事担任主席、瑞士瑞联银行的董事担任副主席，而来自我国的中国银行、香港的汇丰银行也在其中担任董事会成员。

3. SWIFT 是否可替代

从通信方式上看，SWIFT 是可以被替代的。例如，如果用户在作为 CIPS（cross-border interbank payment system，跨境支付系统）直接参与者的银行机构开设账户，不涉及间接参与者及其代理商账户，那么就不涉及 SWIFT 的信息传递渠道。再者，SWIFT 本质上是一个通信工具，除了 SWIFT，金融机构之间也可以通过电报、电传甚至邮寄的形式实现信息传递。只不过 SWIFT 已经成为国际上一套成熟的清算系统，因此要重新建立开发一套新的类似 SWIFT 的电报系统，且不论成本和效率能否和 SWIFT 相比，有多少国家和地区愿意参与到这套新的体系也是一个关键问题。

4. SWIFT 与 CIPS 的关系

当前人民币跨境支付体系经过几年的建设，2015 年 CIPS 正式上线。至此，CIPS、CNAPS（China national advanced payment system，中国现代化支付系统）和 SWIFT 共同构成我国的人民币跨境清算体系，这类似美国的 CHIPS＋Fedwire（美国联邦储备系统转移大额付款的系统）＋SWIFT 体系。截至 2020 年末，CIPS 已吸引全球 99 个国家和地区 1 092 家参与者。CIPS 的参与者与系统的连接有的是通过专线，也有的是通过 SWIFT。因此，CIPS 要做强做大，必然要和 SWIFT 合作。在 2016 年时，全球就有 1 700 家金融机构使用 SWIFT 网络开展人民币交易。因此，在 CIPS 一期上线后不久，2016 年 SWIFT 即与我国跨境银行间支付清算责任有限公司签署合作备忘录，合作内容包括使用 SWIFT 报文服务、解决 CIPS 与 SWIFT 报文格式转换问题及将 SWIFT 用户群接入 CIPS 等。2019 年 1 月，SWIFT 与 CIPS 运营机构跨境清算公司签署了合作意向书，进一步深化双方在跨境支付业务方面的合作；6 月，SWIFT 注册成立全资子公司。从 SWIFT 角度看是看好我国对外开放和"一带一路"倡议带来的发展契机，扩大我国及与我国各项发展有关的国家和地区的用户基础。

5. 央行数字货币对 SWIFT 的变革

2019 年中以后，我国央行数字人民币测试加快了步伐，在深圳、苏州、雄安、北京等地各种支付场景的落地体验令全球瞩目。SWIFT 的定位是全球金融电信服务的供应商，中央银行数字货币的定位是一套电子现金支付系统。因此，用中央银行数字货币替代 SWIFT，就像是双方联系时不使用电话，而是打开一款网络通信软件，通过该软件语音进行通话。通过了解可以发现，在当前的国际清算体系中，跨境支付十分依赖账户：用户需要在银行开立账户，CIPS 的直接参与者需要在 CIPS 开设账户，境外银行需要在境内代理行、境外清算行开设账户等。但中央银行数字货币具有银行账户松耦合性的特性，即在中央银行数字货币的实际使用中，数字货币也不需要与相关的银行账户绑定，交易转账也不依赖银行账户。因此，央行数字货币的出现，很有可能改变目前以分布在全球各地、各时区的代理行和清算行关系为基础的跨境支付格局。

（资料来源：欧科区块链，2020. 央行数字货币如何冲击国际支付清算体系？——详解 CNAPS、CIPS 和 SWIFT[EB/OL].（2020-11-11）[2022-02-16]. https://www.sohu.com/a/431046163_100217347.）

第一节　国际金融创新理论

随着 20 世纪 50 年代金融创新的兴起及 20 世纪 70 年代以后金融创新的蓬勃发展，西方经济学家对大量金融创新进行了实证和理论研究，提出了许多观点并形成不同的理论。由于经济学家所处的历史阶段及对金融创新的理解不同等原因，他们对金融创新的研究也从不同方面进行，但总体上显得零散，缺乏系统性，其成果主要集中于对金融创新动因的研究。

一、约束诱导型金融创新理论

威廉·L.西尔伯（William L. Silber）主要是从供给角度来探索金融创新的。西尔伯研究金融创新是从寻求利润最大化的金融企业创新最积极这个表象开始的，由此归纳出金融创新是微观金融组织为了寻求最大的利润，减轻金融约束而采取的"自卫"行为。

这里的金融约束主要来自两方面：一是外部约束，主要指政府制定的经济制度和市场地位对企业实现最优化的限制，前者会对金融企业的经营范围和行为方式产生直接影响，而后者则通过金融产品的定价方式和供求数量来影响金融企业经营目标的实现，外部约束的存在会使金融企业的效率降低和机会成本上升，因而要通过创新来弥补这些损失。二是内部约束，主要指金融企业内部制定的利润目标、增长率目标、资产比等指标。一方面，金融企业主要通过这些指标来约束自己的行为，避免经营风险，以保证经营的稳定；另一方面，金融企业为了实现这些目标，需要克服现实中的种种限制，从而形成对创新的需求。

西尔伯使用线性规划模型（linear programming model）来解释约束诱导型金融创新理论。在模型中，金融创新被认为是各种约束因子的函数，金融企业受制于金融约束引起的成本增加而产生了金融创新的需求，因而金融创新是为了降低各种约束所引起的上升成本。西尔伯还认为技术和立法也在金融创新中起到了重要作用。

西尔伯的约束诱导型金融创新理论是从微观金融组织的行为分析入手的，侧重于金融工具和金融业务创新研究，以此来解释金融企业的"逆境创新"，但对于金融市场和金融制度创新涉及较少。但是，金融创新是金融领域内各种要素的重新组合，要使创新规范化和合理化，还需要有制度创新作为保障。

二、规避型金融创新理论

爱德华·J.凯恩（Edward J. Kane）提出了规避型金融创新理论（circumventive innovation theorem）。规避型金融创新是指经济主体为了回避各种金融规章和管制的控制而产生的一种创新行为。凯恩认为，现实中，政府为了保持均衡和稳定的宏观局面，制定了各种经济立法和规章制度，从而对经济主体的行为产生了各种约束。但经济主体总是要追求自身利益最大化的，为此，会有意识地寻找绕开政府管制的方法和手段来对政府的各种限制做出反应，从而产生了规避型金融创新。例如，20 世纪 60 年代美国的《Q 条例》规定银行定期存款利率必须低于市场利率，使当时银行存款受到巨大冲击，大量存款被转移到金融市场投资于短期证券。为了改变不利局面，花旗银行于 1961 年推出了大额可转让定期存单（certifi-cates of deposit），凯恩把这看作规避型金融创新的经典之作。他认为，如果政府管制是市场有形的手，规避则是市场无形的手。政府管制与控制实质上是一种隐含的税收，阻碍了金融机构从事现有的盈利性活动和利用管制以外的利润机会，因此金融机构会千方百计地通过规避型金融创新来争取这些机会。事实上，金融公司对各种规章制度的规避能力是很强的。管制与规避引起的金融创新总是不断交替，形成一个动态的均衡，这即是规避型金融创新的一般形态。

三、制度学派的金融创新理论

持有制度学派的金融创新理论观点的学者较多，主要以兰斯·E. 戴维斯（Lance E. Davies）和道格拉斯·C. 诺斯（Douglass C. North）等为代表。这种金融创新理论认为，作为经济制度的一个组成部分，金融创新应该是一种与经济制度互为影响、互为因果关系的制度改革。基于这个观点，金融体系的任何因制度改革的变动都可以视为金融创新。因此，政府行为的变动都会引起金融制度的变化。例如，政府货币政策要求金融稳定和防止收入分配不均等而采取的金融改革，虽然是以建立一些新的规章制度为明显的特征，但它的意义已经不是以往的"金融约束"概念，而带上了"创新"印记。例如，1919 年美国联邦储备体系和 1934 年存款保险金制度的建立，都是作为政府当局为稳定金融体系而采取的有力措施。它们虽然是金融监管的一部分，但也可以认为是金融创新的行为。

制度学派的金融创新理论认为将政府行为视为金融创新的成因，实际上将金融创新的内涵扩大到了包括金融业务创新与制度创新两个方面。较之其他理论，该理论对金融创新研究的范围更广，但该学派的观点亦容易引起争议，将制度创新与金融创新紧密相连，并视为金融创新的一个组成部分，特别是将带有金融管制色彩的规章制度也视为金融创新，这令人难以接受。因为金融管制本身就是金融创新的阻力和障碍，作为金融管制象征的规章制度应是金融革命的对象。

四、交易成本创新理论

约翰·R. 希克斯（John R. Hicks）和于尔格·尼汉斯（Jürg Niehans）提出的金融创新理论的基本命题为"金融创新的支配因素是降低交易成本"。这个命题包括两层含义：①降低交易成本是金融创新的首要动机，交易成本的高低决定金融业务和金融工具是否具有实际意义；②金融创新实质上是对科技进步导致交易成本降低的反应。

交易成本的概念较复杂。一种观点认为，交易成本是买卖金融资产的直接费用（其中包括各方面转移资产所有权的成本、经纪人的佣金、借入和支出的非利率成本，即"机会成本"）。另一种观点认为，交易成本应考虑以下因素，即投资风险、资产的预期净收益、投资者的收入和财产、货币替代品的供给。总之，他们认为持有货币是低收入经济个体以既定转换成本避免风险的方式。

交易成本内涵的复杂并没有降低人们研究它的兴趣。希克斯把交易成本和货币需求与金融创新联系起来考虑，得出了以下逻辑关系：交易成本是作用于货币需求的一个重要因素，不同的需求产生对不同类型金融工具的要求，交易成本高低使经济个体对需求预期发生变化。交易成本降低的发展趋势使货币向更为高级的形式演变和发展，产生新的交换媒介、新的金融工具，不断地降低交易成本就会刺激金融创新，改善金融服务。因此，可以说金融进化的过程，就是不断降低交易成本的过程。

希克斯的交易成本创新理论侧重于从企业内部降低交易成本的动机来解释金融创新的成因，抓住了科技进步对金融创新的有效推动作用，以及电子技术在金融领域的广泛应用促进金融创新扩张的事实。20 世纪 70 年代以来，随着计算机技术应用而产生的自动转账服务（automatic transfer service，ATS）账户、现金管理账户（cash management account，CMA）、超级可转让支付命令（super negotiable order of withdrawal，SNOW）

账户等都是因科技进步、交易成本降低的结果。

交易成本创新理论把金融创新完全归因于金融微观经济结构变化引起交易成本的下降，具有一定的局限性，因为它忽视了交易成本降低并非完全由科技进步引起，竞争也会使交易成本不断下降，外部经济环境的变化对降低交易成本也有一定的作用。总之，交易成本创新理论单纯地以交易成本下降来解释金融创新原因，把问题的内部属性看得未免过于简单了。但是，它仍不失为研究金融创新的一种有效的分析方法。

五、技术推进理论

韩农（Timothy H. Hannan）和麦道威（John M. McDowell）从技术创新的角度来探索金融创新的动因，他们通过实证研究发现 20 世纪 70 年代美国银行业新技术的采用和扩散与市场结构的变化密切相关，从而认为新技术的采用，特别是计算机、通信技术的发展及其在金融业的广泛采用为金融创新提供了物质和技术上的保证，这是促成金融创新的主要原因。新技术在金融领域的引进和运用促进金融业务创新的例子很多。例如，信息处理和通信技术的应用大大减少了时空的限制，加快了资金的调拨速度，降低了成本，促使全球金融一体化，使 24 小时全球性金融交易成为现实；又如，自动提款机和终端机极大地便利了顾客，拓展了金融业的服务空间和时间。

但这两位学者的研究对象过于集中，对金融创新的相关性研究不足，因而他们的研究是局部的、不系统的。此外，促成金融创新的因素是多方面的，技术推进理论无法解释因竞争和政府放宽管制而出现的金融创新。

六、货币促成理论

货币学派的代表人物米尔顿·弗里德曼（Milton Friedman）认为："前所未有的国际货币体系的特征及其最初的影响，是促使金融创新不断出现并形成要求放松金融市场管理压力的主要原因。"20 世纪 70 年代的通货膨胀和汇率、利率反复无常的波动，是金融创新的重要原因。金融创新是作为抵制通货膨胀和利率波动的产物而出现的。总之，货币方面因素的变化促成金融创新的出现。例如，浮动利息票据、浮动利息债券、与物价指数挂钩的公债、外汇期货等对通货膨胀、利率和汇率具有高度敏感性的金融创新工具的产生，便是为了抵制通货膨胀、利率和汇率波动造成的冲击，使人们在不稳定因素干扰的情况下获得相对稳定的收益。

货币促成理论能够解释 20 世纪 70 年代布雷顿森林体系崩溃后出现的各种转嫁价格风险和市场风险的金融工具，但无法解释 20 世纪 70 年代以前的规避管制及 20 世纪 80 年代产生的信用和股权类金融创新。

七、金融中介创新理论

约翰·G. 格利（John G. Gurley）和爱德华·S. 肖（Edward S. Shaw）认为，金融中介是经济增长的重要推动力量。金融创新是盈余或赤字企业的需求和偏好与金融部门提供的服务相匹配的结果。肖还认为，当旧的融资技术不适应经济增长的需要时，它表现为短期金融资产的实际需求静止不变，因此必须在相对自由的经济环境中，用新的融资技术对长期融资进行革新。

事实上，经济增长本身又为长期融资创造了市场机会，而金融创新是对这种机会做出的反应。"需求是创新之母"，金融自由化或金融深化可以扩大金融机构满足需求或增强适应需求的能力，从而有利于金融创新的开展。

总之，西方金融创新理论对金融创新的研究主要侧重于研究金融创新的成因，而对金融创新的效应及影响很少涉及，因而其研究不够系统。在金融创新成因的分析中，各种理论多是从某一历史阶段某一个侧面来分析金融创新成因的，而没有将宏观与微观层面、供给与需求因素结合起来，因而其研究不够全面。大部分理论流派未涉及金融机构的趋利动机这一重要因素。事实上，即使在先进的技术设备或严格的金融管制下，如果金融机构不是独立的经济实体，没有盈利的主观动机，金融创新也不会活跃甚至无从产生。

第二节　国际金融创新风险管理

一、国际金融创新风险概述

国际金融创新的重要功能是转移和分散国际金融风险，特别是20世纪70年代的国际金融创新，其主旋律便是风险转移型创新。但是国际金融创新在规避风险的同时，也产生了新的金融风险，即国际金融创新风险。

国际金融创新风险是指在国际金融创新过程中，创新供给主体的创新措施不能顺利实施，或者创新收益遭到损失的可能性。国际金融创新风险包含两方面的含义：一是国际金融创新供给主体在进行金融创新设计过程中所面临的不确定性，又称初始风险；二是国际金融创新实施过程中给金融机构或金融体系及社会所带来的不确定性，又称继生风险。初始风险和继生风险是金融创新在设计、开发、传播、运用过程中的不同阶段产生的不同类型的风险，都属于国际金融创新风险。

国际金融创新在推动金融业和金融市场发展的同时，也在总体上增大了金融体系的风险，主要表现为五点。第一，国际金融创新增加了金融业的系统风险。国际金融创新使各机构间交往越来越密切，形成了以资金联系为基础的伙伴关系，表现出很强的相关性。这样一来，任何一个部门出现问题都将迅速波及其伙伴，产生"多米诺骨牌"效应，从而影响整个金融系统的稳定性。如电子转账清算系统，一旦该系统内某个银行不能及时支付，整个支付链条就会中断。第二，国际金融创新增加了表外风险。表外风险即指不在金融企业的资产负债表中反映出来，却又能转化为金融企业真实负债的业务或交易产生的风险，即金融企业的各种或有负债转化为真实负债所带来的风险。金融机构从事表外业务的实质就是变相减少账面负债。这种表外业务既可以维持虚假的资本与资产比率，回避金融当局的监管，又可以增加金融机构的利润，但同时也造成金融企业的潜在风险增加。一旦表外业务的或有负债转变为真实负债，金融企业的潜在风险也就转变成为真实风险。第三，国际金融创新增加了金融业的脆弱性。金融市场国际化和自由化进程加深后，外资可能大量流入本国银行体系，促使银行资产负债规模快速扩张，尤其是银行的对外负债增长更为显著。以银行对外负债形式流入的资金绝大多数投资于国内市场，导致银行体系外币净负债上升，特别是当银行的资产负债结构不合理时，大规模资本流入使银行的流动性出现大幅度波动,银行贷款膨胀和收缩时期交替出现,引起影响全局的风险,甚至导致金融危机的爆发,金融体系的脆弱性大幅度上升。第四,国际金融创新增加了金融机构的经营风险。金融创新使金融机构同质化,加剧了金融机构间的竞争。为了获得更多利润,金融机构不得不从事高风险、高收益的业务,这又导致金融机构经营风险增加,信用等级下降。20世纪90年代出现的英国巴林银行倒闭和日本大和银行的巨额损失,都与金融创新不无关系。第五,国际金融创新为金融投机活动提供了新的手段。金融创新是一柄"双刃剑",一方面它是维持创新市场流动性不可缺少的润滑剂,同时也是套期保值、转嫁风险赖以存在的承接体;另一方面非稳定性投机又可能加剧国际金融市场的波动,并且,由于创新交易的高杠杆性,其投机性对金融市场的影响比传统交易大得多。

二、国际金融创新风险的构成与成因

1. 国际金融创新风险的构成

国际金融创新风险主要由以下风险构成。

① 设计风险。即由于国际金融创新设计过程中的各种不确定因素而使金融创新措施未能如期出台的可能性。设计风险主要与金融创新供给主体有关。在设计风险已经形成,创新计划宣告失败的情况下,创新供给主体将耗费时间成本及与创新设计相关的设计成本,同时,也可能被其他创新供给主体占尽先机而失去创新的主动地位。

② 市场风险。即市场价格变动而导致国际金融衍生产品价格变动而产生的风险,又称价格风险。这里的市场价格,主要是指基础资产的价格。不同的衍生产品所涉及的市场风险是不同的。在期货市场上,套期保值者面临的主要价格风险是基差风险。基差即现货价格与期货价格之差。基差的大小与正负直接关系到套期保值者能否达到保值的预期目的。在一般情况下,由于现货市场价格与期货市场价格之间的变动呈高度正相关,基差风险总是要小于现货市场的价格风险。在期权市场上,交易者所面临的市场风险是基础工具价格波动的风险。在互换市场上,交易者所要承受的市场风险,是基础利率变动的风险。

③ 信用风险。即衍生交易的一方不按合同条款履约而导致的风险,又称履约风险。期货、期权等衍生产品是以标准化合约在交易所内交易。交易所内这类衍生产品的交易,一般都有严格的履约、对冲和保证金制度。交易所的结算公司以所有买方的卖方和所有卖方的买方的角色出现,是所有交易者的交易对手,其主要职责是负责衍生交易的结算,确保交易合约在到期时按时交割或在未到期前平仓。这样,就使得交易所内衍生产品交易的信用风险大大下降;而场外的衍生产品交易由于没有交易所这种确保履约的严格制度安排,加之不存在结算公司这种专门的机构,因而其信用风险较之交易所要大。

④ 流动性风险。即国际金融衍生工具的持有者在市场上找不到适当的对手时,只能以低于市场价的价格,将衍生工具出售所造成的风险。一般来说,场内交易的衍生工具都是标准化的合约,且交易规模较大,因而流动性风险较小;而场外交易的衍生工具很多是根据客户的特殊需要专门设计制作的,不具有广泛的需求主体,因而流动性较差,流动性风险自然较大。

⑤ 操作风险。即内部控制系统或清算系统失灵而导致的风险，又称运作风险。这种失灵可能是由于人为的失误或欺诈，未能对突然变化做出及时反应，以及监管体系不完善等原因，也可能是由于电脑系统发生故障，工作或技术流程出现问题等原因。一般的国际金融创新工具在运作过程中都有可能产生操作风险，特别是衍生工具，由于其价值计算、交易环节和支付过程均比较复杂，如缺乏严格有效的内控机制，更容易引发操作风险。

⑥ 经营风险。即金融机构在交易过程中由于金融产品的复杂性而出现的判断错误、记账错误、结算错误、交割错误以及合约错误造成损失的可能性。

⑦ 投机风险。即国际金融市场的参与者利用金融创新进行投机而导致的风险。

⑧ 伙伴风险。即国际金融市场参与者之间的伙伴关系而导致的风险。

⑨ 法律风险。即由于交易合约内容不符合法律规范，交易合约不具备法律效力或其他方面的法律原因，而给交易主体带来的风险。法律风险的表现很多，比如，由于法律建设相对滞后或现行法律与国际金融创新有冲突，使创新工具及其交易的合法性无法得到保证，交易主体的利益受损；有关创新工具交易的法律裁决可能对涉及交易的某一方的利益和声誉带来不良影响；直接规范国际金融创新或与之相关的一些法律，如交易法、税法等。一般说来，一项金融创新措施刚刚出台时，由于相关法律尚未问世或未及时调整，交易主体承受的法律风险较大。较之场内交易，衍生产品的场外交易的法律风险较大。

⑩ 声誉风险。即由于操作失误，不按时履约，违反相关法律、法规或其他原因，而给组织国际金融创新工具交易的机构或交易中的一方的声誉带来的不良影响。声誉风险这种无形损失，经过一段时间后一定会转化为有形损失。

国际金融创新风险是相互联系、相互影响的。其中市场风险占据主体地位，它与其他风险相互紧密联系。例如，在衍生产品交易市场上，某种衍生产品的价格波动越大，交易主体无法履约的可能性越高，因而信用风险也就越大。同时，市场风险越大，交易主体把衍生产品合约在理想的价位上脱手的可能性越小，流动性风险也就越大。同样，其他风险也会对市场风险产生影响。例如，操作风险的增大会提升衍生产品合约价格波动的幅度，从而增大市场风险。总之，国际金融创新的风险体系，是一个由多种风险交织在一起的彼此制约的复杂链条。

2. 国际金融创新风险的成因

（1）国际金融创新产品本身原因——内在特性

① 国际金融创新产品如指数期货、指数期权、指数基金等的价格是基础产品价格变动的函数，因此，国际金融创新产品较传统国际金融工具对价格的变动更为敏感，风险系数比传统市场大。

② 国际金融创新产品，特别是金融衍生产品的交易多采用杠杆交易方式，参与者只需少量甚至不用资金调拨，即可进行数额巨大的交易，极易产生信用风险。

③ 期货、期权（权证）、调期、互换等跨期交易使未来的产品价格具有不确定性。

④ 国际金融创新产品交易大多属于银行的表外业务，不易及时了解风险头寸数额，而现代金融技术和市场的高度流动性，使交易头寸随时发生巨大变化，因此传统的监管

数据很难真实反映交易头寸的最新情况。

（2）微观主体原因——内部控制薄弱

内部控制薄弱，对交易员缺乏有效的监督，是造成国际金融创新风险的一个重要原因。例如，内部风险管理混乱是巴林银行倒闭的主要原因。首先，巴林银行内部缺乏基本的风险防范机制，尼克·李森（Nick Leeson）一人身兼清算和交易两职，缺乏制衡，很容易通过改写交易记录来掩盖风险或亏损。同时，巴林银行也缺乏一个独立的风险控制检查部门对李森的行为进行监控；其次，巴林银行管理层监管不严，风险意识薄弱。在日本关西大地震之后，李森因其衍生合约保证金不足而求助于总部时，总部竟然还将数亿美元调至新加坡分行，为其提供无限制的资金支持；再次，巴林银行领导层分裂，内部各业务环节之间关系紧张，令许多知情管理人员忽视市场人士和内部审查小组多次发出的警告，直至最后导致整个巴林集团的倒闭。

（3）宏观原因——金融监管不力及金融市场的全球化

① 金融监管不力是造成国际金融创新风险的主要宏观原因。美国长期资本管理公司（Long-Term Capital Management，LTCM）曾是美国最大的对冲基金，却在俄罗斯上演了人类有史以来最大的金融滑铁卢。监管中存在真空状态是导致其巨额亏损的制度性原因，甚至在 LTCM 出事后，美国的金融管理当局都还不清楚其资产负债情况。政府对银行、证券机构监管的放松，使得许多国际商业银行集团和证券机构无限制地为其提供巨额融资。

② 金融市场的全球化增加了外部风险。金融全球化迅猛发展的同时，国际金融市场的动荡也愈加剧烈，金融危机影响的广度和深度比以往更加明显。在金融全球化的进程中，金融业的稳定性在逐渐下降，金融风险和金融危机的国际传染性越来越强。如果说过去的金融风险主要来自国家内部，那么，随着金融全球化的发展，现在的金融风险来自外部的比重则明显增加，特别是发展中国家，开放程度越高，受国际金融风险的冲击就越大，不仅原有的金融风险在增加，同时还形成了新的金融风险。

三、国际金融创新风险的管理

国际金融创新作为金融发展的产物，在其自身发展过程中，对世界经济和金融发展产生了广泛和深远的影响，它不仅为国际金融经济带来了巨大的利益，同时也给国际金融经济的发展带来了许多的风险隐患。亚洲金融危机发生的一个重要原因和教训，就是在金融创新的过程中，没有及时对金融体系严格实施审慎监管制度。金融风险的透明度较差，如未能被及时发现、预警和监控，将导致金融风险不断累积、蔓延直到最后总爆发，酿成严重的金融系统性危机。国际金融创新引起风险再生问题是不争的事实，对国际金融监管机构和国际金融机构来说，最重要的是在风险产生之前采取各种有效的措施进行监测，使得风险能及早被发现；同时，对风险的产生采取各种措施进行防范，尽量减少风险的产生。

从风险管理的层次来看，国际金融创新风险的管理应该从内部控制与监管、外部监管和会计监控三个方面来进行。

（一）国际金融创新风险的内部控制与监管

1. 金融机构的内部控制

金融机构的内部控制是现代金融风险管理的基础，只有金融机构内部形成严格的内控机制，外部的金融监管才能有效。随着金融业的飞速发展，金融业业务日趋复杂多变，金融机构的内部控制在金融监管中的基础作用地位越来越突出、越来越重要。作为国际金融创新主体的金融机构，为了追逐利润和逃避金融监管，新的金融产品、金融工具不断涌现，而金融监管机构的监管方式和监管手段往往相对滞后。为了规避金融机构自我创新而形成的金融风险，加强金融机构的内部控制就成为实施有效金融监管的前提和基础。

2. 金融机构的内部监管

对国际金融创新风险而言，强化内部监管也至关重要。国际金融创新风险的内部监管包括微观金融主体的内部监管、交易所内部监管以及市场约束与行业自律。

（1）微观金融主体的内部监管

微观金融主体的内部监管主要指微观金融主体的总部通过建立风险监管系统（包括组建专门机构，制定监管制度、程序和监控指标等）对所辖金融机构的经营活动进行全面监控。强化国际金融创新风险的内部监管必须注意如下问题。

① 建立由董事会、高层管理部门和风险管理部门组成的风险管理组织系统，确立风险决策机制和内部监管制度。高层管理部门负责拟定风险管理的书面程序，包括限定交易的目的、对象、目标价格、合约类型、持仓数量、止损点位、交易流程以及不同部门的职责分配等，并报董事会同意；董事会定期考核机构风险暴露状况，并对上述程度进行评估与修正；风险管理部门是联系董事会、高层管理部门和创新业务部门的纽带，其必须独立于创新业务部门，客观公正地评价、度量和防范在金融创新产品交易过程中面临的市场风险、信用风险、流动性风险、结算风险、操作风险等。

② 制定合理的风险管理监测系统。该系统至少应包括三个方面：风险衡量系统，即对机构的各类风险进行全面、准确和及时的衡量；风险限制系统，即为机构各类风险设置分类界限，保证风险暴露超过界限时及时报告管理层，并由其授权同意；管理资讯系统，即由风险管理部门将衡量的风险及时向管理部门和董事会报告以便进行监测。

③ 实施全面的内部控制与稽核。金融创新业务风险管理规则和程序是内部控制总体框架的延伸，内部稽核人员对风险管理过程和内部控制系统进行定期检查，严格控制交易程序，将操作权、结算权和监督权分开，严格执行层次分明的业务授权，加大对越权交易的处罚力度，对机构的风险管理部门的独立性和总体有效性进行评估，从而有效发挥内部监管职能。

（2）交易所内部监管

交易所是金融创新产品交易的组织者和市场管理者，它通过制定场内交易规则，监督市场的业务操作，保证交易在公开、公正、竞争的条件下进行。为了有效管理国际金融创新风险，必须做到以下几个方面。

① 创建完备的金融创新市场制度。主要包括：严格的市场信息披露制度，增强透明度；大额报告制度；完善的市场准入制度，对创新市场交易者的市场信用状况进行调查和评估，制定具体的资本充足要求标准；其他场内和场外市场交易规则等。

② 建立创新市场的担保制度。主要包括：合理制定并及时调整保证金比例，起到第一道防线的作用；持仓限额制度，发挥第二道防线的作用；日间保证金追加条款；逐日盯市制度或称按市价计值（mark to market，MTM），加强清算、结算和支付系统的管理；价格限额制度等。

③ 加强财务监督。根据创新产品的特点，改革传统的会计记账方法和原则，制定统一的信息披露规则和程序，以便管理层和用户可以清晰明了地掌握风险敞口情况。

（3）市场约束与行业自律

市场既是竞争的场所，也是一个自然的监督机制，因此各国际金融经济体都日益开始强调市场约束的作用。各国监管当局也采取各种方法将政府监管与市场约束有机地结合起来，通过市场经济力量本身对金融机构和金融活动实施约束，以提高国际金融监管的效率，从根本上防范国际金融创新风险。

同时，有效的国际金融创新风险管理需要各方面的共同努力，与行政监管相比，行业自律具有相当大的灵活性，对各金融机构也具有一定的约束力，是一道灵活有效的外部防线。通过建立金融业行业自律组织，可以督促各金融机构认真执行国家的金融法律法规，协调金融机构同业竞争关系，确保金融业平稳健康发展。加强自律，可以通过市场主体之间的相互监督和共同自律，减轻市场监管机构的负担，提高市场监管效率，有利于更好地降低创新产品交易的风险，特别是衍生金融交易的风险。

（二）国际金融创新风险的外部监管

对国际金融创新风险进行外部监管，是国际金融监管的主要方法。尽管世界各国的金融监管体制不尽相同，但政府和金融当局对证券业、保险业和银行业的经营都实行外部金融监管。除保险业外，证券业和银行业是形成金融创新风险的主要源头，因此，对证券业和银行业以及两业合营的金融机构实行外部监管尤为重要。国际金融创新风险的外部监管包括金融立法、建立专业金融监管机构及国际监管。

（1）金融立法

从发达国家的实际情况看，无论是对直接金融交易市场的监管，还是对间接金融交易中银行部门的监管，健全立法并依法监管，是加强金融监管的基础。通过立法形式把一定时期的管理政策固定在法律基础上，这样就使金融监管有了准则，使市场调控有了依据，使管理具有了强制性、规范性和稳定性。国际金融创新是国际金融发展的产物，日新月异的创新业务及金融工具交易所构成的金融活动充满了形色各异的风险，对于金融创新发达的国家而言，虽然传统金融监管的法规制度比较健全，但仍然面临着随金融创新的发展需要进一步完善有关创新金融法规的任务。因为近 20 年来，西方经济金融发展较快的国家频频发生大的金融案件，并由此酿成对国际金融体系具有较大冲击的金融震荡，从不同侧面暴露出金融创新风险监管方面的法律不健全和监管疏漏。

进一步完善金融立法，加强金融执法是实施国际金融监管、保障国际金融安全的法律依据，也是国际金融监管规范化、法治化的根本保证。

（2）建立专业金融监管机构

建立专业金融监管机构对金融机构（主要是银行业和非银行性金融业）进行专业管理，如对大的金融衍生工具交易所实行专业管理；运用资本条件，即规定资本与资产的充足比例，对金融机构及证券经营机构进行管理；与个别机构达成书面协议，对被监管机构进行约束，如果经营衍生证券交易的机构违背协议，金融当局有权终止其经营。

（3）国际监管

① 国际监管合作。国际监管合作即国与国之间联合协作监管。金融国际化和金融自由化在加快金融业发展的同时，也在很大程度上扩大了金融风险在国家之间的相互传递，给一国的金融监管提出了新的挑战。由于金融创新工具的市场交易几乎都是跨国进行，而且多数发达国家的金融组织分支机构几乎遍及世界各国，其金融创新业务也几乎渗透到世界大部分地区。这样，一方面增加了一国政府和金融当局对本国金融机构及金融市场交易活动进行金融监管的难度；另一方面，一笔业务或经济纠纷也往往涉及多国的管理法规能否共同协调的问题，特别是一些创新性金融机构从其注册之日就是一种国际性组织并经营跨国性业务。这些机构本质是私人金融机构，由于其本国注册，他国经营，或他国注册，别国经营及多国经营，经营的又是跨国业务，以致造成其经营活动完全置于本国和其他经营所在国的金融监管之外，因此，金融创新的风险带有国际性质，其监管不是某个国家的事情，也不是一个国家的政府和金融当局能够单独完成的事情，它关系到本国乃至全球的金融安全。因此，加强国际合作显得更为重要。

目前的国际监管合作主要形式有：双边的谅解备忘录、多边论坛、以统一的监管标准为基础的协调、统一监管。双边的谅解备忘录，是指两国（或者地区）就金融监管某领域的问题进行探讨，取得共识并通过签订协议来明确双方在这一领域的责任和义务，两国之间的监管协调绝大多数是通过这种形式实现的。多边论坛，一般就某一监管问题进行会谈，并签署监管声明文件，这些文件一般不具备法律效力。以统一的监管标准为基础的协调，各国或者国际监管组织通过彼此的协调和交流，制定统一的、为各成员监管当局接受并遵守的监管标准，如巴塞尔委员会颁布的关于银行资本充足率的标准。统一监管，即由一个统一的监管机构来负责跨国的金融监管，如2014年11月正式启动的欧元区银行业单一监管机制。历年来金融危机的多次爆发对世界金融、经济造成了巨大影响，因此加强金融监管的国际合作，是在金融国际化、金融自由化的环境下防范、规避国际金融风险的一个必然选择，加强金融监管的国际合作与交流对实施有效的金融监管具有重要意义，是一个必不可少的内容。

② 国际性金融机构对成员的监管。根据组织的协调能力，现有的金融监管国际合作组织基本上可以分为两类：一类是对成员没有法律约束力的国际监管组织，如巴塞尔委员会、国际证监会组织、国际保险监督官协会等，这类组织主要通过没有法律约束的"君子协议"来推动成员之间的合作以及国际性监管标准的推广。另一类是以国际法或区域法为基础的监管组织，他们通过的监管规则对成员具有法律约束力，可以在一定程度上统一实施对成员的金融监管，如欧盟和北美自由贸易组织等。从合作内容上来看，国际金融监管合作活动主要在以下几个领域进行：改善监管主体之间的信息交流，建立信息共享机制；加强对跨国金融机构的监管；对跨国金融机构实施并表监管；建立统一的国际监管标准；对金融集团的监管以及区域性的金融监管一体化的努力等。随着国际

金融业和国际金融市场的进一步发展，伴随着金融创新产品的层出不穷，国际金融机构在国际金融创新风险的监管方面也必将发挥着越来越重要的积极作用。

（三）国际金融创新风险的会计监控

金融创新风险往往会使投资者遭受严重损失，甚至危及整个金融市场的稳定。因此，及时、充分地从会计上监控和披露金融创新的风险状况，对金融创新风险进行会计防范，也是当前金融创新会计的主课题。

① 运用谨慎性原则。当今世界各国对风险防范运用得最广泛的会计理论当属谨慎性原则。要求企业在选择会计处理方法时采用尽可能不高估资产和所有者权益的会计处理，并使会计核算尽可能建立在比较稳妥可靠的基础上。为此，可以提取金融创新风险金，利用谨慎性原则确认损益。

② 改革会计制度，增加金融衍生市场的透明度。作为金融创新发源地和中心的美国，其财务会计准则委员会专门制订了第 105 号财务会计准则。根据该准则，金融衍生业务交易商必须按合约净值在资产负债表中反映信用风险，监管当局通过非现场检查，及时了解交易商的风险情况，并即时对其实行外部监管。

③ 完善结算制度并建立合理的结算机构。金融创新风险管理的基本条件是建立完善的结算制度，一些金融创新交易是以少量保证金作为保证的信用交易，以小博大、以一博十，其报酬是诱人的，但其风险也是惊人的。金融创新产品交易开始，就意味着风险的发生，该风险首先是通过结算反映出来，要规避风险也要通过结算进行。因此，实行风险管理应主要依据结算系统进行，但要使结算系统有效运作，就必须从制度上做到周密安排。金融创新市场的运作，关键在于建立符合风险管理要求的结算机构，此类结算机构应既适合结算运作，又能满足风险管理要求的金融创新运作机构模式，这种结算模式的基本特征是直接介入交易、充当买卖双方结算的对手并承担结算风险和财务保证。各国实践证明，只有这样以结算机构为核心，才能实现上述的结算制度有效地运作，防止亏损的累积，又可通过财务稽核及时察觉运营和财务上的漏洞，从而为财务安全提供保证，同时也有利于对市场风险水平的控制。所以世界各国都将以这种结算机构模式为核心的结算制度视为金融创新市场的运行基础，并将此作为金融创新市场是否成熟的重要标志。

思考与练习

简答题

1. 简述金融创新理论有哪些。

2. 如何理解国际金融创新风险的含义？

3. 为什么说国际金融创新在推动金融业和金融市场发展的同时，也在总体上增大了金融体系的风险？

4. 国际金融创新风险主要可以细分为哪几种风险？

5. 如何理解国际金融创新风险的成因？

6. 试分析如何进行国际金融创新风险的管理？并举例说明。

参 考 文 献

保罗·R. 克鲁格曼，茅瑞斯·奥伯斯法尔德，马克·J. 梅里兹，2016. 国际金融[M]. 丁凯，陈能军，陈桂军，等译. 10
版. 北京：中国人民大学出版社.

陈彪如，1991. 国际金融概论（增订本）[M]. 上海：华东师范大学出版社.

陈雨露，2000. 国际金融[M]. 北京：中国人民大学出版社.

陈雨露，2019. 国际金融[M]. 6 版. 北京：中国人民大学出版社.

陈雨露，2019. 国际金融：精编版[M]. 6 版. 北京：中国人民大学出版社.

菲利普·莫利纽克斯，尼达尔·沙姆洛克，2003，金融创新[M]. 冯健，杨娟，张玉仁，等译. 北京：中国人民大学出版社.

付玉丹，袁淑清，2018. 国际金融实务[M]. 2 版. 北京：北京大学出版社

胡日东，戴仲川，1997，国际金融理论与实务[M]. 北京：经济科学出版社.

姜波克，1999. 国际金融学[M]. 北京：高等教育出版社.

姜波克，2018. 国际金融新编[M]. 6 版. 上海：复旦大学出版社.

蒋先玲，2021. 国际金融[M]. 2 版. 北京：中国人民大学出版社.

刘舒年，2004. 国际金融[M]. 北京：中国人民大学出版社.

刘园，2017. 国际金融[M]. 3 版. 北京：北京大学出版社.

陆静，2019. 金融风险管理[M]. 2 版. 北京：中国人民大学出版社.

罗伯特·J. 凯伯，2017. 国际金融（英文版·第十五版）[M]. 北京：中国人民大学出版社.

吕随启，苏英姿，姚志勇，1999. 国际金融教程[M]. 北京：北京大学出版社.

迈克尔·梅尔文，1994. 国际货币与金融[M]. 欧阳向军，俞志暖，译. 上海：上海三联书店，上海人民出版社.

梅德平，2004. 国际金融学[M]. 北京：中国经济出版社.

孟昊，郭红，2017. 国际金融理论与实务[M]. 3 版. 北京：人民邮电出版社.

倪成伟，1998. 国际金融[M]. 北京：中国税务出版社.

倪信琦，李杰辉，2013. 国际金融[M]. 2 版. 北京：中国人民大学出版社.

潘百翔，王英姿，2017. 国际金融[M]. 2 版. 北京：北京大学出版社.

彭洪辉，1992. 外汇业务操作技巧[M]. 上海：学林出版社.

佘明龙，2004. 国际金融[M]. 北京：科学出版社.

沈国兵，2018. 国际金融[M]. 3 版. 北京：北京大学出版社.

史燕平，王倩，2020. 国际金融市场[M]. 3 版. 北京：中国人民大学出版社.

史振华，李永奎，2019. 国际金融[M]. 成都：西南财经大学出版社.

托马斯·梅耶，詹姆斯·S. 杜森贝里，罗伯特·Z. 阿利伯，1994. 货币、银行与经济[M]. 洪文金，林志军，等译. 上海：
上海三联书店，上海人民出版社.

托马斯·普格尔，2018. 国际金融（英文版·第 16 版）[M]. 北京：中国人民大学出版社.

王晓光，2019. 国际金融[M]. 5 版. 北京：清华大学出版社.

武捷思，1993. 国际金融[M]. 北京：中央广播电视大学出版社.

吴开祺，1994. 新编国际金融学[M]. 上海：立信会计出版社.

徐玮，盛宝莲，2017. 国际金融学[M]. 2 版. 上海：华东理工大学出版社.

杨惠昶，1994. 国际金融[M]. 长春：吉林大学出版社.

杨胜刚，姚小义，2016. 国际金融[M]. 4 版. 北京：高等教育出版社.

杨星，2001. 国际金融学[M]. 广州：广东经济出版社.

叶松龄，1995. 国际金融[M]. 北京：中国财政经济出版社.

约翰·C. 赫尔，2001. 期货期权入门[M]. 张陶伟，译. 北京：中国人民大学出版社.

张莲英，雷秋惠，王未卿，2003. 国际金融学教程[M]. 北京：经济管理出版社.

邹卒，邵莉莉，蒲嘉霖，2019. 国际金融[M]. 上海：上海交通大学出版社.